Schwedisch ohne Mühe

(1. Band)

**Der Assimil-Verlag
bietet folgende Sprachlernmethoden an**

Grundkurse: Reihe „ohne Mühe"
Amerikanisch
Arabisch
Chinesisch (2 Bände)
Chinesische Schrift
Deutsch (als Fremdsprache)
Englisch
Französisch
Italienisch
Japanisch (2 Bände)
Kanji-Schrift
Neugriechisch
Niederländisch
Polnisch
Portugiesisch
Russisch
Schwedisch (2 Bände)
Spanisch
Türkisch
Ungarisch

Vertiefungskurse: Reihe „in der Praxis"
Englisch
Französisch
Italienisch
Spanisch

Wirtschaftssprache:
Englisch/Amerikanisch

Weitere Titel in Vorbereitung: Tschechisch

Die Ton-Aufnahmen sämtlicher Lektionen und Übungen aus
diesem Buch können Sie bei Ihrem Buchhändler bestellen:
**„Svenska på lätt sätt T1"
auf 4 Ton-Cassetten – ISBN 2-7005-1136-0**
(140 Minuten Spieldauer)

Die Methode für jeden Tag

Schwedisch ohne Mühe

(1. Band)

von

Jean-François Battail

Professor für Skandinavistik an der
Universität Paris-Sorbonne
Doktor *honoris causa* der Universität Uppsala

unter Mitwirkung von
Marianne Battail
Filosofie magister

Deutsche Übersetzung und Bearbeitung
von
William Fovet
Dr. Phil.

Illustrationen von J.-L. Goussé

B.P. 25
94431 Chennevières-sur-Marne Cedex
FRANCE

© Assimil 1988   ISBN : 2-7005-0139-X

Einleitungslektion: aufgenommene Ausspracheübungen

— **Alphabet;** depå, essä, [stå i] kö (§ 1)
— **Vokale** - *lange oder kurze* (§ 2.1)
— hat/hatt; ståt/stått; dun/rund (§ 2.2.)
— bur/byrå; nu/ny/nytt (§ 2.3)
— ros, blomma, son, dotter, sova, kosta, lova, golv; telefon, dialog, sociologi, filosof; be, le; fest, mest; fågel, mycket; de, dem, dom (§ 2.4)
— salong, gratäng, restaurang; mission, station (§ 2.5)
— gymnastik, giro, gärna, Sverige, Norge, göra; älg, arg, berg, borg; Göteborg; galen, god, gå, jag (§ 3.1)
— ja, jo, jul, järn; jour, journalist (§ 3.2)
— han, Valhalla; är/här (§ 3.3)
— keramik, Kina, kyrka, kär, köpa; kall, ko, kur; kål; Kiruna, paket, mannekäng, kö, kille (§ 3.4)
— Louise, Zeeland, Carlzon (§ 3.5)
— skorta, skjuta, själssjukdom; ske, skinn, sky, skäl, skörd, skön; skjuta, skjul; stjärna; sju, dusch; bagage, garage; jour, journal; deklaration, passion; människa (§ 4.1)
— sång, regn (§ 4.2)
— bord, förlåt, barn, fort; fors, jag skriver snart (§ 4.3) morgon *(morron)*, tråkigt *(trokitt)*, det *(deh)*, jag *(jah)*, dag *(dah)*, vad *(wah)*, med *(meh)*, dagen *(dan)*, staden *(βtan)* (§ 4.4)
— hat/hatt (§ 5.1)
— stol, kniv, stolen, kniven; besök, hotell, direktör, katalog, restaurang (§ 5.2)
— flickan, flickorna, prinsessa (§ 5.3)
— tala/uttala; järnväg/järnvägsstation (§ 5.4)

EINLEITUNG

Warum man Schwedisch lernt

Schwedisch gehört zu dem skandinavischen Zweig der germanischen Sprachen. Es wird nicht nur in Schweden gesprochen, sondern auch - wenn auch nur von einer Minderheit - in Finnland, wo es die zweite offizielle Sprache darstellt. Es ist darüber hinaus mit dem Dänischen und dem Norwegischen nahe verwandt. Wer gediegene Kenntnisse des Schwedischen besitzt, verfügt also über einen hervorragenden Passierschein für Nordeuropa.

Schon in den ersten Lektionen Ihres **Schwedisch ohne Mühe** werden Ihnen die Grundstrukturen der Sprache in idiomatischen, unmittelbar anwendbaren Sätzen dargelegt. Das Fortschreiten wird reibungslos vor sich gehen, auf natürliche Weise, vorausgesetzt, daß Sie in Ihrem Studium fleißig sind. Der Schlüssel zum Erfolg ist der anhaltende Fleiß, die Ausdauer. Lernen Sie jeden Tag ein bißchen, und alles wird schon gut gehen! Der eingeführte Wortschatz - ein Grundwortschatz, den wir unter Berücksichtigung von Frequenzstatistiken ausgewählt haben - gehört zur modernen Umgangssprache. Unser Bestreben ist es, Ihnen diese Sprache, die genauso weit entfernt ist von der Pedanterie wie von der Vulgarität, auf einfache Weise nahezubringen. Schließlich möchten wir Sie mit unseren Texten Schritt für Schritt in die Kultur und Lebensweise der Schweden einführen, so wie sie im täglichen Leben zum Ausdruck kommt.

Wie man „Schwedisch ohne Mühe" lernt

Das Prinzip ist sehr einfach: Lassen Sie sich führen und vermeiden Sie es, ruckweise zu arbeiten. Widmen Sie jeden Tag Ihrem Schwedisch-Studium ein bißchen Zeit.

Nehmen Sie zuerst von dem schwedischen Text Kenntnis, lesen Sie ihn zwei- oder dreimal und versuchen Sie dabei, hinter seinen Sinn zu kommen. Vergleichen Sie zur Kontrolle die deutsche Übersetzung. Diese versucht, die Wendungen der Ausgangssprache so nah wie möglich wiederzugeben, denn Sie müssen von vornherein lernen, „auf schwedisch zu denken". **Das heißt, daß die „Lehnübersetzungen", die sie enthält, gewollt sind, oder, genauer gesagt, erlaubt, sofern sie das Verständnis des schwedischen Textes nicht beeinträchtigen.** Wenn wir um der Verständlichkeit willen eine deutsche Redewendung einführen, die es im Schwedischen nicht gibt, tun wir es in eckigen Klammern. Beispiel: *Jag har bråttom* / Ich habe [es] eilig. Dagegen wollen Wörter, die in gewöhnlichen Klammern stehen, die Aufmerksamkeit auf eine schwedische Redewendung lenken. Beispiel: *Eva har kommit* / Eva ist (hat) gekommen.

Lesen Sie nach dieser ersten Imprägnierungsphase den schwedischen Text **laut.** Wenn Sie unsere Kassetten besitzen, sprechen Sie den Text nach und wiederholen Sie ihn! Wenn nicht, vergleichen Sie die Darstellung der Aussprache, vor allem am Anfang, und lesen Sie gegebenenfalls die nachstehende Einleitungslektion über die Aussprache des Schwedischen. Seien Sie nicht schüchtern! Lesen Sie den Text laut und deutlich, es genügt nicht zu flüstern!

Die Anmerkungen, die den Text begleiten, geben Ihnen in gedrängter Form etliche nützliche Informationen und antworten außerdem auf manche Fragen, oder beseitigen Ungewißheiten, die bei Ihnen aufkommen können. Die

Lektion sieben - und dann jede weitere siebte Lektion - geht noch einmal einige Punkte durch, die in den sechs vorangehenden Lektionen berührt worden sind. Es kann jedoch keine Rede davon sein, Ihnen alles sofort zu erklären. Das würde Sie nur mit zu vielen theoretischen Betrachtungen belasten. Sie werden sich die Grundzüge der Grammatik im Laufe der Tage und Wochen intuitiv aneignen. Was Sie irgendwann nur dunkel fühlen, wird Ihnen in der Folge verständlich werden, sei es in einer Anmerkung oder in einer Wiederholungslektion, sei es, weil Sie ganz einfach von selbst begriffen haben. Die Arbeit und die Wiederholungen haben dann ihr Werk vollbracht! Nur im Vorwärtsgehen bestätigt man die Bewegung!

Von der Lektion 50* an werden wir Sie auffordern, sich aktiv noch einmal die ersten Lektionen vorzunehmen. Auch dort wird es genügen, unsere Anweisungen zu befolgen, und das wird gleichzeitig die Gelegenheit sein, zu ermessen, wie weit Sie gekommen sind. Das, was Sie anfänglich überrascht haben mag, wird Ihnen in diesem Stadium ganz natürlich vorkommen.

Zum Schluß einige Worte über die Hilfsmittel, die sich im Anhang befinden. Das Wortregister, ein Verzeichnis aller in den Lektionen vorkommenden Vokabeln, gibt Ihnen außerdem eine „Gebrauchsanweisung" der Substantive (die in fünf Gruppen eingeteilt sind) und der Verben (vier Konjugationen). Was die Grundzüge der Grammatik angeht, haben wir uns bemüht, sie soweit wie möglich zu zeigen, anstatt sie zu erklären, d. h. die Hauptflexionsmuster werden in Übersichtstabellen dargestellt.

Es ist keineswegs unentbehrlich, daß Sie im Laufe Ihres Studiums in diesen Tabellen nachsehen, vor allem während der ersten Welle. Alles, was wir von Ihnen

---

* 1. Lektion des zweiten Bandes

verlangen, ist Fleiß und Regelmäßigkeit in der Arbeit. Es steht Ihnen jedoch frei, in diesen schematischen Darstellungen nachzuschlagen, die die Grundstrukturen der Sprache veranschaulichen. Der grammatische Anhang ist nichts anderes als ein Repetitorium, eine umfassendere Wiederholungslektion.

Im übrigen wird Ihnen die schwedische Grammatik keine großen Probleme bereiten. Im großen und ganzen ist sie einfach und klar, und die wenigen heiklen Punkte, die sie enthält, werden Ihnen erklärt und so lange wiederholt, bis sämtliche Unebenheiten geschliffen sind. Dagegen erfordert die Aussprache eine ganz besondere Sorgfalt. Die Schweden haben eine sehr eigene Art zu *singen*. Wenn Sie unsere Kassetten besitzen, ist es kein Problem. Wenn nicht, versuchen Sie zum mindesten, einen schwedischen Film in Originalfassung zu sehen oder *Sveriges radio* (Radio Schweden) zu hören, damit Sie mit der gesprochenen Sprache einen direkten Kontakt bekommen. Fürs erste lesen Sie bitte mit Aufmerksamkeit die nachfolgenden Abschnitte und lesen Sie sie noch einmal im Laufe Ihrer ersten Arbeitswoche: Sie vermitteln Ihnen die Grundregeln der Aussprache.

EINLEITUNGSLEKTION:
DIE AUSSPRACHE DES SCHWEDISCHEN

1. Das schwedische Alphabet

Das schwedische Alphabet besteht aus 29 Buchstaben: A, B, C, D, E, F, G, H (ho), I, J (ji), K (ko), L, M, N, O (u), P, Q (kü), R, S, T, U (ü), V (weh), W (dubbelt weh), X (ex), Y (ü), Z (ßeta), Å (o), Ä, Ö.

Im Gegensatz zum Deutschen stehen die Buchstaben Ä und Ö am Ende der alphabetischen Reihenfolge, nach dem

Å, das im deutschen Alphabet nicht vorkommt. Diese drei Laute stellen für Deutsche kein Problem dar. Vergleichen Sie folgende schwedische Vokabeln, die ihre Entsprechung im Deutschen haben:

depå (Depot, Lager), *essä* (Essay) und *[stå i] kö* (Schlange stehen). *Kö* bedeutet auch Billardstock, Queue.

Beachten sie, daß es im Schwedischen weder *ü* noch *ß* gibt.

2. Die Vokale

2.1. Im Schwedischen kommen also neun Vokale vor. Wichtig ist, daß sie **in einer betonten Silbe lang oder kurz** sein können (sie sind immer kurz in einer unbetonten Silbe). Über die Aussprache siehe unten, § 5. Wie im Deutschen ist der Unterschied zwischen langem und kurzem Vokal von großer Bedeutung (vgl. z. B. lahm/Lamm, Höhle/Hölle, fühlen/füllen). Um sie voneinander zu unterscheiden, kann man sich auf die Rechtschreibung stützen: Der Vokal ist in einer betonten Silbe lang, wenn er vor einem einzigen Konsonanten steht; sonst ist er kurz.

	Langer Vokal	**Kurzer Vokal**
A	Tak	Tack
E	Het	Hett
I	Vis	Viss
O	Bot	Bott
U	Hus	Hund
Y	Flyta	Flytta
Å	Gråt	Grått
Ä	Väg	Vägg
Ö	Söt	Sött

Zur Beachtung! Es gibt einige Abweichungen von dieser Rechtschreibregel, auf die wir zu gegebener Zeit zurückkommen werden. Als Beispiel können Sie sich merken, daß der Vokal in sehr häufig vorkommenden Wörtern wie *man* (Mann), *rum* (Raum, Zimmer), *mun* (Mund) kurz ist: sie werden also ausgesprochen, als ob ihre Schreibweise *mann, rumm, munn* wäre.

2.2. Außer dem Längenunterschied gibt es noch einen Klangunterschied zwischen langem und kurzem Vokal. Der kurze Vokal ist offener als der lange. Lernen Sie vor allem den Unterschied zwischen:

— dem langen und dem kurzen **a**: *hat/hatt* (vgl. im Deutschen Rat/Ratte);
— dem langen und dem kurzen **å**: *stått/stått* (vgl. im Deutschen Brot/Gott);
— dem langen und kurzen **u**: *dun/rund*.

Diese beiden **u**-Laute sind sehr verschieden. Das **u** in *dun* - langes **u** - kann mit dem deutschen **u** wiedergegeben werden, aber die Mundöffnung bei dem langen **u** soll so gering wie möglich sein. Das kurze **u** befindet sich auf halbem Wege zwischen dem deutschen **u** (Stunde) und dem deutschen **ö** (gönnen). *Rund* wird weder *rund* noch *rönd* ausgesprochen, sondern nimmt eine Zwischenstellung ein. Diesen Laut haben wir mit **ø** in der Darstellung der Aussprache bezeichnet. Um ihn korrekt aussprechen zu können, empfiehlt es sich, ihn von einem Schweden zu hören und ihn so gut wie möglich nachzusprechen. Am Anfang können Sie allerdings ruhig von dem deutschen **u** (rund) ausgehen (da die Südschweden ihn so aussprechen!) und leicht in die Klangfarbe des **ö** übergehen.

2.3. Sie müssen auch lernen, zwischen dem langen **u** und dem **y** zu unterscheiden, die beide dem deutschen **ü** ähneln (und mit diesem Buchstaben wiedergegeben werden). Wie eben erwähnt, wird das lange **u** ausgesprochen, indem man die Lippen kräftig zusammenpreßt. Das **y** hingegen entsteht aus einer runden Lippenstellung. Um die richtige Einstellung der Lippen zu erreichen, empfiehlt es sich, zuerst zu pfeifen, dann ein **ü** zu sagen und dabei leicht in ein **i** übergehen. Versuchen Sie deutlich auszusprechen:

bur / byrå
nu / ny / nytt

2.4. Anmerkungen über die Vokale o und e.

— Das schwedische **o** wird im allgemeinen **u** ausgesprochen, entweder lang (vor einem einzigen Konsonanten) oder kurz: *ros* wird ruß, *blomma* blumma ausgesprochen. Beachten Sie jedoch, daß **o** in einigen Fällen **å** (vgl. das deutsche *o*) ausgesprochen wird, vor allem in sehr häufigen Substantiven wie *son* [Sohn], *dotter* [Tochter], *sova* [schlafen], *kosta* [kosten], *lova* [versprechen], *golv* [Fußboden]... und in Lehnwörtern wie *telefon, dialog, sociologi, filosof*...

— Das schwedische **e** kann wie im Deutschen drei verschiedenen Lauten entsprechen:
dem lang-geschlossenen *e: be (beh), le (leh)* usw.;
dem *ä* (kurz-offen oder lang-offen): *fest, mest;*
dem schwachen *e* (das sich nur in unbetonten Silben findet): *fågel, mycket* (Mücke).

Zur Beachtung: *de* (sie, Nominativ) und *dem* (sie, Akkusativ- bzw. Dativobjekt) werden beide in der Umgangssprache *dom* ausgesprochen.

2.5.
Im Schwedischen kommen keine Diphthonge (Zwielaute) vor. Dagegen gibt es zahlreiche Entlehnungen aus dem Französischen, in denen Vokale nasaliert und mit einem leichen Endungs-**g** ausgesprochen werden:

salong, gratäng, restaurang.

Die Gruppe *ion* wird *unn* ausgesprochen:

mission (mischunn), station (ßtaschunn).

3. Die Konsonanten

Wir möchten hier Ihre ganze Aufmerksamkeit auf einige Konsonanten lenken, deren Aussprache bedeutend vom Deutschen abweichen.

3.1. **G,** gefolgt in derselben Silbe von **e, i, y, ä** oder **ö,** wird wie **j** ausgesprochen (und in der Darstellung der Aussprache mit demselben Buchstaben wiedergegeben). *Ge* wird also *je* ausgesprochen.

Beispiele:
gymnastik (jümnastik), giro (jiro), gärna (järna), Sverige (Svärje), Norge (Norje), göra (jöra).

Das gleiche gilt für ein **g,** das in derselben Silbe nach einem **l** oder **r** steht:

älg (älj), arg (arj), berg (bärj), borg (borj).
Göteborg wird also *Jöteborj* ausgesprochen.

In allen anderen Fällen wird **g** hart ausgesprochen, wie in gut, gierig, usw.:

galen (gahlen), god (guhd), gå (goh), jag (jahg).

Zur Beachtung:
1. Im Auslaut der Endsilbe **-ig** wird das **g** deutlich ausgesprochen (und nicht wie im Deutschen **-ch**).
2. Die weiblichen Vornamen *Birgit, Birgitta* werden *Birgitt, Birgitta* ausgesprochen. In einigen Fremdwörtern wie *intelligent, logik, biologi,* usw. wird das **g** wie im Deutschen ausgesprochen. *Mig, dig, sig* werden umgangssprachlich *mäj, däj, säj* ausgesprochen.

3.2. **J** wird auch *j* ausgesprochen (und mit demselben Buchstaben wiedergegeben): *ja, jo, jul, järn,* außer in einigen Entlehnungen aus dem Französischen, wo es *sch* ausgesprochen wird: *jour (schuhr), journalist (schuhrnalist)*.

3.3 H wird (wie im Deutschen) im Anlaut sowohl eines Wortes wie auch einer Silbe ausgesprochen: *han, Valhalla*. Das **h** ermöglicht zum Beispiel, zwischen *är* und *här* einen deutlichen Unterschied zu machen.

3.4. K, gefolgt in derselben Silbe von **e, i, y, ä** oder **ö** wird *tsch* ausgesprochen:

keramik (tscheramik), Kina (Tschina), kyrka (tschürka), kär (tschär), köpa (tschöpa).

In allen anderen Fällen wird es hart wie in kalt, Kind, Keller ausgesprochen:

kall, ko (kuh), kur (kühr), kål (kohl).

Entgegen der Regel wird es auch hart ausgesprochen in *Kiruna* (Stadt im schwedischen Lappland), in manchen Entlehnungen wie *paket, mannekäng* oder *kö* und in einem sehr gängigen Wort der Umgangssprache: *kille* (Bursche, Junge, Kerl).

3.5. S ist immer stimmlos (= *ß*): *Louise* = Luis! Das stimmhafte deutsche **s** (Salz, sehr, sieben usw.) kommt im Schwedischen nicht vor. Das schwedische **z** entspricht genau dem stimmlosen s (*ß*): *Zeeland* wird *ßeland, Carlzon Karlßon* ausgesprochen.

3.6. V wird wie das deutsche *w* (d. h. stimmhaft!) ausgesprochen. W (selten) wird auch wie *w* ausgesprochen, außer in einigen Entlehnungen aus dem Englischen. Es gibt im Schwedischen keinen Unterschied zwischen *Eva* und *Ewa*, zwischen *Vasa* und *Wasa*.

3.7. Zum Schluß noch ein Wort über das schwedische **r**. Der korrekte Sprachgebrauch empfiehlt wohl, ein leicht gerolltes *r* zu bilden. Es werden jedoch viele (mundartliche) Variationen in Schweden selbst und in dem schwedischsprachigen Teil Finnlands beobachtet. Im Anfangsstadium können Sie ruhig von Ihrem eigenen *r* Gebrauch machen (das übrigens je nach Ihrer Stammeszugehörigkeit und Herkunft variiert). Wenn Sie unsere Kassetten besitzen, genügt es, unseren schwedischen Sprechern zuzuhören und sie nachzuahmen.

4. Anmerkungen über einige Lautverbindungen

4.1. Wörter wie *skjorta, skjuta, själssjukdom* haben ja etwas Rauhes an sich, wenn man sie geschrieben sieht. Im Deutschen haben wir ähnliche Lautverbindungen, die außerdem für einen Ausländer wahre Zungenbrecher sind (Freundschaftspflicht, Herbstpflanze, usw.). Im Schwedischen ist aber die Schwierigkeit nur eine scheinbare: die Aussprache dieser Verbindungen ist weich und melodiös.

Sk vor *e, i, y, ä, ö* wird *sch* ausgesprochen:
ske (scheh), skinn (schinn), sky (schüh), skäl (schäl), skörd (schörd), skön (schön).

Man stößt auf einen ähnlichen Laut in Verbindungen wie:

— **skj:** *skjuta (schüta), skjul (schül),*
— **stj:** *stjärna (schärna),*
— **sj** und **sch:** *sju (schüh), dusch (dɸsch)* .

Zur Beachtung!
1. In Fremdwörtern wird dieser Laut manchmal bezeichnet mit:
g: *bagage, garage (bagasch, garasch),*
j: *jour, journal (schuhr, schuhrnal),*
ti oder **si:** *deklaration, passion (deklaraschunn, paschunn).*

2. Merken Sie sich die Aussprache von *människa* [Mensch]: *mannischa*.

4.2. Die zwei Buchstaben **ng** bezeichnen einen Laut: *sang (ßong)*. Vergleichen Sie im Deutschen *sang*. Sie dürfen nicht *ng-g* (oder *ng-k*) wie z. B. in „Mongole" oder „Ungarn" ausgesprochen werden. Die zwei Buchstaben **gn** neigen dazu, einen einzigen Laut zu bezeichnen: *regn (rägn)*. Das *g* geht in das *n* über. Sie werden also nicht wie in den deutschen Wörtern „Signal" (*g-n*) oder „Kognak" (*nj*) ausgesprochen.

4.3. In Lautverbindungen, in denen ein **r** vorkommt, verschwindet dieses *r* und wird zu einem Hauch, den wir mit [h] gekennzeichnet haben:

bord (bu[h]d), förlat (fö[h]loht), barn (ba[h]n), fort (fu[h]t).

Die Verbindung **rs** wird *[h]sch* ausgesprochen, selbst wenn sie in zwei unterschiedlichen Wörtern vorkommt: Der auslautende -*r* des ersten Wortes wird zum anlautenden *s*- des zweiten hinübergezogen:

fors (fo[h]sch), jag skriver snart (skriwe[h]schna[h]t).

Zur Beachtung:
1. **Sp-** und **st-** im Anlaut werden immer wie im Niederdeutschen oder wie im Inlaut (Prospekt, konstant) ausgesprochen: *staden = ßtaden; spara = ßpara.*

2. **-d** wird im Auslaut immer deutlich -*d* (und nicht -*t*!) ausgesprochen: *bad = bahd, land = land.*

4.4. In der Umgangssprache werden schließlich Konsonanten abgeschwächt oder sogar weggelassen:

morgon wird zu *morron, träkigt* wird *trokitt* ausgesprochen; der Endkonsonant verschwindet in *det (deh), jag (jah), dag (dah), vad (wah), med (meh)*. *Och* wird öfter *o* als *ok* ausgesprochen, *dagen* oder *staden* werden zu *dan* bzw. *stan*, usw.

Praktischer Hinweis: Kümmern Sie sich nicht zu sehr um diese Kontraktionen bzw. Assimilationen, vor allem am Anfang. Es ist keineswegs falsch, wenn man alle Laute einzeln ausspricht! Wenn Sie eines Tages einem schwedischen Prediger vom alten Schlag zuhören, werden Sie feststellen, daß er recht wenige Laute verschluckt. **Lassen Sie sich von der Darstellung der Aussprache oder von den Kassettenaufnahmen führen!**

5. Akzent, Intonation

Das Schwedische hat eine sehr eigentümliche Melodie, die dynamisch und in ausgeprägter Weise rhythmisch ist.

5.1. Erstens liegt dies daran, daß viele Wörter innerhalb des Satzes betont werden können: die Substantive, die Adjektive, die Demonstrativpronomen, die Hauptverben, manche Partikeln. Stärker als im Deutschen können derartige Wörter betont werden, größer ist demnach ihre Autonomie innerhalb des Satzes. **Die Aussprache wird sehr stark beeinflußt von dem erheblichen Unterschied zwischen betonten und unbetonten Satzteilen.**

Grundregel: Die Silbe, auf der der Hauptakzent (Hauptton) liegt - in unseren Texten **fettgedruckt** -, ist immer lang. Dehnen Sie den Vokal, wenn er nur vor einem Konsonanten steht (vgl. § 2.1.). Andernfalls verweilen Sie auf dem Endkonsonanten.
Beispiele: *hat* = *haahht; hatt* = *hattt.*

Zweitens werden im Schwedischen zwei Typen von Akzenten unterschieden, die die Höherlegung für die betonte(n) Silbe(n) bestimmen. Im Deutschen gibt es gewöhnlich keine gleich starke Betonung mehrerer Silben in ein und demselben Satz. Die deutschen Sätze sind in der Stärkebetonung eingipflig, die stärkstbetonte Silbe bildet dabei den Kurvengipfel. Der schwedische Satz hingegen ist durch mehrere Gipfel gekennzeichnet. **Lesen Sie mit Aufmerksamkeit die folgenden Abschnitte!**

XVII

5.2. Ein Wort hat **den einfachen Akzent** oder **Akut,** wenn eine einzige Silbe betont ist. Dies ist selbstverständlich der Fall bei einsilbigen Wörtern: sto**l**, kni**v**, usw. Beachten Sie, daß die Substantive in der bestimmten Form (die wir in den ersten Lektionen behandeln werden) ihren ursprünglichen Akzent (sto**l**en, kni**v**en) beibehalten, obwohl sie nicht mehr einsilbig sind.

Der einfache Akzent oder Akut prägt ebenfalls mehrsilbige Wörter, deren erste Silbe unbetont ist: Beispiel besö**k**. An diesen letzten Fall schließen sich Lehnwörter an, die ihre ursprüngliche Betonung beibehalten haben: hot**e**ll, direk**tö**r, kata**lo**g, restau**ra**ng, usw.

5.3. **Der doppelte Akzent** oder **Gravis** bildet eine Eigenart des Schwedischen (und des Norwegischen). Viele zwei- oder mehrsilbige Wörter sind von einer doppelten Betonung geprägt. Der Hauptakzent, der oft auf der ersten Silbe liegt, wird stark hervorgehoben. Der Stimmton *sinkt* (vgl. die graphische Darstellung dieses Akzents) am Ende dieser Silbe und die Stimme *steigt wieder,* um eine andere Silbe des Wortes mit einem zweiten Stärkeakzent zu versehen. Der Hauptakzent (fallender Akzent) kann also nicht allein bestehen. Er schafft eine *Erwartungssituation* (weiterweisende Intonation). *Unvermeidlich wird ein zweiter Akzent auf das Wort fallen.*

Der Gravis erinnert ein bißchen an die schwebende Betonung des Deutschen, bei der die Glieder eines Wortes gleich stark betont werden.
Beispiele: steinreich, blutjung.

Den Hauptakzent, den Gravis, haben wir in **Fettdruck** angegeben. Der zweite Akzent (Nebenakzent, Nebenton) wurde durch *Kursivschrift* kenntlich gemacht.

Flìck*án*   Flìckorn*á*   Prins*èss*á

5.4. Jedes alleinstehende Wort bekommt also einen von den zwei oben geschilderten Akzenten. Aber wie ist es mit den zahlreichen Zusammensetzungen?

Keine Angst: Wie lang sie auch sein mag, eine Zusammensetzung kann immer nur zwei betonte Silben haben. In der Praxis kann man also auf sie die Regeln der doppelten Betonung (§ 5.3.) anwenden. Nehmen wir ein paar Beispiele: Tal*a*, aber utt*a*la. Järnv*ä*g, aber järnvägsstation. In besonders langen Zusammensetzungen kann der Abstand zwischen der ersten betonten Silbe (Stammsilbe, Hauptton) und der zweiten Silbe (Nebenton) sehr groß sein. Zwischen den beiden ist es geboten, eine tonlose, monotonisierte Intonation zu haben und die Silben kurz auszusprechen. Geben wir jedoch zu, daß jegliche Schilderung der Intonation im Schwedischen - so spitzfindig sie auch sein mag - das Unersetzliche nicht zu ersetzen vermag, nämlich ihr unmittelbares Hören und ihre Aneignung durch Nachahmung. Auf diese Art werden Sie die Intonation leicht ausführen können, denn es geht letztlich darum, eine „Kurve 'rauszuhaben".

5.5. Sie fragen sich sicherlich, ob es Regeln gibt, anhand derer festgelegt werden kann, ob ein Wort den einfachen oder den doppelten Akzent trägt. Zwar ergibt sich diese Verteilung nicht auf gut Glück, aber die Regeln (denn es gibt welche) würden die Sache erschweren, statt sie zu erleichtern, vor allem am Anfang des Studiums. Wir haben die wichtigsten im grammatischen Anhang zusammengefaßt, damit Sie vor jedem beliebigen schwedischen Wort imstande sind zu wissen, wie es sich im Prinzip verhält (denn es gibt selbstverständlich ein paar widerspenstige, die sich den kodifizierten Regeln nicht fügen). Es versteht sich von selbst, daß Sie mit diesen Fragen erst dann umgehen werden, wenn Sie gediegene Grundkenntnisse in der schwedischen Sprache besitzen.

Fürs erste - und mit dem Sinn der Methode übereinstimmend - fordern wir Sie auf, sich die korrekte

XIX

Betonung mit Hilfe eines einfachen Systems, das sich auf zwei typographische Hervorhebungen beschränkt, anzueignen. Erlauben Sie uns, es an einem Beispiel zu veranschaulichen.

Nehmen wir die beiden Homonyme *komma* (Komma) und *komma* (kommen).

Das erste trägt den einfachen Akzent oder Akut: wir bezeichnen die betonte Silbe in **Fettdruck**. Das zweite trägt den doppelten Akzent oder Gravis (eigentlich zuerst die sinkende, dann die steigende Betonung): wir bezeichnen die Akzente in **Fett-** (Hauptakzent) bzw. in *Kursiv*druck (Nebenakzent). **Kó**mma **Kò**mm*à*.

Mit anderen Worten: Das **Fettgedruckte** gibt an, daß die Stimme steigt (1. Fall) oder daß sie sinkt, um dann wieder zu steigen. Es besteht keine Verwechslungsgefahr, da das **Fettgedruckte** im ersten Fall die einzige Hervorhebung ist, während im zweiten Fall eine zweite, *kursivgedruckte* Hervorhebung automatisch auf die erste folgt. Trägt das Wort eine doppelte (schwebende) Betonung, so ist **seine ganze Melodie** dadurch geprägt.

Die Typographie, die wir angewandt haben, damit Sie lernen, „richtig zu singen", hat nur einen praktischen, pädagogischen Zweck und erhebt keinerlei wissenschaftlichen Anspruch. Daher die Anwendung eines einfachen und einheitlichen Systems. Wir wollen jedoch nicht verschweigen, daß die Prosodie, d. h. das Verhältnis zwischen Wort und Ton, im Schwedischen eine heikle Sache ist, die schematisch schwer zu beschreiben, aber leicht nachzuahmen ist. Deshalb können Ihnen unsere Kassetten eine außerordentlich gute Hilfestellung leisten.

Die angegebene Betonung ist die des Wortes im Satzzusammenhang. Einzelne Variationen können bei Satzteilen vorkommen, die der Regel gemäß betont bzw.

unbetont sein sollten (vgl. § 5.1.). Diese Variationen beruhen auf verschiedenen Faktoren: mehr oder weniger flüchtigem Sprechen, feierlichem oder umgangssprachlichem Charakter einer Aussage, erstrebter Nachdrücklichkeit oder dramatischer Darstellung. Seien Sie deshalb nicht erstaunt, wenn die schwedischen Sprecher, die Sie auf den Aufnahmen hören, die Texte manchmal anders „interpretieren", als wir es in unserer Typographie empfohlen haben. Das ist ganz natürlich. Es handelt sich einfach um die (individuelle) Hervorhebung dieses oder jenes Satzteils, die selbstverständlich den Grundregeln, die wir Ihnen soeben dargelegt haben, keinen Abbruch tun.

Sonst haben wir aus der Darstellung der Aussprache jegliches wissenschaftliche Zeichen aus praktischen Gründen verbannt. Wir haben nur von zwei vereinbarten Zeichen Gebrauch gemacht:

ø bezeichnet das kurze **u,** das wir im § 2.2. beschrieben haben; **[h]** steht für ein kaum artikuliertes **r,** das zu einem Hauch wird.

Dies ist, was wir Ihnen anfangs über die Aussprache des Schwedischen sagen wollten. Wir verlangen selbstverständlich nicht, daß Sie die vorangehenden Anmerkungen auswendig lernen. Aber kommen Sie im Laufe Ihres Studiums regelmäßig auf sie zurück. Eigentlich wissen wir, daß Sie es aus eigenem Antrieb tun werden, denn Ihre Fortschritte werden von dem Wunsch begleitet sein, Ihre Kenntnisse zu verfeinern und zu festigen.

Damit Sie sicher vorwärtsgehen, ist es jedoch unentbehrlich, daß Sie von der ersten Lektion an eine klare Vorstellung von den folgenden Ausspracheprinzipien haben:

1 Ein betonter Vokal kann lang oder kurz sein.
2 Die Rechtschreibung hilft, zwischen langem und kurzem Vokal zu unterscheiden.

3 Die betonten Wörter können zwei unterschiedliche Betonungen haben.

Wenn ein Zweifel darüber noch bestehen würde, sollten Sie in aller Ruhe die Abschnitte 2.1. und 5.1., 5.2., 5.3. noch einmal lesen.

Nun können Sie zur ersten Lektion übergehen.

LYCKA TILL [VIEL GLÜCK]!

1 Ett (ätt)

FÖRSTA LEKTIONEN

Hej !

1 — Hej, Eva !
2 — Hej, Michel ! Hur mår du ?
3 — Bra, tack. Och du ? (1)
4 — Tack, bra.
5 — Förlåt, men jag har litet bråttom. (2)
    Hej då.
6 — Hej då så länge. (3)

*****

7   Eva är svenska. (4)
8   Michel är inte svensk. (5)
9   Michel är fransman (6)
10 Eva är inte fransyska. (A8)*

MICHEL HAR LITET BRÅTTOM

UTTAL (ütahl)

1 Häj, Ewa! 2 Häj, Mischel! Hür mohr dü? 3 Brah, tack. Ok dü? 4 Tack, brah. 5 Fö[h]loht, männ jahg hahr lite brottom. Häj doh. 6 Häj ßo länge. 7 Ewa är svenska. 8 Mischel är inte svensk. 9 Mischel är fransmann. 10 Ewa är inte franßüska.

ERSTE LEKTION

Hallo!

1 — Hallo, Eva!
2 — Hallo, Michel! Wie geht es dir (wie fühlst du [dich])?
3 — Gut, danke. Und dir (du)?
4 — Danke, gut.
5 — Verzeihe, aber ich habe [es] ein wenig eilig. Tschüs (tschüs dann).
6 — Tschüs, bis dann (bis nachher, bis bald).

* * * * *

7 Eva ist Schwedin.
8 Michel ist nicht Schwede.
9 Michel ist Franzose.
10 Eva ist nicht Französin.

ANMERKUNGEN

1 Das **a** in *bra* ist lang und tief. Zögern Sie nicht, es kann nicht lang genug sein. Dagegen ist das **a** in *tack* kurz und offener, da ihm zwei Konsonanten folgen. Beachten Sie außerdem, daß das lange schwedische **u** immer dem deutschen **ü** entspricht.
2 Das Adverb (Umstandswort) *litet,* ein wenig, wird in der zwanglosen Prosa manchmal *lite* geschrieben. Das auslautende *t* ist hier nämlich stumm.
3 Der Buchstabe **s** wird wie *ß* ausgesprochen, nie wie ein deutsches stimmhaftes *s* (z.B. in so, Sohn), das dem Schwedischen ganz und gar unbekannt ist.
4 V (w) wird nie wie ein deutsches *v* ausgesprochen. In der Gruppe *sv* wird es jedoch *v* ausgesprochen, da das *s* stimmlos ist: *svenska*.
5 *Inte* ist die Partikel der Verneinung. Auf die Frage *hur mår du?* kann die Antwort je nach den Umständen lauten: *Jag mår bra* [mir geht es gut] oder *Jag mår inte bra* [mir geht es nicht gut]. *Må* bedeutet hier „sich fühlen". Beachten Sie, daß das Reflexivpronomen [dich] hier bereits im Verb enthalten ist (vgl. die eckigen Klammern in der deutschen Übersetzung).
6 Im Schwedischen sind die Substantive im Unterschied zum Deutschen nicht durch einen Großbuchstaben auszuzeichnen. Man denke an die Einfachheit der schwedischen Rechtschreibung gegenüber den zahlreichen Zweifelsfällen der deutschen - und an die ersparte Mühe!

(A8)* verweist Sie auf die folgende Wiederholungslektion (auf jeweils sechs Lektionen folgt eine Wiederholungslektion), hier auf Abschnitt 8.

3 Tre (tre)

ÖVNINGAR (öwningar)

1 Eva mår bra. **2** Michel har litet bråttom. **3** Jag är inte svensk. **4** Du är fransman. **5** Hej då, Eva ! **6** Mår du inte bra ?

FYLL I MED RÄTT ORD (füll i med rätt u[h]d)

(Ergänzen Sie mit den passenden Wörtern)

1 *Wie geht es dir (wie fühlt du [dich])? Es geht mir gut (ich fühle [mich] gut).*

Hur mår . . ? . . . mår bra.

2 *Verzeihe, aber ich habe [es] ein wenig eilig.*

Förlåt, men jag . . . litet . . . .

3 *Tschüs, bis dann (bis nachher, bis bald).*

. . . . . så länge.

4 *Eva ist nicht Französin. Eva ist Schwedin.*

Eva . . inte fransyska . Eva är . . . .

****

ANDRA LEKTIONEN

Goddag ! (1)

1 — Goddag, fru Lund ! (2)

UTTAL (ütahl)
1 Gudah, frü Lønd!

ÜBUNGEN: 1 Eva geht es gut (Eva fühlt [sich] gut). **2** Michel hat [es] ein wenig eilig. **3** Ich bin nicht Schwede. **4** Du bist Franzose. **5** Tschüs, Eva! **6** Geht es dir nicht gut (Fühlst du [dich] nicht gut)?

* * * * *

5 *Michel ist nicht Schwede.*

Michel är . . . . . svensk.

Verbesserung:

1 - du - Jag. 2 - har - bråttom. 3 Hej då. 4 - är - svenska. 5 - inte.

In dieser Lektion wie in den folgenden bitten wir Sie insbesondere darum, der Aussprache Ihre ganze Aufmerksamkeit zu widmen. Lernen sie, die langen Vokale von den kurzen zu unterscheiden, setzen Sie die Akzente auf die richtigen Silben, machen Sie sich mit der Schreibweise der Laute vertraut. Die Darstellung der Aussprache hilft Ihnen dabei. Lesen Sie bei Bedarf noch einmal die Einleitungslektion.

****

ZWEITE LEKTION

Guten Tag!

1 — Guten Tag, Frau Lund!

ANMERKUNGEN

1. *Goddag*, eine höfliche Art zu grüßen, setzt sich aus dem Adjektiv *god* [gut] und dem Wort *dag* [Tag] zusammen. Beachten Sie die Darstellung der Aussprache dieses Kompositums: *gudah*.
2. In dem Namen *Lund* stoßen Sie auf das schwedische kurze **u**, auf halbem Wege zwischen dem *u* (z.B. in Stunde) und dem *ö* (z.B. in gönnen). Wir haben diesen Laut durch **ø** gekennzeichnet (vgl. Vorbereitungslektion § 2.2). Beachten Sie, daß das auslautende **d** im Schwedischen deutlich *d* - und nicht *t* wie im Deutschen - ausgesprochen wird: *Lund*.

5 Fem (fämm)

2 — Goddag, herr Berg ! Hur står det till ? (3)
3 — Tack, bra. Hur mår ni själv ? (A5)
4 — Tack, bara bra. Vi ses väl i morgon. (4) (5)
5 — Javisst.
6 — Adjö då och hälsa fru Berg. (6)
7 — Tack. Adjö. (7)

* * * * *

8 Hej ! Hej då !
9 Goddag ! Adjö ! (A6)
10 Fru Lund mår bra, herr och fru Berg mår också bra, men jag mår inte bra.

2 Gudah, herr Bärj! Hü[h]stcho[h]detil? 3 Tack, brah. Hür mohr ni schälw? 4 Tack, bahra brah. Wi ßes wäl i morron. 5 Jawist. 6 Ajö doh ok hälßa frü Bärj. 7 Tack. Ajö. 8 Häj! Häj doh! 9 Gudah! Ajö! 10 Frü Lønd mohr brah, herr ok frü Bärj mohr okßo brah, männ jahg mohr inte brah.

ÖVNINGAR

1 Hälsa fru Lund ! 2 Herr Berg mår bara bra. 3 Jag mår också bra. 4 Eva och fru Berg ses väl i morgon. 5 Goddag, herr Lund ! 6 Hur står det till själv ?

2 — Guten Tag, Herr Berg! Wie geht es Ihnen (wie steht es)?
3 — Danke, gut. Wie geht es Ihnen selbst?
4 — Danke, sehr (nur) gut. Wir sehen uns [doch] wohl morgen.
5 — Klar (gewiß doch).
6 — Auf Wiedersehen (dann) und grüßen Sie Frau Berg!
7 — Danke. Auf Wiedersehen!

* * * * *

8 Tag! Tschüs!
9 Guten Tag! Auf Wiedersehen!
10 Frau Lund geht es gut, Herrn und Frau Berg geht es auch gut, aber mir geht es nicht gut.

ANMERKUNGEN *(Fortsetzung)*

3 Beachten Sie die Darstellung der Aussprache der Redewendung *hur står det till?* Das [h] kennzeichnet ein kaum ausgesprochenes **r**, das schließlich zu einem Hauch wird.
4 Um zu sagen, daß es einem gut geht, verwendet man die Redewendung *bara bra,* was wörtlich nur gut, d.h. nichts als gut, bedeutet.
5 Das Adverb *väl,* wohl, drückt wie im Deutschen eine Annahme aus (in Sätzen mit fragender Bedeutung). Vergessen Sie nicht, das **v** wie ein deutsches **w** auszusprechen!
6 *Hälsa:* Imperativ (Befehlsform) des Verbs *hälsa,* grüßen. Die Form des Imperativs ist also hier dieselbe wie die des Infinitivs (Grundform) - und das ist oft der Fall im Schwedischen. Außerdem kommt das Schwedische auch ohne Personalpronomen (persönliches Fürwort) aus. Vergleichen Sie *hälsa*/grüßen *Sie.*
7 Das **d** in *adjö* ist stumm. Aussprache: *ajö.*

ÜBUNGEN: 1 Grüßen Sie Frau Lund! **2** Herrn Berg geht es sehr gut. **3** Mir geht es auch gut. **4** Eva und Frau Berg sehen sich wohl morgen. **5** Guten Tag, Herr Lund! **6** Wie geht es Ihnen selbst?

7 Sju (schü)

FYLL I MED RÄTT ORD

1 *Guten Tag, Frau Berg, wie geht es Ihnen?*

. . . . . ., fru Berg, hur mår . . ?

2 *Wie geht es Ihnen selbst?*

Hur står det till . . . . . . ?

3 *Wir sehen uns auch morgen.*

. . ses i morgon . . . . .

****

TREDJE LEKTIONEN
I Stockholm

1 — Hej ! Är du härifrån ? **(1) (2)**
2 — Nej. Jag är från Geneve. Och du ? Är du härifrån ?
3 — Nej, det är jag inte. Jag är från Göteborg. **(3)**
4 — Jaha, du är i Stockholm på besök. **(4)(5)**

UTTAL (ütahl)

1 Stockholm. 2 Häj! Är dü härifronn? Näj. Jahg är fronn Schenäw. Ok dü? Är dü härifronn? 3 Näj, deh är jahg inte. Jahg är fronn Jöteborj. 4 Jaha, dü är i Stockholm po bessök.

4 *Fühlen Sie sich nicht gut, Frau Lund?*

. . . ni inte bra, . . . Lund ?

5 *Grüßen Sie Frau und Herrn Berg!*

. . . . . fru . . . . Berg !

Verbesserung

1 Goddag - ni. 2 själv. 3 Vi - också. 4 Mår - fru. 5 Hälsa - och - herr.

****

DRITTE LEKTION

In Stockholm

1 — Tag! Sind Sie von hier?
2 — Nein, ich bin aus Genf. Und Sie? Sind Sie von hier?
3 — Nein, [das] bin ich nicht. Ich bin aus Göteborg [Gotenburg].
4 — Aha, Sie sind in Stockholm zu Besuch.

ANMERKUNGEN

1 Beachten Sie, daß wir in dieser Lektion **du** mit *Sie* und nicht mit *du* übersetzen. Der Gebrauch des *du* ist im Schwedischen nämlich so weit verbreitet, daß dieses Pronomen je nach dem Zusammenhang bald dem du, bald dem Sie entsprechen kann. Wir werden in der siebten Lektion auf diesen Punkt zurückkommen.
2 *Fran* oder *ifrån* bezeichnet die geographische Herkunft. *Här* bedeutet hier. Das Kompositum *härifrån* bedeutet also von hier.
3 Das Schwedische kennt den Unterschied nicht zwischen aus und von, um die geographische Herkunft auszudrücken: jag är *från* Göteborg, jag är här*ifrån*.
4 In diesem Satz stoßen Sie auf die zwei meistgebräuchlichen Präpositionen (Verhältniswörter) des Schwedischen: *i* und *på*. Die Grundbedeutung dieser Präpositionen ist in bzw. auf, aber sie können darüber hinaus andere Bedeutungen, auch abstrakterer Natur, haben. Merken Sie sich den Gebrauch dieser Präpositionen im Laufe der Lektionen!
5 Beachten Sie, daß die Gruppe *st* wie das Hamburger-*st* oder wie das hochdeutsche *st* innerhalb eines Wortes (bes*te*) ausgesprochen wird.

Lektion 3

9 Nio (nijo)

5 — Talar du engelska?
6 — Nej, tyvärr. Talar du franska?
7 — Ja, litet, men inte så bra. Du talar svenska bra. (6)
8 — Tack. Trevlig vistelse i Stockholm.(7)
9 — Tack så mycket. Detsamma.

* * * * *

10 Ja, jag är från Schweiz.
11 Nej, jag är inte från Sverige. (8)

5 Tahlar dü engelska? 6 Näj, tüwärr. Tahlar dü franska? Ja, lite, männ inte ßo brah. Dü tahlar svenska brah. 8 Tack. Trewlig wistelße i Stockholm. 9 Tack ßo mücke. Dessamma. 10 Ja, Jahg är fronn Schwäiz. 11 Näj, jahg är inte fronn Svärje.

ÖVNINGAR

1 Är du inte från Stockholm? 2 Jag är i Geneve på besök. 3 Vi talar tyvärr inte engelska. 4 Talar ni svenska? Ja, litet. 5 Ni talar svenska mycket bra. 6 Nej, jag är inte härifrån.

FYLL I MED RÄTT ORD

1 *Frau Lund ist in Göteborg zu Besuch.*

Fru Lund är. Göteborg

2 *Herr Berg ist aus Stockholm.*

Herr Berg är . . . . . . Stockholm.

3 *Eva ist nicht von hier.*

Eva . . . inte . . . .

4 *Wir sprechen Englisch und Französisch.*

Vi . . . . och . . . .

5 — Sprechen Sie Englisch?
6 — Leider nein (nein, leider). Sprechen Sie Französisch?
7 — Ja, ein wenig, aber nicht sehr (so) gut. Sie sprechen gut Schwedisch (Schwedisch gut).
8 — Danke. Angenehmen Aufenthalt in Stockholm!
9 — Vielen Dank (Dank so viel). Gleichfalls (dasselbe).

* * * * *

10 Ja, ich bin aus [der] Schweiz.
11 Nein, ich bin nicht aus Schweden.

ANMERKUNGEN *(Fortsetzung)*

6 Beachten Sie bitte, wie und wo die Akzente gesetzt werden. *Talar* ist z.B. mit einer doppelten Betonung versehen (vgl. Vorbereitungslektion § 5.3).
7 Das Kasussystem ist im Schwedischen stark vereinfacht. Nominativ (Werfall) und Objektfall (Wen- bzw. Wemfall) haben die gleiche Form. Vergleichen Sie im Deutschen: Ein angenehme*r* Aufenthalt und Angenehme*n* Aufenthalt! und im Schwedischen: *(en) trevlig vistelse*.
8 Achten Sie auf die Aussprache eines selbstverständlich wichtigen Wortes: *Sverige* = Svärje! Außerdem wird der Name Schweiz nicht wie im Deutschen ausgesprochen, *ei* = *äi* und nicht *ai*.

ÜBUNGEN: 1 Bist du nicht aus Stockholm? **2** Ich bin in Genf zu Besuch. **3** Wir sprechen leider nicht Englisch. **4** Sprechen Sie Schwedisch? **5** Sie sprechen sehr gut Schwedisch. **6** Nein, ich bin nicht von hier.

* * * * *

5 *Angenehmen Aufenthalt in Schweden!*

Trevlig . . . . i . . . . !

6 *Vielen Dank. Gleichfalls.*

Tack . . . ., ...

Verbesserung

1 - i - på besök. **2** - från. **3** - är - härifrån. **4** - talar - engelska - franska.
5 - vistelse - Sverige. **6** - så mycket - detsamma.

Lektion 3

11 Elva (älwa)

FJÄRDE LEKTIONEN

På hotellet (1)

1 — Ett rum för en natt, tack. (2) (3) (A7)
2 — Jaha. Med eller utan bad ?(4)
3 — Helst med dusch.
4 — Var vänlig och fyll i namn och adress här. (5)
5 — Min adress i Italien ?
6 — Ja, er adress hemma.
Är ni från Rom ? Min syster är där på semester. Hon talar italienska flytande. (6) (7)
7 — Och ni ? Talar ni också italienska?
8 — Nej, tyvärr. Bara engelska och tyska. Och svenska förstås !
9 — På besök i Sverige vill jag gärna tala svenska. (8)

UTTAL (ütahl)

Po hotellet. 1 Ätt röm för änn natt, tack. 2 Jaha. Med eller ütan bahd? 3 Helst med dösch. 4 War wänlig ok füll i namn och adreß här. 5 Min adreß i Itahlien? 6 Ja, ehr adreß hämma. Är ni fronn Ruhm? Min ßüster är där po ßemester. Huhn tahlar italienska flütande. 7 Ok ni? Tahlar ni okßo italienska? 8 Näj, tüwärr. Bahra engelska ok tüska. Ok svenska fö[h]schtoß. 9 Po bessök i Svärje will jahg järna tahla svenska.

ANMERKUNGEN

1 Sie werden hier mit einer Besonderheit der schwedischen Sprache bekannt gemacht: Der bestimmte Artikel wird dem Substantiv hinten angehängt: *ett hotell:* ein Hotel; *hotellet:* das Hotel. Vgl. auch *lektion fyra:* Lektion vier und *fjärde lektionen:* vierte Lektion. Sie werden sich sehr schnell diesen Mechanismus aneignen!

VIERTE LEKTION

Im Hotel

1 — Ein Zimmer für eine Nacht, bitte (danke).
2 — Ja, mit oder ohne Bad?
3 — Am liebsten mit Dusche.
4 — Bitte tragen Sie Ihren Namen und Ihre Adresse hier ein (Seien Sie freundlich und tragen Sie...).
5 — Meine Adresse in Italien?
6 — Ja, Ihre Adresse zu Hause.
   Sind Sie aus Rom? Meine Schwester ist dort auf Urlaub. Sie spricht fließend Italienisch (Italienisch fließend).
7 — Und Sie? Sprechen Sie auch Italienisch?
8 — Leider nein (nein leider). Nur Englisch und Deutsch. Und Schwedisch selbstverständlich!
9 — Zu Besuch in Schweden will ich gerne Schwedisch sprechen (sprechen Schwedisch).

ANMERKUNGEN

2 Beachten Sie, daß das *u* in *rum* kurz (= ø) ausgesprochen wird: *rumm*.
3 In der Praxis gibt es im Schwedischen zwei Geschlechter: das Utrum (nicht sächlich) und das Neutrum (sächlich). Sie haben in diesem Satz ein Beispiel für beide. Den unbestimmten Artikel *en* [ein/eine] gebraucht man vor nicht-sächlichen Substantiven: *en natt* [eine Nacht], bestimmte Form *natten* [die Nacht]. Den unbestimmten Artikel *ett* [ein/eine] verwendet man vor sächlichen Substantiven: *ett rum* [ein Zimmer], bestimmte Form *rummet* [das Zimmer].
4 Achten Sie auf die Aussprache des *d* in dem Wort *bad*.
5 Achtung! Das Verb ist hier aus zwei Teilen zusammengesetzt: *fyll* (Verbform) und *i* (betonte Partikel). *Fyll i* bildet also ein einheitliches Ganzes, das man als solches lernen muß. Wir werden mehrmals auf diese dem Deutschen nicht unbekannte Besonderheit zurückkommen.
6 *Rom,* die Stadt Rom, wird *ruhm* ausgesprochen. Verwechseln Sie nicht die Aussprache von *Rom* mit der von *rum* (vgl. „Vorbereitungslektion" §§ 2.2 und 2.4).
7 *Där* bedeutet da, dort, im Gegensatz zu *här,* hier.
8 Beachten Sie die Wortstellung in diesem Satz: Das Schwedische kennt die Regel nicht, wonach im Deutschen der Infinitiv des Hauptverbs am Ende des Satzes steht.

13 Tretton (trättonn)

10 — Det är mycket klokt av er. (9)

* * * * *

11 — Hovmästarn, jag har bara femtio kronor, vad rekommenderar ni ? (10) (11)

12 — En annan restaurang, min herre.

10 Deh är mücke klukt aw ehr. 11 Huwmästarn, jahg hahr bahra femti kruhnur, wahd rekommenderar ni? Änn annan restaurang, min herre.

ÖVNINGAR

1 Helst ett rum med bad, tack. **2** Är ni här på semester ? **3** Vi vill tala svenska i Sverige. **4** Jag rekommenderar er en annan restaurang. **5** Min syster har bara femtio kronor. **6** Hovmästarn talar tyska flytande.

* * * * *

FYLL I MED RÄTT ORD

1 *Sie ist auf Urlaub in der Schweiz.*

Hon är på semester i Schweiz.

2 *Ich möchte (will) gern fließend Schwedisch sprechen (sprechen Schwedisch fließend).*

Jag vill gärna tala svenska flytande

3 *Hier ist meine Adresse zu Hause.*

Här är min adress hemma

4 *Frau Rossi spricht nur Italienisch.*

Fru Rossi talar bara Italitnska

Fjorton (fju[h]tonn) 14

10 — Das ist sehr klug von Ihnen.
* * * * *
11 — Herr Oberkellner! Ich habe nur fünfzig Kronen, was empfehlen Sie [mir]?
12 — Ein anderes Restaurant, mein Herr.

ANMERKUNGEN *(Fortsetzung)*

9 Das Adjektiv *klokt* ist in der Neutrumform (durch das Endungs-*t* gekennzeichnet), da das Subjekt *det* sächlich ist. Vergleichen Sie mit *du är klok:* du bist klug.
10 *Hovmästarn* ist die Kurzform von *hovmästaren* und wird in der Umgangssprache vorgezogen. Wörtlich bedeutet es Hofmeister.
11 *Kronor:* Kronen. Plural von *krona* (*en krona, kronan,* vgl. Anmerkung 3). Es handelt sich hier natürlich um die schwedische Währung. Beachten Sie, daß das *o* in *femtio* (fünfzig) in der Umgangssprache nicht ausgesprochen wird.

ÜBUNGEN: 1 Am liebsten ein Zimmer mit Bad, bitte. **2** Sind Sie hier auf Urlaub? **3** Wir wollen in Schweden Schwedisch sprechen. **4** Ich empfehle Ihnen ein anderes Restaurant. **5** Meine Schwester hat nur fünfzig Kronen. **6** Der Oberkellner spricht fließend Deutsch.

In dieser Lektion haben Sie eine Besonderheit der schwedischen Syntax kennengelernt: Der bestimmte Artikel wird dem Substantiv nachgestellt (en natt: eine Nacht; natten: die Nacht; ett hotell: ein Hotel; hotellet: das Hotel). Dies mag auf den ersten Blick leicht befremdend wirken, ist aber eigentlich ein sehr einfacher Mechanismus, der kein Problem darstellt. Begnügen Sie sich fürs erste damit zuzusehen, *wie das funktioniert.*

Lektion 4

5 *Der Oberkellner empfiehlt ein anderes Restaurant.*

Hovmästarn . . . . en . . . . restaurang.

6 *Hast du ein Zimmer mit Dusche?*

. . . . du ett . . . . . med . . . . . ?

****

FEMTE LEKTIONEN

Ett möte

1 — Hej, jag heter Åke Svensson.
2 — Hej, mitt namn är Robert Dubois. Det här är min bror André. (1)
3 — Är ni från Frankrike ?
4 — Nej, vi är från Belgien. Vi bor i Bryssel. Är du härifrån ?
5 — Ja, det är jag. Jag bor här.
6 — Talar du franska ?
7 — Ja, litet grand. Franska är inte lätt. (2)
8 — Tycker du det ?
9 — Åja ! Jag förstår fransmännen, men fransmännen förstår inte mig. (3)
10 — Precis samma sak för mig i Tyskland.

UTTAL (ütahl)

Ätt möte. **1** Häj, jahg heter Ohke Svensson. **2** Häj, mitt namn är Robär Dübua. Deh här är min bruhr Andreh. **3** Är ni fronn Frankrike? **4** Näj, wi är fronn Belgien. Wi buhr i Brüssel. Är dü härifronn? **5** Ja, deh är jahg. Jahg buhr här. **6** Tahlar dü franska? **7** Ja, lite grann. Franska är inte lätt. **8** Tücker dü deh? **9** Ohja! Jahg fö[h]schtor fransmännen, männ fransmännen fö[h]schtor inte mäj. **10** Preßis ßamma ßahk för mäj i Tüskland.

VERBESSERUNG

1 Hon - på semester. 2 - vill gärna - flytande. 3 - min - hemma. 4 - bara italienska. 5 - rekommenderar - annan. 6 Har - rum - dusch.

***

FÜNFTE LEKTION

Eine Begegnung

1 — Tag, ich heiße Åke Svensson.
2 — Tag, mein Name ist Robert Dubois. Hier (das hier) ist mein Bruder André.
3 — Sind Sie aus Frankreich?
4 — Nein, wir sind aus Belgien. Wir wohnen in Brüssel.
   Sind Sie von hier?
5 — Ja, das bin ich. Ich wohne hier.
6 — Sprechen Sie Französisch?
7 — Ja, ein bißchen. Französisch ist nicht leicht.
8 — Finden Sie (das)?
9 — O ja! Ich verstehe die Franzosen, aber die Franzosen verstehen mich nicht (nicht mich).
10 — Genau dasselbe (dieselbe Sache) für mich in Deutschland.

ANMERKUNGEN

1 Das Possessivpronomen (besitzanzeigendes Fürwort) *mein* richtet sich nach dem Substantiv: *min bror* (nicht-sächlich), *mitt namn* (sächlich). *En bror:* ein Bruder; *ett namn:* ein Name.
2 In der Redewendung *litet grand* werden weder das *t* noch das *d* ausgesprochen.
3 *Fransmännen,* bestimmte Pluralform: die Franzosen. *En fransman:* ein Franzose; *fransmannen:* der Franzose; *fransmän:* Franzosen. Beachten Sie die Kleinschreibung im Schwedischen!

Lektion 5

17 Sjutton (schøttonn)

11 Jag förstår tyska, men talar dåligt. Tyskarna talar engelska med mig. (4)

*****

12 Bröderna Dubois är belgare. (5)
13 Belgarna talar franska eller flamländska. (6)

11 Jagh fö[h]schtor tüska, männ tahlar dohlitt. Tüska[h]na tahlar engelska med mäj. 12 Bröde[h]na Dübua är belgare. 13 Belga[h]na tahlar franska eller flamländska.

ÖVNINGAR

1 Min bror förstår lätt tyskarna. 2 Själv talar jag tyska dåligt. 3 Vi heter Dubois och vi är belgare. 4 Åke Svensson bor här i Stockholm. 5 Fru Svensson talar med min syster.

*****

FYLL I MED RÄTT ORD

1 *Ich verstehe ein bißchen Deutsch.*

Jag *förstår tyska* litet grand.

2 *Sie heißt Eva und mein Name ist Michel.*

Hon *heter* Eva och *mitt namn* är Michel.

3 *Wir sehen uns im Hotel.*

Vi ses *på hotellet.*

4 *Es ist nicht leicht, finde ich.*

Det är inte *lätt, tycker* jag.

Arton (a[h]tonn) 18

11 Ich verstehe Deutsch, aber spreche schlecht. Die
Deutschen sprechen Englisch mit mir.

* * * * *

12 Die Brüder Dubois sind Belgier.
13 Die Belgier sprechen Französisch oder Flämisch.

ANMERKUNGEN *(Fortsetzung)*

4 Noch eine bestimmte Pluralform: *tyskarna:* die Deutschen (*en tysk:* ein Deutscher; *tysken:* der Deutsche; *tyskar:* Deutsche).
5 *Belgare:* hier unbestimmte Pluralform: Belgier. Sie unterscheidet sich nicht von der unbestimmten Singularform: *en belgare:* ein Belgier. *Belgaren:* der Belgier.
6 *Belgarna:* die Belgier, bestimmte Pluralform.

ÜBUNGEN: 1 Mein Bruder versteht die Deutschen leicht. **2** Selbst spreche ich schlecht Deutsch. **3** Wir heißen Dubois, und wir sind Belgier. **4** Åke Svensson wohnt hier in Stockholm. **5** Frau Svensson spricht mit meiner Schwester.

* * * * *

5 *Es ist genau dasselbe für meinen Bruder.*

Det är precis . . . . för . . . bror.

VERBESSERUNG

1 - förstår tyska. - **2** heter - mitt namn -. **3** på hotellet. **4** Det - lätt - tycker. **5** - samma sak - min.

Lektion 5

SJÄTTE LEKTIONEN

I kiosken (1)

1 — Hej, har ni engelska tidning*a*r ? (2)
2 — Nej, tyvärr, vi har bar*a* svensk*a*. (A12)
3 — Jas*å*. Kan jag få tre frim*ä*rken till England ? (3) (4)
4 — Brev eller vyk*o*rt ?
— Brev.
5 — Port*o*t till England är tre kron*o*r. (5)
6 — Jaha. Varsågod. (6)
7 — Tack. Ti*o* kron*o*r. Det blir en kron*a* tillbaka.
8 — Och så vill jag ha en chokladk*a*ka.
9 — Den här kost*a*r sex kron*o*r. (7)
10 — En, två, tre, fyr*a*, fem, sex, varsåg*o*d.

UTTAL (üt*a*hl)

I tchiosken. **1** Häj, hahr ni engelska tidning*a*r? **2** Näj, tüwärr, wi hahr bahr*a* svensk*a*. **3** Jasso. Kan jahg foh treh frim*ä*rken till England? **4** Brehw eller wük*u*[h]t? Brehw. **5** Portott till England är treh kruhn*u*r. **6** Jaha. Wa[h]schohg*u*d. **7** Tack. Tij*o* kruhn*u*r. Deh blir änn kruhn*a* till bahka. **8** Ok ßo will jahg hah änn schoklahdk*a*hka. **9** Dänn här kost*a*r ßex kruhn*u*r. **10** Änn, twoh, treh, für*a*, fem, ßex, wa[h]schog*u*d.

Tjugo (tchügo) 20

SECHSTE LEKTION

Am [Zeitungs-] Kiosk

1 — Guten Tag, haben Sie englische Zeitungen?
2 — Leider nein, wir haben nur schwedische.
3 — Ach so! Kann ich drei Briefmarken für (nach) England bekommen?
4 — Brief oder Ansichtskarte?
— Brief.
5 — Das Porto nach England ist [beträgt] drei Kronen.
6 — Aha. Bitte sehr.
7 — Danke. Zehn Kronen. Das macht (wird) eine Krone zurück.
8 — Und dann möchte ich (haben) eine Tafel Schokolade (einen Schokoladenkuchen).
9 — Diese (die hier) kostet sechs Kronen.
10 — Eins, zwei, drei, vier, fünf, sechs, bitte.

ANMERKUNGEN

1 Sie erinnern sich, daß das *k* vor einigen Vokalen wie *tch* ausgesprochen wird (vgl. Einleitungslektion § 3.4).
2 *Engelska tidningar:* unbestimmte Pluralform. Die unbestimmte Singularform lautet: *en engelsk tidning*.
3 Beachten Sie noch einmal die Wortstellung in diesem Satz: Der Infinitiv des Hauptverbs (*få* = bekommen) steht im Gegensatz zum Deutschen nicht am Ende des Satzes.
4 *Frimärken:* unbestimmte Pluralform. Eine Briefmarke = *ett frimärke*.
5 Die Präposition *till* bezeichnet ein Ziel (in Richtung auf), im Gegensatz zu *från*, das die geographische Herkunft bezeichnet.
6 Die sehr gebräuchliche Redewendung *varsågod* - buchstäbl. *var så god* [seien Sie so gut] - bedeutet hier bitte! bitte sehr! Nehmen Sie! je nach Zusammenhang.
7 *Den här* = dieser, diese, dieses (der, die, das... hier, unmittelbare Nähe).

Lektion 6

21 Tjugoett (tchügoätt)

11 — Tack*a*r, jämn*a* pengar. (8) (9)
* * * * *
12 Han läser en engelsk tidn*i*ng.
13 Hon läser rysk*a* i skol*a*n.

11 Tack*e*r, jämn*a* pengar. 12 Han lässer änn engelsk tidn*i*ng. 13 Huhn lässer rüsk*a* i skul*a*n.

* * * * *

ÖVNINGAR

1 Jag vill ha svensk*a* tidning*a*r. 2 Min bror läser gärn*a* engelska tidning*a*r. 3 Är port*o*t tre kron*o*r till Tyskland också ? 4 Kan jag få två vyk*o*rt ? 5 Varsågod, det blir fyr*a* kron*o*r. 6 Läser Ev*a* engelska i skol*a*n ?

* * * * *

FYLL I MED RÄTT ORD

1 *Eva will nicht (haben) englische Zeitungen.*

Eva vill inte ha engelska tidningar.

2 *Kann ich vier Ansichtskarten bekommen?*

Kan jag få fyra vykort ?

3 *Bitte! Das macht zwei Kronen zurück.*

Varsågod, det blir två kronor tillbaka.

4 *Michel lernt nicht Deutsch in der Schule.*

Michel läser inte tyska i skolan.

11 — Danke (ich danke), es stimmt (abgezähltes Geld).
12 Er liest eine englische Zeitung.
13 Sie lernt Russisch in der Schule.

ANMERKUNGEN *(Fortsetzung)*

8 Außer *tack* und *tack så mycket* wird auch *tackar* verwendet, um sich zu bedanken. Es ist das Präsens (Gegenwartsform) des Verbs *tacka*, danken, ohne Subjekt gebraucht.
9 *Pengar* [Geld] ist eine Pluralform. Statt „Geld" sagen die Schweden buchstäblich „Gelder".

* * * * *

ÜBUNGEN: 1 Ich will (haben) schwedische Zeitungen. **2** Mein Bruder liest gerne englische Zeitungen. **3** Beträgt (ist) das Porto nach Deutschland auch drei Kronen? **4** Kann ich zwei Ansichtskarten bekommen? **5** Bitte, das macht vier Kronen. **6** Lernt Eva Englisch in der Schule?

5 *Frau Berg liest gerne englische Zeitungen.*

Fru Berg . . . . . gärna . . . . tidningar.

* * * * *

VERBESSERUNG

1 - ha - tidningar. **2** Kan - få - vykort. **3** Varsågod - blir - tillbaka.
4 - läser - skolan. **5** - läser - engelska.

Die Lektion, die Ihnen jetzt bevorsteht, lädt Sie zu einer ersten Wiederholung ein. Dies wird auch in Zukunft der Fall sein. Nach jeweils sechs Lektionen besteht die Aufgabe des siebten Tages darin, über die geleistete Arbeit Betrachtungen anzustellen, einige Erklärungen hinzuzufügen und den Lernstoff zu überarbeiten. Versuchen wir einmal zusammenzufassen, was wir im Laufe dieser ersten Arbeitswoche gelernt haben.

Lektion 6

SJUNDE LEKTIONEN

ÖVERSIKT OCH ANMÄRKNINGAR
(öve[h]schikt ok anmärkningar)

Aussprache

1 Die ersten Lektionen sind für den Erwerb einer korrekten Aussprache entscheidend. Deshalb haben wir die Arbeitstexte vollständig in der Darstellung der Aussprache wiedergegeben. Später werden wir dieses etwas lästige, aber am Anfang unerläßliche Gerüst abbauen. Die Lektionen 1 bis 6 haben Ihnen Beispiele für praktisch alle Feinheiten der schwedischen Phonetik gegeben. Scheuen Sie sich nicht, sie ab und zu noch einmal laut zu lesen. Schlagen Sie ebenfalls in der Einführungslektion nach, die Ihnen nach dieser ersten Arbeitswoche sicherlich viel klarer vorkommen wird.

2 Sehen Sie zu, daß Sie einen deutlichen Unterschied zwischen langen und kurzen Vokalen machen. Entschuldigen Sie, wenn wir auf diesem Punkt bestehen, aber er ist sehr wichtig. Die kurzen Vokale stellen kein Problem dar: Sprechen Sie sie wie kurze deutsche Vokale aus. Dagegen können die langen nicht lang genug sein. Sprechen Sie das **a** in *Gabriel* wie in *Gabel* aus, aber länger und dunkler (gaahh).

3 Beachten Sie, wo der Akzent oder die Akzente des Wortes im Satz liegen. Seien Sie nicht überrascht, wenn ein und dasselbe Wort einmal betont, einmal unbetont ist. Seine „Umgebung", seine Stellung in der Rede entscheidet über seine Betonung. Manche Wörter, die gewöhnlich unbetont sind, können ebenfalls betont werden, wenn man sie im Satz besonders hervorheben will. Es ist von daher möglich, daß die Stimmen, die Sie auf den Aufnahmen hören, anders betonen, als es in der Darstellung der Aussprache angegeben ist.

SIEBTE LEKTION

Wiederholung und Anmerkungen

4 Die einzelnen Laute bereiten Ihnen keine großen Schwierigkeiten mehr, oder? Unterziehen wir uns einer kleinen Prüfung. Erinnern Sie sich, wie man folgendes ausspricht: *Berg bor gärna i Sverige; kiosken i Göteborg; ett rum i Rom; Åke mår mycket dåligt?* (Lösung im Abschnitt 13 dieser Lektion).

Höflichkeit auf schwedisch

5 Theoretisch gibt es drei verschiedene Anredeformen. Man kann entweder die Personalpronomen *du* oder *ni* verwenden (die im großen und ganzen den deutschen *du* und *Sie* entsprechen) oder von der dritten Person Gebrauch machen - *mår Svensson bra? Vill direktör Larsson...?* [geht es Ihnen gut, Svensson? Möchten Sie..., Direktor Larsson?] Diese Anredeform wird kaum noch benützt. Aber selbst das *ni* = Sie hat in neuer Zeit auffallend an Popularität eingebüßt. Das *du* ist in den meisten Fällen geboten. Deshalb sind wir veranlaßt, *du* bald mit *du,* bald mit *Sie* zu übersetzen. Es ist eine Frage des Takts, je nach Zusammenhang.

Wie soll ein Ausländer in Schweden sich verhalten, um nicht gegen den Anstand zu verstoßen? Er darf ruhig das *du* verwenden, zumal wenn er gleichaltrige Leute anspricht. Das *ni* wird oft als kühl und unpersönlich empfunden. Selbst in den Behörden und Geschäften verbreitet sich das *du*. Machen Sie also ruhig davon Gebrauch, außer vielleicht wenn Sie bedeutend ältere Leute ansprechen, oder solche, die mit Titeln und Ehren überhäuft sind! Und selbst dann ist es anzunehmen, daß diese Ihnen vorschlagen werden, „zum *du* überzugehen".

6 Unter Personen, die sich *du* sagen, werden *hej* und *hej da* gebraucht, um guten Tag bzw. auf Wiedersehen zu sagen. Wenn das *ni* geboten ist, wird man dann *goddag* und *adjö* sagen. Beachten Sie die Aussprache des letzteren: *ajö*.

7 „Tack hin, tack her". Das Wort *tack* [danke] ist eins der meistgebrauchten in der Umgangssprache. Wenn Sie sich mit einem *tack* bedanken, werden Sie oft *tack tack* zur Antwort bekommen, obwohl Sie nichts getan haben, wofür Sie einen Dank beanspruchen könnten. Wenn Sie per Telephon um eine Auskunft bitten und sich bedanken, nachdem Sie sie bekommen haben, wird Ihr Gesprächspartner den Dialog mit *tack tack* beenden, während wir auf Wiedersehen sagen würden. Wir haben außerdem gesehen (Lektion 4, Satz 1), daß *tack* am Ende eines Satzes „bitte" bedeuten kann: *ett rum för en natt, tack:* Ein Zimmer für eine Nacht, bitte.

Grammatik

Wir müssen zugeben, daß wir Ihnen im Laufe dieser ersten Arbeitswoche eine ganze Menge grammatikalischer Strukturen vor Augen geführt haben. Es kann keine Rede davon sein, sie Ihnen gewaltsam aufzudrängen. Seien Sie unbesorgt, sie werden Ihnen nach und nach durch Wiederholungen und Übungen eingehen. Aber es könnte Spaß machen, das Ergebnis dessen zusammenzufassen, was wir in einigen Tagen entdeckt haben.

8 Zunächst einmal eine gute Nachricht! Wie Sie sicherlich festgestellt haben, haben die schwedischen Verben die gleiche Form in allen Personen: *jag är, han är, vi är, ni är* usw., ich bin, du bist, wir sind, Sie sind (ihr seid)... Dies gilt für alle Verben und für alle Zeiten. Welch ersparte Mühe!

9 Die Substantive verteilen sich auf zwei Gruppen, die nicht-sächlichen, die durch den Artikel *en (en krona)* gekennzeichnet sind, und die sächlichen, die durch den Artikel *ett (ett hotell)* gekennzeichnet sind. Sowohl die nicht-sächlichen als auch die sächlichen können Personen oder Sachen bezeichnen. Jedesmal, wenn Sie ein neues Wort lernen, müssen Sie auch das Geschlecht lernen, zu dem es gehört.

10 Während der unbestimmte Artikel wie im Deutschen vor dem Substantiv erscheint *(en* oder *ett),* wird der bestimmte Artikel in Form einer Endung hinten angehängt: *en* (oder *n)* für die nicht-sächlichen *(krona/n, adress/en), et* (oder *t)* für die sächlichen *(hotell/et, porto/t).*

11 Ein ähnlicher Mechanismus ist im Plural zu beobachten. Wir werden darauf zurückkommen. Es genügt, an einem schon angetroffenen Beispiel zu sehen, wie die Deklination (Beugung) des Substantivs im Schwedischen funktionieren kann: *tysk* (Deutsch): *en tysk* [ein Deutscher], *tysken* [der Deutsche]; *tyskar* [Deutsche], *tyskarna* [die Deutschen].

12 Im Laufe unseres Studiums haben wir auch einige Adjektive angetroffen. Besser als lange Erklärungen wird Ihnen die kleine untenstehende Übersicht ihr „Verhalten" erkennen lassen:

engelsk: englisch; *en engelsk tidning* (nicht-sächlich, Singular); *ett engelskt hotell* (sächlich, Singular); *engelska tidningar* (nicht-sächlich, Plural): *engelska hotell* (sächlich, Plural).

NB 1 Wir werden Sie später in die Geheimnisse der Pluralbildung einweihen.
NB 2 Einige Adjektive sind unveränderlich. Vgl. *bra: en bra tidning, ett bra hotell, bra tidningar.*

Lektion 7

Wie wir schon gesagt haben, gehen diese wenigen Erklärungen nur darauf aus, Ihnen zu erkennen zu geben, wie manche Mechanismen der Sprache funktionieren. Begnügen Sie sich damit *zu verstehen, Feststellungen zu machen.* Es kann keine Rede davon sein, „Grammatik zu treiben" - außer wie man sich die Zeit vertreibt!

13 Berj b**u**hr j**ä**rn*a* i Sv**ä**rje; tch**io**sken i Jöteb**o**rg; ätt r**ø**m i R**u**hm; **Oh**k*e* m**o**hr m**ü**ck*e* d**o**hl*i*tt.

Nun sind Sie also am Ende Ihrer ersten Arbeitswoche. Sie haben nicht zu viele Schwierigkeiten, vielleicht scheint Ihnen die Aussprache ein wenig heikel zu sein? In einigen

****

ÅTTONDE LEKTIONEN

Problematisk morgontoalett

1 — Hur är det med dig ? Du ser för hemsk ut. **(1) (2)**

UTTAL

Problema*h*tisk mo*rr*ontual*ä*tt. **1** H*ü*r är de*h* med d*äj*? D*ü* ß*e*hr för h*ä*msk *ü*t.

Tagen werden Sie sich daran gewöhnt haben; es ist für Sie im Augenblick unerläßlich, „am Ball zu bleiben", sich jeden Tag einer Lektion zu befleißigen.
Sie sind nämlich bald an dem „gefährlichen Kap" Ihres Studiums angelangt, der Reiz der Neuheit (Schwedisch lernen) verfließt, und andererseits haben Sie sich noch nicht den Rhythmus, die tägliche Gewohnheit Ihres Schwedisch ohne Mühe angeeignet.

In einigen Tagen wird die Sache erledigt sein, und dann wird Sie nichts mehr aufhalten können. *In dieser Erwartung... aufgepaßt und nur Mut!*

****

ACHTE LEKTION

Problematische Morgentoilette

1 — Was ist mit dir los (wie ist es mit dir)? Du siehst schlimm (zu furchtbar) aus.

ANMERKUNGEN

1 Das Schwedische kennt wie das Deutsche Verben, die aus zwei Teilen zusammengesetzt sind: die Verbform und die betonte Partikel. So zum Beispiel *se ut,* aussehen.
2 Beachten Sie, daß *för* hier zu, „mehr als" bedeutet.

2 — Undra på det. Jag går upp halv sju (3) (4) (5) och ändå hinner jag inte tvätta och raka mig.
3 — Äter du frukost så länge ?
4 — Inte alls, men med fyra kvinnor i huset är det svårt.
5 — Oj, har du ett helt harem ? (6)
6 — Det räcker med min fru och mina tre döttrar. (7)
7   Flickorna är i tonåren nu. Badar de inte så pratar de i telefon. (8)
8 — Varför stiger du inte upp en timme tidigare ? (A3)
9 — Jag är så trött på morgnarna.
10 — I så fall måste du bygga ett badrum till.
11 — Och installera en telefon till, menar du !
12   Tack för dina goda råd !

2 Øndra po deh. ... gohr øpp halw schü ... änndo ... rahka mäj. 3 Äter dü frükost. 4 ... füra kwinnuhr ... hüsset ... swo[h]t. 6 Deh räcker ... treh döttrar. 7 Flicku[h]na ... tonnoren nü. Bahdar domm ... prahtar domm i telefon. 8 Warför ßtiger ... timme tidigare. 9 ... ßo trött po morna[h]na. 10 ... moste dü bügga ... bahdrøm 11 ... inßtallera 12 ... guda rohd.

* * * * *

ÖVNINGAR

1 Han ser trött ut. 2 Flickorna går upp en timme tidigare. 3 Min fru äter frukost halv sju. 4 Mina döttrar är i tonåren. 5 Det räcker inte med ett badrum i huset. 6 Varför pratar du inte med dina döttrar ?

2 — Kein Wunder (wundere dich darüber). Ich stehe um halb sieben auf (ich stehe auf um halb sieben) und doch schaffe ich es nicht, mich zu waschen und zu rasieren.
3 — Frühstückst du (ißt du Frühstück) so lange?
4 — Gar nicht, aber mit vier Frauen im Haus ist es schwierig.
5 — Oh, hast du einen ganzen Harem?
6 — Das reicht mit meiner Frau und mit meinen drei Töchtern.
7   Die Mädchen sind jetzt Teenager. Wenn sie nicht [gerade] baden, reden sie am Telephon.
8 — Warum stehst du nicht eine Stunde früher auf?
9 — Ich bin morgens (an den Morgen) so müde.
10 — In diesem Fall mußt du noch ein Badezimmer bauen (mußt du bauen ein Badezimmer dazu).
11 — Und noch ein Telephon installieren, meinst du!
12   Danke für deine guten Ratschläge.

ANMERKUNGEN *(Fortsetzung)*

3 Das Verb *undra* bedeutet sich fragen, sich wundern.
4 *Ga upp*, aufstehen. Beachten Sie, daß die trennbare Vorsilbe *upp* im Gegensatz zum Deutschen nicht am Ende des Satzfeldes steht.
5 *Halv sju* bedeutet halb sieben. Die Zeitangabe dürfte Ihnen überhaupt keine Schwierigkeiten bereiten, da sie der Zeitangabe im Deutschen weitgehend entspricht.
6 *Helt:* Adjektiv *hel*, ganz, vollständig, in der sächlichen Form. Dasselbe in dem vorhergehenden Satz: *svårt*, sächliche Form von *svår*: schwierig.
7 *Döttrar*, unbestimmte Pluralform von *dotter*. Merken Sie sich die Bildung des Umlauts, vgl. im Deutschen Tochter, Töchter.
8 *I tonåren* bedeutet in den Jahren zwischen 13 und 19. *En tonåring* = ein Teenager.

* * * * *

ÜBUNGEN: 1 Er sieht müde aus. **2** Die Mädchen stehen eine Stunde früher auf. **3** Meine Frau frühstückt [um] halb sieben. **4** Meine Töchter sind Teenager. **5** Das reicht nicht mit einem Badezimmer im Haus. **6** Warum sprichst du nicht mit deinen Töchtern?

FYLL I MED RÄTT ORD

1 *Die Mädchen reden am Telephon.*

. . . . i telefon.

2 *Ich stehe um halb sieben auf.*

Jag . . . . . . (. . . . .) . . . . sju.

3 *Muß er noch ein Badezimmer bauen?*

. . . . . han . . . . . ett badrum . . . . ?

4 *Meine Frau sieht müde aus.*

Min . . . . trött . .

****

NIONDE LEKTIONEN

Telefonsamtal (1)

1 Birgitta arbetar på ett bibliotek. Det ringer i telefonen och Birgitta svarar.
2 — Biblioteket, Birgitta Lundgren.
— Hej, Birgitta ! Det är David.

UTTAL

Telefonßamtahl. 1 Birgitta arbetar ... bibliotek. ... ringer telefonen ... swahrar. 2 Biblioteket ... Løndgren ... Dahwid.

5 *Er frühstückt.*

Han . . . .

* * * * *

VERBESSERUNG

1 Flickorna pratar. **2** - går upp (stiger upp) halv. **3** Måste - bygga - till. **4** - fru ser - ut. **5** - äter frukost.

Um das Schwedische korrekt auszusprechen, muß man sich am Anfang auf den Rhythmus, *auf die* Satzmelodie *und auf die* Betonung *konzentrieren. Das ist das wichtigste. Dagegen spielt es keine große Rolle, wenn man anfänglich über einzelne Laute stolpert. Das Ganze ist wichtiger als der Teil. Kinder lernen von vornherein, die Melodie der Sprache nachzuahmen, aber sie brauchen Zeit, um einzelne Laute gut aussprechen zu können. Sie zeigen uns den Weg!*

****

NEUNTE LEKTION

Telephongespräch(e)

1 Birgitta arbeitet in einer Bibliothek. Das Telephon klingelt (es klingelt am Telephon), und Birgitta antwortet.
2 — Die Bibliothek, Birgitta Lundgren.
— Hallo, Birgitta! Es ist David.

ANMERKUNGEN

1 *Samtal* [Gespräch] ist sächlich: *ett samtal, samtalet.* Die unbestimmte Pluralform ist mit der unbestimmten Singularform identisch. Allein der Zusammenhang ermöglicht zu entscheiden, ob es sich um ein oder mehrere Gespräche handelt.

33 Trettiotre

3   Jag står på stationen i Uppsala just nu. (2)
4 — Hej ! Så roligt att höra dig. Kommer du hit till Stockholm snart ? (3)
5 — Ja, det gör jag.
  — När kommer du ?
6 — Kvart i sex i kväll.
7 — Så bra ! Då är jag hemma. Jag slutar klockan fem på måndagar. (4)
8 — Slutar du klockan fem alla dagar ?
  — Nej, det gör jag inte.

9   Vid sextiden ringer telefonen hos Birgitta. (5)
  — Ett sju fem två nio åtta. (6)
10 — Hej, Birgitta ! Det är jag igen. Jag är litet försenad.
11 — Varifrån ringer du ?

3 ßtor ... ßtaschunen ... Oppsahla jöst nü. 4 rulitt ... höra däj ... kommer dü hit ... ßna[h]t. 5 Deh jör jahg. 6 kwa[h]t i ßex. 7 ßlütar klockan fämm po mondagar. 9 hus Birgitta ... fämm two nijo otta. 10 Deh är jahg ijänn ... lite fö[h]schenad. 11 Wahrifronn.

3   Ich stehe gerade jetzt am Bahnhof in Uppsala.
4 — Hallo! Das freut mich sehr (so erfreulich), dich zu hören. Kommst du bald hierher nach Stockholm?
5 — Ja, das tue ich.
— Wann kommst du?
6 — [Um] Viertel vor sechs heute abend.
7 — Sehr (so) gut! Dann bin ich zu Hause. Ich schließe um fünf Uhr montags (an den Montagen).
8 — Schließt du um fünf Uhr jeden Tag (alle Tage)?
— Nein, das tue ich nicht.
9   Gegen sechs Uhr klingelt das Telephon bei Birgitta.
— Eins sieben fünf zwei neun acht.
10 — Hallo, Birgitta! Ich bin es wieder (das bin ich wieder). Ich bin ein wenig spät (verspätet).
11 — Von wo aus (woher) rufst du an?

ANMERKUNGEN *(Fortsetzung)*

2 Merken Sie sich, daß im Schwedischen die Ortsbestimmung gewöhnlich vor der Zeitbestimmung steht.
3 *Hit* bedeutet hierher. *Jag kommer hit*: Ich komme hierher. *Jag är här*: Ich bin hier.
4 Um fünf Uhr = *klockan fem*. Man kann auch nur die Zahl angeben: *fem*. Viertel vor fünf heißt *kvart i fem* (vgl. Satz 6).
5 *Vid* ist eine Präposition, die oft bei (räumlich) und gegen (zeitlich) bedeutet. *Vid sextiden* = gegen sechs Uhr. In räumlicher Bedeutung dürfen Sie nicht *vid* mit *hos* verwechseln. Dieses bedeutet bei, im Sinne „bei jemandem zu Hause", jenes bezeichnet eine Nähe: *vid fönstret*: beim Fenster.
6 Zu Hause melden sich die Schweden am Telephon oft, indem sie ihre Nummer Zahl für Zahl herunterrasseln.

12 — Från centralen i Stockholm. Jag går hem till dig nu. **(7) (8)** Jag kommer om ungefär en kvart.
13 — Skynda dig, maten är redan klar !

12 ßentrahlen ... hämm till däj ... omm ønjefähr ... kwa[h]t. 13 Schünda däj, mahten är redann klahr.

* * * * *

ÖVNINGAR

1 Hon är hemma klockan sju. **2** Klockan halv sex slutar hon. **3** Han kommer om en kvart. **4** Då är maten klar. **5** Ja, det gör vi. Nej, det gör vi inte. **6** Från stationen ringer han till Birgitta.

* * * * *

FYLL I MED RÄTT ORD

1 *Sie arbeitet in Stockholm in einer Bibliothek.*

Hon . . . . i Stockholm . . ett . . . .

2 *Kommt er bald?*

. . . . . . han . . . . . ?

3 *Um sechs Uhr ist sie zu Hause.*

. . . . sex är hon . . . . .

4 *Sie schließt gegen fünf Uhr.*

Hon . . . . femtiden.

5 *Kommt er hierher? Ja, das tut er.*

Kommer han . . . ? Ja, ... han.

12 — Vom Hauptbahnhof in Stockholm. Ich gehe zu dir (nach Hause zu dir) jetzt. Ich komme in ungefähr einer Viertelstunde.
13 — Beeile dich, das Essen ist schon fertig!

ANMERKUNGEN *(Fortsetzung)*

7 *Centralen* ist die Kurzform von *centralstationen:* der Hauptbahnhof.
8 Vergleichen Sie *jag går hem* mit *jag är hemma*. *Hem* (dynamisch) verhält sich zu *hemma* (statisch) wie *hit* zu *här* (Anm. 3).

* * * * *

ÜBUNGEN: 1 Sie ist zu Hause um sieben Uhr. **2** Um halb sechs schließt sie. **3** Er kommt in einer Viertelstunde. **4** Dann ist das Essen fertig. **5** Ja, das tun wir. Nein, das tun wir nicht. **6** Vom Bahnhof ruft er Birgitta an.

* * * * *

VERBESSERUNG

1 - arbetar - på - bibliotek. **2** Kommer - snart. **3** Klockan - hemma. **4** - slutar vid. **5** - hit - det gör.

In bezug auf die Aussprache haben wir Ihnen in der vorhergehenden Lektion empfohlen, das Ganze (die Prosodie) vor dem Teil (dem einzelnen Laut) zu bevorzugen. Diese Empfehlung gilt für das Erlernen der Sprache nach all ihren Seiten hin.

Folglich müssen Sie sich in der „Grammatik" zunächst einmal auf die Syntax konzentrieren, d. h. auf den Satzbau und insbesondere auf die Wortstellung. Es ist noch lange nicht so wichtig und notwendig, mit Sicherheit zu wissen, ob zum Beispiel dieses oder jenes Substantiv sächlich oder nicht-sächlich ist. Gewöhnen Sie sich zunächst einmal daran, Sätze richtig zu bauen, das Übrige wird sich von selbst ergeben, vor allem wenn Sie fleißig sind. Die Zeit gehört zu Ihren besten Verbündeten.

Lektion 9

TIONDE LEKTIONEN

Familjen

1 — Greta : — Anders, du får inte använda min grammofon. Den är inte din, förstår du ! (1)
2 — Anders : — Vadå din grammofon ? Den är ju vår. (2) (3) (A5)
3 — Greta : — Inte alls. Och skivorna är också mina. Du får leka med dina egna saker.
4 — Anders : — Du är inte klok ! Titta på de där skivorna. Det står mitt namn på omslaget. Vad säger du om det ?
5 — Greta : — Okej, ta dem då och lämna mig i fred. (4)
6 — Pappa : — Sluta gräla, barn ! Jag vill ha litet ro i mitt hem.
7 — Mamma : — I vårt hem menar du ! Alla får väl säga sitt, inte minst barnen.

UTTAL

Familjen. 1 Ande[h]sch ... anwenda ... grammofon ... fö[h]schtor dü. 2 Wado ... wor. 3 schiwu[h]na ... leka med ... egna sahker ... 4 kluk ... domm där schiwu[h]na ... ßtor ... ommßlaget ... säjer dü omm deh. 5 tah domm doh ok lämna mäj i fred. 6 ßlüta gräla, ba[h]n ... lite ruh ... hämm. 7 Wo[h]t hämm ... säja.

ZEHNTE LEKTION

Die Familie

1 — Greta: - Anders, du darfst meinen Plattenspieler nicht benutzen. Er gehört dir nicht (ist nicht dein), verstehst du!
2 — Anders: - Was denn, dein Plattenspieler? Das ist ja unserer.
3 — Greta: - Gar nicht. Und die Platten sind [gehören] auch mir. Du darfst [kannst] mit deinen eigenen Sachen spielen.
4 — Anders: - Du bist nicht recht gescheit (nicht klug). Sieh dir diese Platten da an. Es steht mein Name auf der Hülle (auf dem Umschlag). Was sagst du dazu (über das)?
5 — Greta: - O.K., nimm sie dann und laß mich in Frieden.
6 — Vati: - Hört auf [zu] zanken, Kinder! Ich will ein wenig Ruhe in meinem Haus (haben).
7 — Mutti: - In unserem Haus, meinst du! Alle dürfen wohl ihre Meinung (das Ihre) sagen, nicht zuletzt die Kinder.

ANMERKUNGEN

1 *Far* ist die Gegenwartsform (Präsens) von dem Verb *få*. Dieses sehr gebräuchliche Verb kann entweder für sich allein (*jag får en skiva:* Ich bekomme eine Platte) oder wie in diesem Satz als Hilfsverb benutzt werden (vgl. auch die Sätze 3, 7 und 8).
2 *Den* = er/sie/es bezieht sich auf ein nicht-sächliches Wort, das keine Person bezeichnet.
3 *Ju* hat dieselbe Bedeutung wie das deutsche *ja,* wird aber ein bißchen häufiger gebraucht.
4 *Dem:* sie ist der Objektfall des Personalpronomens *de:* sie. Beide werden *domm* ausgesprochen. *De tar dem* [sie nehmen sie] wird *domm tahr domm* ausgesprochen.

Lektion 10

8 — Pappa : — Kan inte min ... förlåt, vår son och vår dotter vara sams ? (5)
Jag får aldrig titta på TV i fred i det här huset.

9 — Greta : — Du börjar bli gammal, pappa. Mamma är inte lika tråkig som du. Hon är ung, hon. (6) (7)

10 — Pappa : — Ni är så barnsliga allihopa. Blir ni aldrig vuxna ?

11 — Mamma : — Och du då ? Titta på dina egna föräldrar. Din far och din mor är så lugna. (A4)

* * * * *

12 — Tant Kerstin : — Vad skall du göra när du blir lika stor som jag ? (8)
Anna : — Jag skall banta !

Fö[h]lot ... ßohn ... dotter ... ßams ... teweh ... deh här hüsset. 9 börjar ... trokig' ... øng. 10 ba[h]nschliga allihupa ... wøxna. 11 egna föräldrar ... muhr ... løgna. 12 Tschä[h]schtin ... när ßtuhr ... Anna ... banta.

ÖVNINGAR

1 Får jag läsa din tidning ? 2 Er grammofon är inte lika gammal som vår. 3 Barnen börjar bli vuxna. 4 Vad säger du om de där skivorna ? 5 Vi skall aldrig lämna vårt hem.

FYLL I MED RÄTT ORD

1 *Sie ist nicht so alt wie du.*

Hon är inte . . . . gammal . . . du.

2 *Darf ich deine Schallplatten nehmen?*

. . . jag ta . . . . . skivor ?

8 — Vati: - Können nicht mein ... Entschuldigung, unser Sohn und unsere Tochter einig sein?
Ich kann in diesem Haus nie in Frieden fernsehen.
9 — Greta: - Du fängst an, alt zu werden, Vati. Mutti ist nicht so langweilig wie du. Die ist jung (sie ist jung, sie).
10 — Vati: - Ihr stellt euch alle miteinander so kindisch an (ihr seid alle miteinander so kindisch). Werdet ihr [denn] nie erwachsen werden?
11 — Mutti: - Und du denn? Seh dir deine eigenen Eltern an. Dein Vater und deine Mutter sind so ruhig.

*****

12 Tante Kerstin: - Was willst du machen, wenn du so groß [erwachsen] wie ich bist (sein wirst)?
Anna: - Ich werde eine Schlankheitskur machen!

ANMERKUNGEN *(Fortsetzung)*

5 Das Adjektiv *sams:* einig ist unveränderlich.
6 Beachten Sie, daß die Endung *-ig* immer ig und nicht wie manchmal im Deutschen *ich* ausgesprochen wird.
7 Merken Sie sich die Verbindung *lika ... som:* so ... wie. *Birgitta är lika ung som Eva* = Birgitta ist so jung wie Eva.
8 Sie werden hier mit dem Futur (Zukunftsform) bekannt gemacht, gebildet aus *skall* (*ska* in der Umgangssprache) + Infinitiv. Sie müssen zugestehen, daß es nichts Einfacheres gibt!

*****

ÜBUNGEN: 1 Darf ich deine Zeitung lesen? **2** Euer Plattenspieler ist nicht so alt wie unserer. **3** Die Kinder fangen an, erwachsen zu werden. **4** Was sagst du zu diesen Platten da? **5** Wir werden nie unser Haus (Heim) verlassen.

Lektion 10

3 *Die Kinder dürfen in unserem Haus spielen.*

. . . . . . får leka i . . . . hem.

4 *Ich will meine Zeitung in Frieden lesen.*

Jag . . . . läsa min tidning . . . . .

5 *Was wird Kerstin morgen machen?*

Vad . . . . . Kerstin . . . . i morgon ?

****

ELFTE LEKTIONEN

Monika skriver brev till sina föräldrar

> Lund 1985-09-02 (1)
> Till familjen Arvidsson
> Storgatan 5
> 452 00 Strömstad (2)

1 Kär*a* föräldrar !
Jag trivs ut**m***ä*rkt i mitt studentr*u*m här i Lund.
2 **Rummet är inte stort, men det är trev**l*i***gt.**
(3)

UTTAL

Monik*a* skriver brehw. 1 Tchär*a* ... triws... stüdentr*ø*m ... L*ø*nd. 2 ßtu[h]t ... trewl*i*tt.

6 *Vati wird langweilig.*

   Pappa . . . .

VERBESSERUNG

1 - lika - som. 2 Får - dina. 3 Barnen - vårt. 4 - vill - i fred. - 5 skall - göra. 6 - blir tråkig.

****

ELFTE LEKTION

Monika schreibt [einen] Brief an ihre Eltern

Lund, den 2.09.1985
An die Familie Arvidsson
Storgatan 5
452 00 Strömstad

1 Liebe Eltern!
  Ich fühle mich sehr wohl in meinem Studentenzimmer hier in Lund.
2 Das Zimmer ist nicht groß, aber es ist angenehm.

ANMERKUNGEN

1 Die Schweden schreiben das Datum folgendermaßen: a. Die Jahreszahl, b. die Nummer des Monats, c. die Nummer des Tages.
2 Die fünfstellige Postleitzahl wird in zwei Teilen geschrieben: zuerst die drei ersten, dann die zwei letzten Ziffern. Wenn Sie aus dem Ausland nach Schweden schreiben, sollten Sie die Postleitzahl mit einem S- versehen (Beispiel: S-597 00 Åtvidaberg).
3 Er/sie/es heißt *det,* wenn man sich auf ein sächliches Wort bezieht.

Lektion 11

3   Bredvid mig står en bokhylla. I bokhyllan
    finns mina kursböcker och även några detek-
    tivromaner. (4)
4   På mitt bord ligger en vit duk. På duken
    står en vas med blommor i.
5   Några tavlor hänger på väggen. Väggarna
    är gula, ljusgula. (5)
6   Vid min säng ligger en mjuk matta. Klock-
    radion har jag på en liten hylla. (6)
7   Kök, TV-rum och telefon är gemensamma.
    Jag delar dem med nio andra studenter.
8   Vi bor på samma våning och har gemensam
    korridor.
9   Mina närmaste grannar heter Lars och Lena.
    Pojken läser juridik och flickan sociologi.
10 Vi träffas ofta på kvällarna i TV-rummet.
    Ibland dricker vi kaffe eller te tillsammans.
    (7)
11 Genom fönstret ser jag den gröna parken.
    Den är mycket vacker.
12 Ha det så bra !
13 Puss och kram från Monika. (8)

3 Bre(d)wid ... bukhülla ... kö[h]schböcker ... nohrra detektiwromaner. 4 bu[h]d ligger ... wahs med blummuhr. 5 Nohrra tahwluhr ... jüsgüla. 6 Klockrahdion. 7 Tschök ... jemenßamma ... delar domm ... nijo. 8 buhr po ßamma wohning ... jemenßamma korridohr. 9 Närmaste ... La[h]sch ... pojken lässer jüridik ok flickan ßociologi. 10 Ofta ... ibland ... kaffeh eller teh. 11 jenomm ... ßehr. 13 Pöss o krahm.

3 Neben mir steht ein Regal. Im Regal sind (gibt es, befinden sich) meine Lehrbücher und auch einige Kriminalromane.
4 Auf dem Tisch liegt eine weiße Tischdecke. Auf der Tischdecke steht eine Vase mit Blumen (in).
5 Einige Bilder hängen an der Wand. Die Wände sind gelb, hellgelb.
6 Bei meinem Bett liegt ein weicher Teppich. Den Radiowecker habe ich auf einem kleinen Regal.
7 Küche, Fernsehraum und Telephon sind gemeinschaftlich. Ich teile sie mit neun anderen Studenten.
8 Wir wohnen auf der gleichen Etage und haben einen gemeinsamen Flur.
9 Meine nächsten Nachbarn heißen Lars und Lena. Der Junge studiert Jura und das Mädchen Soziologie.
10 Wir treffen uns oft abends (an den Abenden) im Fernsehraum. Manchmal trinken wir Kaffee oder Tee zusammen.
11 Durch das Fenster sehe ich den grünen Park. Er ist sehr schön.
12 Macht's gut (habt es so gut)!
13 Viele Grüße (Kuß und Umarmung) von Monika.

ANMERKUNGEN *(Fortsetzung)*

4 *Finns*, es gibt, es ist, es sind, ist ein sehr gebräuchliches Verb, das oft mit dem sächlichen Personalpronomen *det* verwendet wird. Beispiel: *det finns nagra böcker:* es gibt einige Bücher.
5 Sie haben feststellen können, daß das Adjektiv in prädikativer Stellung in der starken Form auftritt, d. h. es richtet sich nach Genus und Numerus des Subjekts: *Du är inte klok* (Lektion 10, Satz 4), *Rummet är inte stort* (diese Lektion, Satz 2), *Ni är sa barnsliga* (Lektion 10, Satz 10), *Väggarna är gula* (diese Lektion, Satz 5).
6 *Vid* ist hier Synonym für *bredvid* (Satz 3): bei, neben, in der Nähe von...
7 Haben Sie schon gemerkt, daß das auslautende *s* im Schwedischen die Funktion des deutschen Reflexivpronomens übernimmt: *vi träffas* = wir treffen uns; *de träffas* = sie treffen sich?
8 In der Umgangssprache wird *och (ok)* oft nur *o* ausgesprochen, mit um so besserem Grunde, wenn das folgende Wort mit *k* anfängt (vgl. die Darstellung der Aussprache).

ÖVNINGAR

1 Jag bor i studentrum och trivs bra här. 2 Rummet är stort och trevligt. 3 På kvällarna tittar vi på TV och dricker kaffe tillsammans. 4 Hon skriver ofta till sina föräldrar. 5 På bordet har jag en grön duk och en gul vas med vita blommor i.

FYLL I MED RÄTT ORD

1 *Abends trinke ich Kaffee mit meinen nächsten Nachbarn.*

   På kvällarna . . . . jag . . . . . med . . . . närmaste
   . . . .

2 *Die Bücher liegen auf meinem Tisch.*

   Böckerna . . . . . . på . . . .

3 *Das Regal steht beim Fenster.*

   Bokhyllan . . . . (. . . . . . .) fönstret.

4 *An der weißen Wand hängen einige Bilder.*

   På den . . . . väggen hänger . . . . . . tavlor.

5 *Sie fühlt sich wohl im Park.*

   Hon . . . . . i . . . . . .

6 *Ich sehe Lena durch das Fenster.*

   Jag . . . Lena . . . . . fönstret.

ÜBUNGEN: 1 Ich wohne in [einem] Studentenzimmer und fühle mich wohl hier. **2** Das Zimmer ist groß und angenehm. **3** Abends sehen wir fern und trinken Kaffee zusammen. **4** Sie schreibt oft an ihre Eltern. **5** Auf dem Tisch habe ich eine grüne Tischdecke und eine gelbe Vase mit weißen Blumen (drin).

VERBESSERUNG

1 - dricker - kaffe - mina - grannar. **2** - ligger - mitt bord. **3** - står vid (bredvid). **4** - vita - hänger några. **5** - trivs - parken. **6** - ser - genom.

TOLFTE LEKTIONEN

Smörgåsbord

1 — Varsågoda, maten är klar ! (1)
2 — Ett riktigt svenskt smörgåsbord, ser jag. (A1)
3 — Här finns sill, ägg, smör, bröd, ost, Janssons frestelse, omelett, köttbullar och potatis. (2)
4 — Ja, det ser läckert ut.
5 — Jag vill ta litet av varje.
6 — Ja, men ta det lugnt. Du kan börja med fisk och sedan fortsätta med kött. (3) (4)
7 — Hur lagar man sill ?
8 — Man lägger fisken i ättika med lök, litet socker och kryddor.

UTTAL

ßmörgosbu[h]d. 1 wa[h]schohguda. 3 ßil, ägg, ßmör, bröd, ust, JahnBons frestelße, omehlätt, |tchöttbøllar ok potahtis. 4 läcke[h]t üt. 6 Tah deh løgnt ... Behdann (Bänn) fu[h]tschätta. 7 lahgar man. 8 Ättika med lök, lite ßocker ok krüdduhr.

ZWÖLFTE LEKTION

Schwedenplatte („Smörgåsbord")

1 — Bitte sehr, das Essen ist fertig.
2 — Ein richtiger schwedischer „Smörgåsbord", wie ich sehe.
3 — Hier gibt es Hering, Eier, Butter, Brot, Käse, „Janssons Versuchung", Omelett, Fleischklößchen und Kartoffeln.
4 — Ja, das sieht lecker aus.
5 — Ich will ein bißchen von jedem nehmen.
6 — Ja, aber immer mit der Ruhe. Du kannst mit Fisch anfangen und dann mit Fleisch fortfahren.
7 — Wie bereitet man Hering zu?
8 — Man legt den Fisch in Essig mit Zwiebeln, ein wenig Zucker und Gewürzen.

ANMERKUNGEN

1 *Varsågod,* hier bitte, bitte sehr... wird zu *varsågoda,* wenn man sich an zwei oder mehrere Personen wendet.
2 *Jahnssons frestelse:* Das Schwedische wendet den sogenannten „sächsischen Genitiv" an. Beispiel: *Birgittas bok:* Birgittas Buch, *rummets fönster:* das Fenster des Zimmers, *lärarens fru:* die Frau des Lehrers.
3 *Ta* bedeutet nehmen (vgl. Satz 5). Merken Sie sich auch den Gebrauch dieses Verbs in der Redewendung *ta det lugnt* (wenn Sie Englisch können, *take it easy*).
4 *Sedan,* dann, wird *ßänn,* seltener *ßedann* ausgesprochen.

9 — Det låter hemskt...
— ... men smakar gott ! Till sillen vill jag gärna ha en liten snaps. (5)
10 — Själv föredrar jag öl. Skål !

* * * * *

11 Läraren : — Bengt, kan du säga mig varför sillen är salt ? (6)
12 Bengt : — För att den lever i saltvatten.
13 L. : — Ja, men min fru badar varje sommar i havet, och hon blir inte salt för det.
14 Bengt (förvånad) : — Brukar magistern smaka på sin fru ? (A3)

9 lohter hemst ... järna. 10 Schälw ... öl. ßkol. 11 Läraren ... säja mäj. 12 lehwer. 13 min frü bahdar. 14 förwohnad ... brükar majistern smahka.

* * * * *

ÖVNINGAR

1 På smörgåsbordet finns ost, sill, smör, bröd och köttbullar. 2 Föredrar du kött ? Nej tack, jag tar gärna litet fisk. 3 Varsågoda, Lars och Lena, maten är klar. 4 Du kan börja med sill och snaps. 5 Det ser gott ut. 6 Varje sommar badar vi i havet.

* * * * *

FYLL I MED RÄTT ORD

1 *Wie bereitet man die „Jahnssons Versuchung" zu?*

Hur . . . . Janssons frestelse ?

2 *Nimm / nehmt / nehmen Sie ein bißchen Butter und Brot.*

. . litet . . . . och . . . .

9 — Das klingt furchtbar...
— ... aber schmeckt gut! Zu dem Hering nehme ich gerne einen kleinen Schnaps.
10 — Ich persönlich ziehe Bier vor. Zum Wohl!

* * * * *

11 Der Lehrer: - Bengt, kannst du mir sagen (sagen mir), warum der Hering salzig ist?
12 Bengt: - Weil er im Salzwasser lebt.
13 Der Lehrer: - Ja, aber meine Frau badet jeden Sommer im Meer und sie wird nicht deshalb salzig.
14 Bengt (erstaunt): - Pflegen Sie, Herr Lehrer (Pflegt der Lehrer), Ihre (seine) Frau zu schmecken?

ANMERKUNGEN *(Fortsetzung)*

5 Die Präposition *till* kann mehrere Bedeutungen haben. Außer nach, zu *(till England, hem till dig)* und noch *(ett badrum till)* kann sie zur Bezeichnung eines Hinzufügens - mit, dazu - verwendet werden: *en snaps till sillen.*
6 Sie haben sicherlich schon festgestellt, daß im Gegensatz zum Deutschen das Verb im Nebensatz nicht am Ende des Satzfeldes steht. Vergleichen Sie: *kan du säga mig varför sillen är salt* mit: Kannst du mir sagen, warum der Hering salzig *ist?* Wir werden auf diesen Punkt zurückkommen, aber seien Sie einstweilen auf die Wortstellung und auf den Satzbau im Schwedischen aufmerksam.

* * * * *

ÜBUNGEN: 1 Auf dem „Smörgåsbord" gibt es Käse, Hering, Butter, Brot und Fleischklößchen. **2** Ziehst du das Fleisch vor? Nein danke, ich nehme gern ein bißchen Fisch. **3** Bitte sehr, Lars und Lena, das Essen ist fertig. **4** Du kannst mit Hering und Schnaps anfangen. **5** Das sieht gut aus. **6** Jeden Sommer baden wir im Meer.

* * * * *

3 *Das schmeckt gut, aber zu dem Fisch will ich einen Schnaps haben.*

Det . . . . . gott, men . . . . fisken vill jag . . en . . . . .

4 *Hier ist (gibt es) Hering, und dann kannst du mit Fleisch fortfahren.*

Här . . . . . sill och . . . . . kan du . . . . med . . . .

5 *Die Frau des Lehrers badet jeden Sommer im Meer.*

. . . . fru . . . . sommar i . . . . .

****

TRETTONDE LEKTIONEN

Att lära sig svenska (1)

1 — Nå, John, hur känns det efter ett par veckor i Sverige ?
2 — Jo tack, det är kul. Jag lär mig en hel del varje dag. (2) (3)
3 — Du börjar se hur språket fungerar ?
4 — Jodå. Jag kan redan bilda små meningar.
5 — Vill du berätta litet om din värdfamilj på svenska ? (4) (A3)

UTTAL

Att lära ßäj svenska. **1** Noh, Jonn ... tschänns. **2** änn hehl dehl. **3** hü[h]schprohket fóngerar. **4** Jodo ... redann. **5** berätta litet omm din wä[h]dfamilj.

VERBESSERUNG

1 - lagar man. 2 Ta - smör - bröd. 3 - smakar - till - ha - snaps. 4 - finns - sedan - fortsätta - kött. 5 lärarens - badar varje - havet.

****

DREIZEHNTE LEKTION

Schwedisch lernen

1 — Na, John, wie fühlst du dich (wie fühlt es sich) nach ein paar Wochen in Schweden?
2 — Danke (doch danke), das ist toll. Ich lerne (mir) jeden Tag eine ganze Menge.
3 — Du fängst an [zu] sehen, wie die Sprache funktioniert?
4 — Ja doch. Ich kann schon kleine Sätze bilden (ich kann schon bilden kleine Sätze).
5 — Möchtest (willst) du ein wenig von deinen Gastgebern (von deiner Wirtsfamilie) auf schwedisch erzählen?

ANMERKUNGEN

1 *Att* ist die Kennzeichnung des Infinitivs: *Att göra* = tun, machen (vgl. Englisch *to do*), usw.
2 *Kul*, unveränderliches Adjektiv, gehört zu der Umgangssprache und bedeutet amüsant, lustig, toll.
3 *Lära sig*, lernen, ist im Gegensatz zum Deutschen reflexiv. Dafür sagt der Deutsche aber ich fühle *mich* wohl, während der Schwede hier ohne Reflexivpronomen auskommt: *Jag mår bra*.
4 Hier haben Sie einen wichtigen Gebrauch der Präposition *på*: *på svenska* = auf schwedisch. *Vill du berätta det på engelska eller på tyska?* = Willst du es auf englisch oder auf deutsch erzählen?

Lektion 13

6 — Så gärna. Jag kan till exempel säga :
« fru Olsson är faktiskt inte en man utan en
kvinna ». Inte dåligt, va ?
7 — Alldeles utmärkt. Och herr Olsson, vad gör
han ?
8 — Han gör vad fru Olsson bestämmer. Skämt
åsido, han är ingenjör på Volvo.
9 — Är fröken Olsson också ingenjör ?
10 — Nej, hon är sjuksköterska ... och hon är jät-
tesöt ! (5) (6)
11 — Är du litet förälskad i den unga damen ?
12 — Nja. Hon ser bra ut i alla fall. En typisk
svenska med blont hår och vackra blå ögon.
(7) (8)
13 — Akta dig ! Är du inte kär blir du det snart.

HON KAN SÄGA EN HEL DEL PÅ SVENSKA

6 ßo järna ... til exempel säja ... Uhlßonn ... faktist ... dohlitt. 7 Alldeles
ütmärkt ... wahd jör. 8 Schämt ohssido ... inschenjör. 10 Schük-
schötö[h]schka ... jätteßöt. 11 förälßkad. 12 blont hohr ... bloh ögonn. 13
Tschär ... ßna[h]t.

6 — Sehr (so) gern. Ich kann zum Beispiel sagen: „Frau Olsson ist in der Tat kein Mann, sondern eine Frau". Nicht schlecht, oder?

7 — Ganz und gar ausgezeichnet. Und Herr Olsson, was macht er?

8 — Er macht, was Frau Olsson entscheidet. Spaß beiseite, er ist Ingenieur bei Volvo.

9 — Ist Fräulein Olsson auch Ingenieur?

10 — Nein, sie ist Krankenschwester... und sie ist sehr niedlich!

11 — Bist du ein wenig in die junge Frau (Dame) verliebt?

12 — Tja. Sie sieht gut aus auf jeden Fall. Eine typische Schwedin mit blondem Haar und schönen blauen Augen.

13 — Paß auf! Bist du nicht verliebt, wirst du es bald sein.

ANMERKUNGEN *(Fortsetzung)*

5 Das Wort *sjuksköterska* gibt Ihnen eine gute Gelegenheit, die Aussprache der schwedischen Zischlaute zu üben! Siehe die Darstellung der Aussprache und notfalls die Einleitungslektion (§ 4.1).

6 Das Substantiv *jätte* bedeutet Riese. Man verwendet oft *jätte* in Zusammensetzungen zur Steigerung des Grades: *jättesöt* = *mycket söt*. *Det är jättetråkigt* = Das ist schrecklich langweilig (vgl. ähnliche Zusammensetzungen im Deutschen: riesengroß, mordsschwer, todschick, usw.).

7 Beachten Sie, daß das Adjektiv *blond* in der sächlichen Form *blont* (und nicht *blondt*) wird.

8 Die Pluralform des Adjektivs *blå* sollte *blåa* sein. Diese Form ist durchaus korrekt, wird aber selten gebraucht. Indem wir die Grundform des Adjektivs *blå* an die Pluralform *ögon* gebunden haben, haben wir uns dem allgemeinen Gebrauch angepaßt.

ÖVNINGAR

1 John lär sig svenska. **2** Efter två veckor här kan jag bilda meningar. **3** Hon kan säga en hel del på svenska. **4** Eva är svenska och har blå ögon och blont hår. **5** Hon är förälskad i en ingenjör på Volvo. **6** Hur känns det att vara sjuksköterska ?

* * * * *

FYLL I MED RÄTT ORD

1 *Ich lerne Schwedisch, und das ist toll.*

 Jag . . . . . . svenska och . . . är . . .

2 *Was machst du? Ich arbeite bei Volvo.*

 . . . . . . du ? Jag . . . . Volvo.

3 *Ich kann das auf schwedisch sagen.*

 Jag kan . . . . det . . . .

4 *Wir fangen an [zu] sehen, wie die Sprache funktioniert.*

 Vi . . . . . . se . . . . fungerar.

5 *Meine Frau hat blonde Haare und blaue Augen.*

 Min . . . har blont . . . och . . . .

6 *Es ist keine Frau, sondern ein Mann.*

 Det är inte en . . . . en . . .

ÜBUNGEN: 1 John lernt Schwedisch. 2 Nach zwei Wochen hier kann ich Sätze bilden. 3 Sie kann eine ganze Menge auf schwedisch sagen. 4 Eva ist Schwedin und hat blonde Haare und blaue Augen. 5 Sie ist in einen Ingenieur bei Volvo verliebt. 6 Was ist das für ein Gefühl, Krankenschwester zu sein?

* * * * *

Sie sind jetzt sehr wahrscheinlich mit einigen Besonderheiten des Schwedischen vertraut. So zum Beispiel mit der Wortstellung und dem Satzbau, die manchmal vom Deutschen abweichen. Wir haben am Anfang diese Unterschiede mit runden und eckigen Klammern hervorgehoben. Nun sind Sie auch der Meinung, daß es an der Zeit ist, dieses Gerüst langsam abzubauen. Bravo, was Ihnen am Anfang schwer und seltsam vorkam, wird jetzt nämlich nach und nach assimiliert: Sie fangen an, auf schwedisch zu denken!

* * * * *

VERBESSERUNG

1 - lär mig - det - kul. 2 Vad gör - arbetar på. 3 - säga - på svenska. 4 - börjar - hur - språket. 5 - fru - hår - blå ögon. 6 - kvinna - utan - man.

Persönliche Anmerkungen: Vokabeln.

Satzbau nicht allzu schwer

FJORTONDE LEKTIONEN

Översikt och anmärkningar

1 Tägliches Leben

Das Wort *smörgåsbord* setzt sich aus *smörgås* [Butterbrot] und *bord* [Tisch] zusammen. Auf dieser reichhaltigen Platte, die mit der einfachen und bescheidenen Raffinesse der nordischen Länder ausgeschmückt ist, findet man Kaltes - allerlei Vorspeisen, vor allem zahlreiche Fischsorten, und unter anderen Hering - und auch Warmes: Fleischklößchen, Würstchen, Überbackenes, Omelett, ja sogar Fleisch in Soße. Die Versuchung von Jansson *(Janssons frestelse)* ist ein leckeres Gericht mit überbackenen Kartoffeln und Anschovis.

2 Aussprache

Am Ende Ihrer zweiten Arbeitswoche sollten Sie die Einleitungslektion über die Aussprache noch einmal durchlesen. Wir sind bereit zu wetten, daß sie Ihnen leichter, lehrreicher und - was nicht schadet - lustiger als das erste Mal vorkommen wird. Beachten Sie besonders die angeführten Beispiele und lesen Sie sie laut. Machen Sie dieselbe Arbeit mit den ersten sechs Lektionen und schenken Sie der Aussprache Ihre ganze Aufmerksamkeit. Wenn Sie unsere Kassetten besitzen, hören Sie die Texte und sprechen Sie sie nach. Wenn möglich, versuchen Sie vom Zuhören nachzusprechen, ohne auf den Text zu sehen, gleichviel, ob Sie über noch wenig vertraute Wörter stolpern. Konzentrieren Sie sich auf die Melodie, auf die Betonung. Bemühen Sie sich, ,,auf schwedisch zu singen"!

VIERZEHNTE LEKTION

3 Anmerkungen zur Grammatik

Sie haben sicherlich gemerkt, daß die **Wortstellung** nicht die gleiche ist wie im Deutschen. Um Schwedisch korrekt zu sprechen, ist es wichtig, auf die Stellung einzelner Satzglieder achtzugeben. Seien Sie daher stets auf die Besonderheiten der Sprache aufmerksam, die keiner langen Rede bedürfen, sondern einfach wahrgenommen und empfunden werden sollen.

Im Deutschen können sich zwischen Hilfsverb und Infinitiv ein Objekt, lokale oder temporale Ergänzungen schieben. Der Infinitiv steht dann am Satzende. Nicht im Schwedischen: *Jag kan redan bilda små meningar:* Ich kann schon kleine Sätze *bilden*.

Wenn statt des Subjekts ein anderes Glied den Satz eröffnet, tritt im Schwedischen wie im Deutschen Inversion ein:

a Varför stiger du inte upp... (Lektion 8, Satz 8)
b I så fall måste du bygga... (Lektion 8, Satz 10)
c Vid sextiden ringer telefonen... (Lektion 9, Satz 9)
d Klockradion har jag på en liten hylla (Lektion 11, Satz 6)

Die Wortstellung des Hauptsatzes wird im Nebensatz beibehalten: *kan du säga mig varför sillen är salt?* Kannst du mir sagen, warum der Hering salzig *ist? Vad skall du göra när du blir lika stor som jag?* Im Deutschen steht im Nebensatz das Verb am Satzende. Merken Sie sich ebenfalls den sparsamen Gebrauch des Kommas zwischen Haupt- und Nebensatz im Schwedischen.

Bei Verben mit trennbarer Vorsilbe *(gå upp, stiga upp)* können sich zwischen Verbform und Partikel verschiedene Satzteile (Verneinung, Adjektiv, Adverb) schieben: *Varför stiger du* inte *upp...* (Lektion 8, Satz 8). Das gleiche gilt zwischen Hilfsverb und Infinitiv: *Jag kan* redan *bilda små meningar.*

Schließlich steht im Schwedischen gewöhnlich die Ortsbestimmung vor der Zeitbestimmung.

4 Sie haben merken können, daß das **Possessivpronomen** im Schwedischen prädikativ gebraucht werden kann: *Här är min bok:* Hier ist mein Buch; *Den är min:* Es ist meins.

Fassen wir kurz die Formen des Possessivpronomens zusammen, denen wir in unseren Texten schon begegnet sind:

> Erste Person Singular: **min, mitt, mina** *(min bok, mitt hus, mina bröder, mina barn),*
> Zweite Person Singular: **din, ditt, dina** *(din bok, ditt hus, dina bröder, dina barn),*
>
> Erste Person Plural: **vår, vårt, våra** *(vår bok, vårt hus, våra bröder, våra barn),*
> Zweite Person Plural (oder Höflichkeitsform mit dem Pronomen **ni**): **er, ert, era** *(er bok, ert hus, era bröder, era barn).*

Wir sind ebenso der reflexiven Form **sin, sitt, sina** (dritte Person) begegnet: *Hon talar med sin dotter; Han vill ha litet ro i sitt hem; Hon tittar på sina blommor.* Im Singular richtet sich also das Reflexivpronomen nach dem Genus (sächlich, nicht sächlich) des Substantivs. Im Plural gilt dieselbe Form für beide Geschlechter.

5 In der Praxis gibt es nur **zwei Geschlechter** im Schwedischen:
das nicht-sächliche: *en kvinna, en pojke, en restaurang...*
das sächliche: *ett barn, ett brev, ett hus...*

Beachten Sie jedoch, daß die Pronomen er/sie auf drei verschiedene Weisen übersetzt werden können. Dabei wird zwischen Maskulinum *(han)*, Femininum *(hon)* und Utrum *(den)* unterschieden. Daher folgendes System:

mannen är trött	**han** *är trött*	
kvinnan är ung	**hon** *är ung*	**nicht-sächlich**
restaurangen är bra	**den** *är bra*	
barnet är vackert	**det** *är vackert*	**sächlich**
hotellet är stort	**det** *är stort*	menschlich oder nicht-menschlich

6 Wortschatz

Unter den Fragen, die Sie sich stellen können und die wir noch nicht beantwortet haben, befindet sich vermutlich diese: Wenn man in einem Text auf ein neues Wort stößt, kann es in jeder beliebigen Form stehen: in der unbestimmten Pluralform, in der unbestimmten Singularform usw. Wie soll man dann wissen, wie die anderen Formen aussehen?

Geduld! Vergessen Sie nicht, daß Sie sich noch in der passiven Assimilierungsphase Ihres Studiums befinden. Lassen Sie sich von der Sprache durchdringen und versuchen Sie dabei, ihre Mechanismen zu begreifen. Ab folgender Wiederholungslektion werden wir jedoch damit anfangen, Ihnen einige praktische „Gebrauchsanweisungen" zu geben, insbesondere über das Substantiv. Bis nächste Woche!

FEMTONDE LEKTIONEN

Ankomst till Sverige

1. Bertil : — Trelleborg ! Nu är vi framme i Sverige. Vi går ner till bilen. (1)
2. Franz : — Om ett par minuter lämnar vi färjan. (2)
3. B. : — Ja, nu kör vi iland. Vi måste först gå igenom pass- och tullkontroll.
4. En polis : — Kan jag få se era pass ?(3)
5. B. : — Här är mitt pass, varsågod.
6. F. : — Jag har bara ID-kort. Jag är tysk medborgare. (4)
7. Polisen : — Det går bra, men ni får stanna max tre månader som turist. (5)
8. En tulltjänsteman : — Har ni något att deklarera ? Sprit ? Tobaksvaror ? (6)

UTTAL

Ankomst till Svärje. 1 Trälleborj. 2 Om ett pahr minüter. 3 tschör wi iland ... fö[h]scht goh ijenomm ... tøllkontroll. 6 Idehku[h]t ... tüsk medborjare. 7 treh monader som türist. 8 nogot ... tobakswarur.

FÜNFZEHNTE LEKTION

Ankunft in Schweden

1 Bertil: — Trelleborg! Jetzt sind wir in Schweden. Wir gehen zum Auto hinunter.
2 Franz: — In ein paar Minuten verlassen wir die Fähre.
3 Bertil: — Ja, jetzt fahren wir an Land. Wir müssen zuerst durch [die] Paß- und Zollkontrolle gehen.
4 Ein Polizist: — Darf (kann) ich Ihre Pässe sehen?
5 Bertil: — Hier ist mein Paß, bitte.
6 Franz: — Ich habe nur [einen] Personalausweis. Ich bin deutscher Staatsbürger.
7 Der Polizist: — Das geht (gut), aber Sie dürfen als Tourist höchstens drei Monate bleiben.
8 Ein Zollbeamter: — Haben Sie etwas zu verzollen? Alkohol? Tabakwaren?

ANMERKUNGEN

1 *Framme,* angekommen, am Ziel, an Ort und Stelle, bezeichnet das Ergebnis einer Bewegung, während *fram* die Bewegung selbst bezeichnet (vgl. *hemma/hem,* Lektion 9, Anm. 8).
2 Die Präposition *om* kann verschiedene Bedeutungen haben. Hier bedeutet sie „in", im zeitlichen Sinn. Ich komme in einer Stunde = *Jag kommer om en timme.*
3 Das Wort *polis, polisen,* bezeichnet sowohl die Polizei als auch den Polizisten.
4 *ID-kort:* Abkürzung für *identitetskort* = Personalausweis.
5 *Max:* Abkürzung für *maximum.*
6 *Tulltjänsteman* setzt sich aus *tull* (Zoll) und *tjänsteman* (Beamter) zusammen.

9   B. : — Vi har en liter sprit, en liter vin och en limpa cigarretter per person.
10 Tulltjänstemannen : — Vems är den här röda väskan ? Får jag titta i den ? (7)
11 F. : — Den är min, jag öppnar den.
12 Tulltjänstemannen : — En whisky, en flaska portvin, tio paket cigarretter. Inget att förtulla alltså. Ta den gröna filen till höger.
13 B. : — Nu är det över ! Vi tömmer våra fickor och röker var sin härlig cigarr. (8) (A4)

9 lite win ... limpa ... pärschun. 12 uiskü ... portwin ... pakeht ... förtølla.
13 fickur ... röker.

* * * * *

ÖVNINGAR

1 Färjan är framme i Trelleborg. 2 Bilarna lämnar färjan och kör iland. 3 Polisen vill se mitt pass. 4 Tulltjänstemannen öppnar min väska, men jag har inget att deklarera. 5 Turisten har bara ID-kort. 6 Jag vill gärna röka en cigarrett.

* * * * *

FYLL I MED RÄTT ORD

1 *In Trelleborg müssen wir durch die Paß- und Zollkontrolle gehen.*

Trelleborg *måste* vi *gå genom* pass- och *tullkontroll*.

2 *Der Tourist darf höchstens drei Monate bleiben.*

Turisten *får* stanna *max* tre *månader*.

9 Bertil: — Wir haben einen Liter Alkohol, einen Liter Wein und eine Stange Zigaretten pro Person.
10 Der Zollbeamte: — Wem gehört der rote Koffer da (Wessen ist der rote Koffer)? Darf ich in den hineinschauen?
11 Franz: — Der gehört mir (ist mein), ich öffne ihn.
12 Der Zollbeamte: — Einen Whisky, eine Flasche Portwein, zehn Schachteln Zigaretten. Nichts zu verzollen also. Nehmen Sie die grüne Fahrspur rechts.
13 Bertil: — Jetzt ist es vorüber! Wir leeren unsere Taschen und rauchen jeder eine (seine) herrliche Zigarre.

ANMERKUNGEN *(Fortsetzung)*

7 *Vem* = wer. *Vems* ist der Genitiv von *vem* (wessen). Beachten Sie, daß *vems* im Gegensatz zum Deutschen alleinstehend gebraucht werden kann: *Vems är det?* (wörtl. wessen ist das?). Antwort: *det är min*.
8 Merken Sie sich die Formulierung *var sin härlig cigarr*. In der Lektion 21 werden Sie Anmerkungen über den Gebrauch von *sin* und anderen Possessivpronomen finden.

* * * * *

ÜBUNGEN: 1 Die Fähre ist in Trelleborg angekommen. **2** Die Autos verlassen die Fähre und fahren an Land. **3** Der Polizist will meinen Paß sehen. **4** Der Zollbeamte öffnet meinen Koffer, aber ich habe nichts zu verzollen. **5** Der Tourist hat nur einen Personalausweis. **6** Ich möchte gern eine Zigarette rauchen.

* * * * *

3 *In dem roten Koffer habe ich meinen Paß und eine Flasche Wein.*

I den röda väskan har jag mitt pass och en flaska vin.

4 *Haben Sie Zigaretten zu verzollen? Nein, ich habe nur eine Stange.*

Har ni cigarretter att deklarera? Nej, jag har bara en limpa.

igenom → durch

5 *In zwei Minuten kommen wir an (sind wir angekommen).*
Om två minuter är vi framme

****

SEXTONDE LEKTIONEN

Karins vecka

1 Måndag : Det är dags igen ! En hel skoldag med matte, svenska och musik på förmiddagen, fysik och gymnastik på eftermiddagen. **(1) (2)**
2 Tisdag : Min lillebror fyller år i morgon. Jag vill ge honom en present, men vad ? **(3) (4)**
3 I dag är det inte kul i skolan. Historieläraren är hopplöst tråkig.

DERAS FÖRÄLDRAR ÄR PÅ SEMESTER

UTTAL

Kahrins wecka. Monda. **1** dachs ijänn ... skulda ... matte ... füssik ... jümnastik. **2** lillebruhr füller ohr i morron ... pressent. Unsda.

VERBESSERUNG

1 I - måste - gå igenom - tullkontroll. **2** - får - max - månader. **3** - röda väskan - mitt pass - flaska vin. **4** - cigarretter - deklarera (od. förtulla) - bara. **5** Om - minuter - framme.

Zu beachten! *Sie nähern sich heute einer kritischen Woche in Ihrer Arbeit. Die Erfahrung hat uns gezeigt, daß die dritte Woche die ist, in der Sie um jeden Preis „am Ball bleiben" müssen, im regelmäßigen Rhythmus, den Sie bisher gewahrt haben. Halten Sie diese Woche durch... und dann werden Sie endgültig die Kurve kriegen!*

****

SECHZEHNTE LEKTION

Karins Woche

1 Montag: Es ist wieder an der Zeit! Einen ganzen Schultag mit Mathe, Schwedisch, Musik am Vormittag, Physik und Gymnastik am Nachmittag.
2 Dienstag: Mein kleiner Bruder hat morgen Geburtstag. Ich will ihm ein Geschenk geben, aber was?
3 Heute ist es nicht lustig in der Schule. Der Geschichtslehrer ist hoffnungslos langweilig.

ANMERKUNGEN

1 *Dags:* Adverb, das den Augenblick, die Zeit bezeichnet. *Kaffedags* = Zeit, Kaffee zu trinken. Aussprache wie „Dachs".
2 *Matte* = Mathe, umgangssprachliches Kurzwort für *matematik*.
3 *Fylla år,* wörtl. Jahr füllen = Geburtstag haben.
4 In dem Satz *Jag vill ge honom en present* (Satz 2) hat das Verb zwei Objekte. Wie im Deutschen steht das Dativobjekt vor dem Akkusativobjekt. Man kann aber auch das Dativobjekt durch die Präposition *åt* kennzeichnen. *Jag vill ge en present åt min bror* = Ich will meinem Bruder ein Geschenk geben. Vergleichen Sie Satz 4.

4 Onsdag : I kväll skall jag ge tecknade serier åt min bror. (4) (A3)
5 Jag måste prata med Margareta. Jag ringer till henne i morgon bitti. (5) (6)
6 Torsdag : Margareta och en annan tjej kommer hem till mig i kväll. Jag skall bjuda dem på te. (7)
7 Jag tänker också baka några kakor åt dem. (8)
8 Fredag : Nu är saken klar. Margareta, hennes kompis och jag skall tillbringa vår semester i Finland. (9) (A4)
9 Deras föräldrar har ingenting emot det. Inte mina heller. (10) (A4)
10 Lördag : Härligt ! I dag är jag ledig. Jag kan lata mig från morgonen till kvällen.
11 Söndag : Jag måste plugga hela dagen. Jag har ju prov i övermorgon. Skollivet är hårt !
12 Jag förstår mig inte på Björn. Hans största nöje är att läsa. (11) (A4)
13 Hans föräldrar är förstås mycket nöjda. Men det är något fel på honom, tycker jag. (A4)

4 täcknade ßerier oht. 5 henne. 6 Tu[h]schda ... tschäj. 7 nora kahkur oht domm. 8 hennes kompis ... ßemester i Finnland. 9 Dehras ... ehmut ... häller. 10 lahta mäj ... morronen. 11 plögga ... pruhw ... öwermorron ... ho[h]t. 12 ... hans ßtö[h]schta. 13 fehl ... tücker.

* * * * *

4 Mittwoch: Heute abend werde ich meinem Bruder Comics (gezeichnete Serien) geben.
5 Ich muß mit Margareta sprechen. Ich rufe sie morgen früh an.
6 Donnerstag: Margareta und ein anderes Mädchen kommen zu mir heute abend. Ich werde sie zum Tee einladen.
7 Ich habe auch vor (ich gedenke auch), für sie einige Kuchen zu backen.
8 Freitag: Jetzt ist die Sache erledigt. Margareta, ihre Freundin und ich werden unseren Urlaub in Finnland verbringen.
9 Ihre (deren) Eltern haben nichts dagegen. Meine auch nicht (nicht meine auch).
10 Sonnabend: Herrlich! Heute habe ich frei (bin ich ledig). Ich kann faulenzen von morgens bis abends.
11 Sonntag: Ich muß den ganzen Tag pauken. Ich habe nämlich übermorgen eine Klausur (Klassenarbeit). Das Schulleben ist hart!
12 Ich verstehe Björn nicht. Seine größte Freude ist zu studieren.
13 Seine Eltern sind selbstverständlich sehr zufrieden. Aber mit ihm ist etwas nicht in Ordnung (auf ihm ist ein Fehler), finde ich.

ANMERKUNGEN *(Fortsetzung)*

5 *Henne* ist die Objektform (Akkusativ und Dativ) von *hon*, während *honom* (Satz 2) die Objektform von *han* ist.
6 Merken Sie sich den unveränderlichen Ausdruck *i morgon bitti* = morgen früh.
7 *Tjej:* In der Umgangssprache gleichbedeutend mit *flicka*.
8 In diesem Satz bedeutet die Präposition *åt* für.
9 *Hennes:* Possessivpronomen (ihr, ihre). *Hennes syster* = ihre Schwester; *hennes bror* = ihr Bruder.
10 *Deras:* Possessivpronomen in der dritten Person Plural (ihr, ihre). Vgl. im Deutschen den Gebrauch von *deren* statt *ihr, ihre*, um eine Beziehung deutlicher zu machen.
11 *Hans:* Possessivpronomen (sein, seine). *Hans syster* = seine Schwester; *hans bror* = sein Bruder.

ÖVNINGAR

1 Jag måste prata med matteläraren i morgon bitti. **2** Han tänker bjuda Margareta och en annan tjej på te och kakor. **3** Björn ger en present åt Eva ; Eva ger honom en puss. **4** Deras föräldrar är på semester. **5** Hans mamma är mycket nöjd med honom. **6** Det är något fel på hennes skola.

* * * * *

FYLL I MED RÄTT ORD

1 *Ich habe vor (ich gedenke), übermorgen mit Margareta zu sprechen.*

Jag . . . . . . prata . . . Margareta i . . . .

2 *Eva und ihre Eltern sind in Urlaub.*

Eva och . . . . . . föräldrar är . . . .

3 *Willst du ihr einen Kuchen geben? Ja, ich gebe ihr zwei Kuchen.*

Vill du ge en kaka . . . . ? Ja, jag ger . . . . . två . . . . .

****

SJUTTONDE LEKTIONEN

TV-program

1 — Krig, olyckor, ännu mer skatt, dåligt väder... bara dystra nyheter på Aktuellt. (1) (2)

UTTAL

1 Ulückuhr ... düstra nüheter ... Aktü-ellt.

ÜBUNGEN: 1 Ich muß morgen früh mit dem Mathelehrer sprechen. **2** Er hat vor, Margareta und ein anderes Mädchen zu Tee und Kuchen einzuladen. **3** Björn gibt Eva ein Geschenk; Eva gibt ihm einen Kuß. **4** Ihre (deren) Eltern sind in Urlaub. **5** Seine Mutter ist mit ihm sehr zufrieden. **6** Es ist etwas nicht in Ordnung in ihrer Schule.

* * * * *

4 *Seine Mutter hat nichts dagegen, aber ihr Vater will nicht.*

. . . . mamma har . . . . det men . . . . . . pappa vill inte.

5 *Erik und Björn gehen zur Schule; ihre Schule ist hoffnungslos langweilig.*

Erik och Björn . . . i . . . . ; . . . . . skola är hopplöst . . . . . .

* * * * *

VERBESSERUNG

1 - tänker - med - övermorgon. **2** - hennes - på semester. **3** - åt honom - honom - kakor. **4** Hans - ingenting emot - hennes. **5** - går - skolan ; deras - tråkig.

****

SIEBZEHNTE LEKTION

Fernsehprogramme

1 — Kriege, Unfälle, noch mehr Steuern, schlechtes Wetter, lauter (nur) düstere Nachrichten (Neuheiten) in der Tagesschau.

ANMERKUNGEN

1 Merken Sie sich, daß das Wort *skatt,* Steuern, hier im Singular steht.
2 *Aktuellt* ist der Name der Rundschau im ersten schwedischen Fernsehen. Im zweiten Fernsehen heißt sie *Rapport.*

71 Sjuttioett (schøttiätt)

2 — Vi kan titta på TV-två i stället.
— Vad är det för program där ?
3 — En TV-serie i många avsnitt, « farliga förbindelser ».
— Vad handlar den om ?
4 — Om Eriksson, Persson och deras hustrur. Eriksson älskar inte sin fru utan hans fru. (3) (A4)
5 — Du menar Perssons hustru ?
— Just precis.
6 — Vad säger Persson om det ? Älskar han sin egen fru — eller kanske hans ? Jag menar Erikssons ... (4)
7 — Inte alls. Han bryr sig bara om sin bil. (A4)
— Så odramatiskt ! (5)
8 — Vänta ! Fru Persson har en älskare. Eriksson vet allt om hennes älskare. Med hjälp av en privatdetektiv... (A4)
9 — Stopp ! Vilken soppa. Jag vill inte titta på en sådan tvålopera. (6)

3 tehwehßerie. 4 høstrür. 5 jøst preßis. 6 ßäger ... egen frü ... kannsche. 7 brü[h] schäj ... udramahtist. 9 twohlupera.

2 — Wir können uns statt dessen das Zweite ansehen.
— Was ist dort für ein Programm?
3 — Eine Fernsehserie in vielen Teilen (Abschnitten), „Gefährliche Liebschaften".
— Wovon handelt sie?
4 — Von Eriksson, Persson und ihren (deren) Frauen. Eriksson liebt nicht seine Frau, sondern die Frau des anderen (seine Frau).
5 — Du meinst Perssons Frau?
— Genau.
6 — Was sagt Persson dazu? Liebt er seine eigene Frau - oder vielleicht die des anderen (seine)? Ich meine Erikssons Frau...
7 — Gar nicht. Er kümmert sich nur um sein Auto.
— Das ist nicht so dramatisch (so undramatisch)!
8 — Warte! Frau Persson hat einen Liebhaber. Eriksson weiß alles über ihren Liebhaber. Mit Hilfe eines Privatdetektivs.
9 — Hör auf! Was für eine Suppe (welche Suppe). Ich will mir eine solche Serie (Seifenoper) nicht ansehen.

ANMERKUNGEN *(Fortsetzung)*

3 Merken Sie sich an diesem Beispiel den Gebrauch von *sin* und *hans*, die beide ins Deutsche mit „seine" übersetzt werden. *Sin* bezieht sich auf das Subjekt: *sin fru* = seine eigene Frau. *Hans fru* dagegen bezeichnet die Frau eines anderen. Das Schwedische ist hier genauer als das Deutsche.

4 *Erikssons: fru* ist hier hinzuzufügen. Der sächsische Genitiv kann alleinstehend gebraucht werden, wenn der Zusammenhang es ermöglicht.

5 Das Präfix *o* vor einem Adjektiv oder vor einem Substantiv drückt das Gegenteil aus (oder kennzeichnet eine qualitative Verschlechterung); *dramatisk/odramatisk; logisk/ologisk* usw.

6 *Tvalopera*: aus *tval* = Seife und *opera* (Aussprache upera) zusammengesetzt. Ironische Bezeichnung für manche Fernsehserien ohne Ende.

Lektion 17

10 — Just det. Vi nöjer oss med Aktuellt i TV-ett.
*****
11 Doktorn : — Ni är överansträngd, herr Berglund. Ni måste vila er. Inget intellektuellt arbete.
12 Patienten : — Men doktorn, jag håller på att skriva en TV-serie.
13 Doktorn : — Det kan ni lugnt fortsätta med.
(7)

11 Berjlønd ... intellektü-ellt. 13 løgnt.

ÖVNINGAR

1 Programmet i TV-ett handlar om krig. 2 De vill inte titta på ett sådant program. 3 Privatdetektiven älskar TV-serier. 4 Hon bryr sig inte om hans bil. 5 Jag nöjer mig med det här arbetet. 6 Jag skriver till hennes doktor.

*****
FYLL I MED RÄTT ORD

1 *Sie nimmt nicht ihr eigenes, sondern sein Auto.*

Hon tar inte . . . . bil utan . . . .

2 *Frau Persson ruht sich aus. Ihr Mann wäscht sein Auto und ihr Liebhaber schreibt eine Fernsehserie (Seifenoper).*

. . . Persson vilar . . . . man tvättar . . . bil och . . . . . . älskare skriver en tvålopera.

3 *Eriksson sieht sich die Tagesschau an; die Nachrichten sind düster.*

Eriksson . . . . Aktuellt ; . . . . är . . . . . .

4 *Der Doktor liebt seine Arbeit.*

Doktorn . . . . . . sitt . . . .

10 — Genau. Wir begnügen uns mit der Tagesschau im Ersten.

* * * * *

11 Der Doktor: — Sie sind überarbeitet, Herr Berglund. Sie müssen sich ausruhen. Keine intellektuelle Arbeit.
12 Der Patient: — Aber Herr Doktor, ich bin dabei, eine Fernsehserie zu schreiben.
13 Der Doktor: — Sie können ruhig damit fortfahren.

ANMERKUNGEN *(Fortsetzung)*
7 Passen Sie hier gut auf die Wortstellung auf!

ÜBUNGEN: 1. Das Programm im Ersten handelt von Krieg. **2** Sie wollen sich ein solches Programm nicht ansehen. **3** Der Privatdetektiv liebt Fernsehserien. **4** Sie kümmert sich nicht um sein Auto. **5** Ich begnüge mich mit dieser Arbeit. **6** Ich schreibe an ihren Doktor.

* * * * *

5 *Erikssons Frau weiß alles über Fernsehserien.*

. . . . hustru . . . . om TV-serier.

* * * * *

VERBESSERUNG

1 - sin egen - hans. **2** Fru - sig. Hennes - sin - hennes. **3** - tittar på - nyheterna - dystra. **4** - älskar - arbete. **5** Erikssons - vet allt.

In dieser und in der vorangehenden Lektion haben wir Sie auf eine harte Probe gestellt, mit diesen Possessivpronomen, die auf zwei Weisen ausdrücken können, wofür das Deutsche nur ein Wort kennt. In der nächsten Wiederholungslektion (Lektion 21) wird diese grammatische Feinheit dank drei kleiner kristallklarer Regeln für Sie keine Geheimnisse mehr haben — oder fast...

Lektion 17

ARTONDE LEKTIONEN

Vi handlar mat i snabbköpet (1)

1 Han : — Har vi bröd hemma ?
  Hon : — Nej, det har vi inte. Vi har knappast någon mat kvar i huset.
2 Han : — Vi måste storhandla. Kom så åker vi till snabbköpet med detsamma. (2) (3)
3 Hon : — Mjölk skall vi ha, och så bröd, ris, makaroner, ägg och kött. (4)
4 Oxfilén*är jättedyr. Skall jag ta fläskkotletter i stället ? Eller köttfärs ?
5 Han : — Titta här ! Det här kalvköttet är ganska billigt.(5)
6 Hon : — Bra, det tar vi. Grönsaker köper jag gärna djupfrysta. Vad finns det ?
7 Spenat, ärter, morötter, majs, blomkål, brysselkål, haricots verts...
8 Han : — Ta också litet glass i frysdisken.

UTTAL

... ßnabbtschöpet. 2 ßtuhrhandla. 3 ris, makaruhner. 4 Uxfilehn ... Tschöttfä[h]sch. 5 billitt. 6 jüpfrüsta. 7 ßpenaht, ä[h]ter, murötter.

* Manchmal stößt man im Schwedischen auf den Akut (́) des Französischen. Er gibt die Betonung an, wie hier in *filé* (Betonung auf der letzten Silbe). Vergleichen Sie *ide* (Höhle) und *idé* (Idee), *armen* (der Arm) und *armén* (die Armee).

ACHTZEHNTE LEKTION

Wir kaufen Lebensmittel (Essen) im Selbstbedienungsladen

1 Er: — Haben wir Brot zu Hause?
  Sie: — Nein, das haben wir nicht. Wir haben kaum noch etwas zu essen (kaum Lebensmittel übrig) im Haus.
2 Er: — Wir müssen groß einkaufen. Laß uns sofort zum Selbstbedienungsladen fahren (komm, so fahren wir...).
3 Sie: — Milch brauchen wir (müssen wir haben), und auch Brot, Reis, Nudeln, Eier und Fleisch.
4 Rinderfilet ist sehr teuer. Soll ich statt dessen Schweinekoteletts nehmen? Oder Hackfleisch?
5 Er: — Schau her! Dieses Kalbfleisch ist ziemlich billig.
6 Sie: — Gut, wir nehmen es. Das Gemüse kaufe ich gerne tiefgefroren. Was gibt es?
7 Spinat, Erbsen, Möhren, Mais, Blumenkohl, Rosenkohl, grüne Bohnen...
8 Er: — Nimm auch ein bißchen Eis in [aus] der Kühlvitrine.

ANMERKUNGEN

1 *Snabbköp* bedeutet buchstäblich rascher *(snabb)* Einkauf *(köp)*.
2 *Storhandla* setzt sich aus *stor* (groß) und *handla* (einkaufen) zusammen. Vgl. auch die Zusammensetzungen *storgråta* = laut weinen; *storskratta* = laut lachen.
3 Merken Sie sich die Wortstellung: Die Ortsbestimmung steht vor der Zeitbestimmung.
4 Beachten Sie, daß *skall* in dieser Wendung „müssen" bedeutet. Wir haben jedoch *skall ha* mit „brauchen" übersetzt.
5 Merken Sie sich, daß *ganska* ziemlich (und nicht ganz!) bedeutet. *Han är ganska ung* = er ist ziemlich jung; *hon är alldeles ung* = sie ist ganz jung.

Sjuttiosju

9   Hon : — Glömmer vi inte något ? Jo, smör och margarin. Olja behöver vi inte för tillfället.
10   Han : — Med litet grädde och ett hekto champinjoner kan vi laga en god sås till kalvköttet. (6)
11   Hon : — Gärna för mig, men du lagar den själv.
12   Han : — Okej då. Kvinnor nu för tiden är omöjliga.
13   Hon : — Inte alls. Vid spisen är du en äkta konstnär, älskling ! Där får du uttrycka ditt rätta jag. (7)
14   Han : — Tack för komplimangen !

11 Järna för mäj. 12 Umöjliga.

ÖVNINGAR

1 I snabbköpet kan man storhandla. 2 Den här såsen smakar gott till oxfilén. 3 Ulla vill inte laga mat i kväll. 4 Glass och grönsaker finns i frysdisken. 5 Två hekto köttfärs behöver vi. 6 Titta ! Konstnären köper smör och bröd.

FYLL I MED RÄTT ORD

1 *Sie haben vor, im Selbstbedienungsladen Lebensmittel zu kaufen.*

De tänker köpa . . . i . . . .

2 *Der Mann kann (darf) sein wahres Ich am Küchenherd ausdrücken.*

Mannen får uttrycka . . . . vid . . . . . .

9 Sie: — Vergessen wir nicht etwas? Doch, Butter und Margarine. Öl brauchen wir im Augenblick (für die Gelegenheit) nicht.
10 Er: — Mit ein wenig Sahne und hundert Gramm Champignons können wir eine gute Soße zum Kalbfleisch machen.
11 Sie: — Von mir aus gerne (gerne für mich), aber du machst sie selbst.
12 Er: — Gut, einverstanden. Die Frauen heute sind unmöglich.
13 Sie: — Gar nicht. Am Küchenherd bist du ein echter Künstler, Liebling! Dort kannst (darfst) du dein wahres Ich ausdrücken.
14 Er: — Danke für das Kompliment!

ANMERKUNGEN *(Fortsetzung)*

6 *Ett hekto,* ein Hektogramm, d. h. 100 Gramm.
7 *Äkta:* unveränderliches Adjektiv, bedeutet echt, wahr, rein.

ÜBUNGEN: 1 Im Selbstbedienungsladen kann man groß einkaufen. **2** Diese Soße schmeckt gut zu dem Rinderfilet. **3** Ulla will heute abend nicht kochen. **4** Eis und Gemüse sind (gibt es) in der Kühlvitrine. **5** Wir brauchen zweihundert Gramm Hackfleisch. **6** Schau her! Der Künstler kauft Butter und Brot.

* * * * *

3 *Das Rindfleisch ist sehr teuer, aber die Schweinekoteletts sind ziemlich billig.*

Ox. . . . . . är jätte. . . ., men . . . . .kotletterna är
. . . .

Lektion 18

4 *Man kauft viel tiefgefrorenes Gemüse, zum Beispiel Blumenkohl und Spinat.*

Man . . . . . många . . . . djupfrysta, till exempel
. . . . och . . . . . .

5 *Sten macht eine Soße zu dem Schweinefleisch mit ein bißchen Sahne.*

Sten . . . . . en . . . till fläskköttet med litet . . . . . .

****

NITTONDE LEKTIONEN

Fortfarande i snabbköpet (1)

1 Han : — Är vi färdig*a*, Ull*a* ? Jag börjar bli hungr*i*g.
2 Hon : — Nej, inte rikt*i*gt. Ost och skink*a* skall vi ha till lunchen i morg*o*n. (A1)
3 Han : — Juice får vi inte glömm*a*. Apelsinj*u*ice på frukostb*o*rdet är det bäst*a* jag vet (2) (A1)
4 Hon : — Titt*a*, Sten ! Vilka härlig*a* karameller ! Jag tar en pås*e*. (3)

UTTAL

Fu[h]tf*a*hrande. 1 Oll*a* ... h*ø*ngr*i*(g). 2 rikt*i*tt ... schink*a* ... l*ø*nschen. 3 juß. 4 poß*e*.

VERBESSERUNG

1 - mat - snabbköpet. 2 - sitt rätta jag - spisen. 3 - köttet - -dyrt - fläsk- - ganska billiga. 4 - köper - grönsaker - blomkål - spenat. 5 - lagar - sås - grädde.

****

NEUNZEHNTE LEKTION

Immer noch im Selbstbedienungsladen

1 Er: — Sind wir fertig, Ulla? Ich fange an, hungrig zu werden.
2 Sie: — Nein, nicht ganz (nicht richtig). Käse und Schinken brauchen wir (müssen wir haben) morgen zum Mittagessen.
3 Er: — Fruchtsaft dürfen wir nicht vergessen. Orangensaft auf dem Frühstückstisch ist das Beste, [was] ich kenne.
4 Sie: — Guck mal, Sten! Welch herrliche Bonbons! Ich nehme eine Tüte [davon].

ANMERKUNGEN

1 *Fortfarande* = immer noch. *Jag är fortfarande glad* = Ich bin immer noch froh; *Jag är alltid glad* = Ich bin immer froh.
2 *Juice*, entlehnt aus dem Englischen, wird englisch ausgesprochen: juß.
3 *Karamell* bedeutet nicht Karamelle (was *kola* heißt), sondern Bonbons im allgemeinen.

5   Han : — Nej, sötnos, godis köper vi inte. **(4)**
6   Hon : — Joo, det är extrapris på dem. Du ser de röda lapparna. Vi måste passa på.
7   Han : — Det är inte fråga om pengar. Tänk på din figur, lilla gumman ! Var litet försiktig. Annars blir du som tant Kerstin. **(5)**
8   Hon : — Nej tack ! Kanske har du rätt.
9   Han : — Kom nu, vi betalar i kassan. Jag vill äta middag så snart som möjligt. **(A1)**
10 Hon : — Jag med. Jag är hungrig som en varg. Och törstig dessutom !

* * * * *

11 — Kan jag få en burk sardiner ?
12 — Vad för slags ? Portugisiska, svenska, franska ?
13 — Det spelar ingen roll. Jag tänker äta dem, inte snacka med dem. **(6)**

5 ßötnos, gudis. 6 extrapris ... domm. 7 gømman. 9 behtahlar ... midda ... möjlitt. 11 børk. 12 fo[h]schlags. 13 äta domm.

5 Er: — Nein, Herzchen (süße Schnauze), Süßigkeiten kaufen wir nicht.
6 Sie: — Ja doch, sie sind im Sonderangebot (es ist ein Extrapreis auf ihnen). Du siehst die roten Preisschilder. Wir müssen die Gelegenheit wahrnehmen (aufpassen).
7 Er: — Es ist nicht eine Frage des Geldes. Denk an deine Figur, mein Frauchen! Sei ein bißchen vorsichtig. Sonst wirst du wie Tante Kerstin werden.
8 Sie: — Nein danke! Vielleicht hast du recht.
9 Er: — Komm jetzt, wir bezahlen an (in) der Kasse. Ich will so bald wie möglich zu Abend essen.
10 Sie: — Ich auch (ich mit). Ich habe einen Bärenhunger (ich bin hungrig wie ein Wolf). Und [ich bin] durstig außerdem!

*****

11 — Kann ich eine Büchse Sardinen bekommen?
12 — Von welcher Sorte? Portugiesische, schwedische, französische?
13 — Das spielt keine Rolle. Ich will sie essen [und] nicht mit ihnen plaudern.

ANMERKUNGEN *(Fortsetzung)*

4 *Godis:* Die Endung *-is* zeigt, daß es sich um eine umgangssprachliche Verniedlichung handelt. Viele Adjektive werden durch die Endung *-is* substantiviert: *rund: rundis* (Dickerchen); *känd* (bekannt): *kändis* (Prominenter); *feg: fegis* (Feigling) usw.
5 *Lilla gumman*, zärtliches Wort, das z. B. eine Mutter benutzt, um ihre Tochter anzusprechen. Die männliche Entsprechung ist *lille gubben,* wörtlich: kleiner Alter.
6 *Snacka.* Vielleicht erkennen Sie das nord- und plattdeutsche schnacken. *Snacka* ist stark umgangssprachlich, *tala* ist neutral, *prata* ist auch umgangssprachlich, aber weniger als *snacka*.

ÖVNINGAR

1 Jag är fortf*a*rande hungr*i*g och törst*i*g. 2 Det är extrap*r*is på skink*a* och ost. 3 När vill du ät*a* middag ? Det spel*a*r ingen roll. 4 Vi får inte glömm*a* tant Kerstin, lill*a* gumm*a*n ! 5 På lunchb*o*rdet vill jag ha godis i morg*o*n. 6 Nej, sötn*o*s, karameller är inte bra för din figur. 7 Dessut*o*m är de dyr*a*.

FYLL I MED RÄTT ORD

1 *Ulla hat eine schöne Figur; Sie will nicht wie Tante Kerstin werden.*

Ulla har en vacker . . . . . ; hon . . . . inte . . . . tant Kerstin.

2 *Du hast recht, ich bin immer noch hungrig und durstig.*

Du . . . ., jag är . . . . och
. . . .

3 *Im Selbstbedienungsladen bezahlt man an der Kasse.*

. snabbköpet . . . . man . . . .

4 *Sten will so bald wie möglich zu Mittag essen.*

Sten vill . . . . så . . . . . som . . . .

5 *Ich kaufe eine Tüte Bonbons für dich, Herzchen.*

Jag . . . . . en . . . . karameller . . . . . ., sötnos.

ÜBUNGEN: **1** Ich bin immer noch hungrig und durstig. **2** Schinken und Käse sind im Sonderangebot. **3** Wann willst du zu Abend essen? Das spielt keine Rolle. **4** Wir dürfen Tante Kerstin nicht vergessen, mein Frauchen! **5** Auf dem Mittagstisch will ich morgen Süßigkeiten haben. **6** Nein, Herzchen, Bonbons sind nicht gut für deine Figur. **7** Außerdem sind sie teuer.

Persönliche Anmerkungen:

VERBESSERUNG

1 - figur - vill bli - som. **2** - har rätt - fortfarande hungrig - törstig. **3** I - betalar - i kassan. **4** - äta lunch - snart - möjligt. **5** - köper - påse - åt dig.

Lektion 19

TJUGONDE LEKTIONEN

Vid biljettluckan (1)

1 — Jag skall åka till Västervik. När går nästa tåg ?
2 — Det är ganska komplicerat. Ni måste byta flera gånger. Först tar ni Stockholmståget, avgångstid fjorton noll tre härifrån Malmö. (2)
3 — Och sen ? (3)
— Ni stiger av i Nässjö, ankomsttid sjutton och femtiofem. (4) (5)
4 — Därifrån fortsätter jag med rälsbussen mot Oskarshamn, eller hur ?
5 — Det stämmer, avgång från Nässjö arton och femton, fram till Hultsfred nitton och trettio.
6 Från Hultsfred går en buss till Västervik via Vimmerby.

UTTAL

biljättlo/ckan. **1** Weste[h]wik. **2** fju[h]tonn noll treh. **3** Bänn ... Nässchö ... schöttonn fämmtifämm. **4** fu[h]tschätter ... rälsbo/ssen ... Osca[h]schhamn. **5** Höltsfred.

ZWANZIGSTE LEKTION

Am Fahrkartenschalter

1 — Ich muß nach Västervik fahren. Wann fährt (geht) [der] nächste Zug?
2 — Das ist ziemlich kompliziert. Sie müssen mehrmals (mehrere Male) umsteigen (wechseln). Zuerst nehmen Sie den Zug nach Stockholm, Abfahrtszeit [um] vierzehn [Uhr] null drei von hier, Malmö.
3 — Und dann?
— Sie steigen in Nässjö aus, Ankunftszeit siebzehn [Uhr] (und) fünfundfünfzig.
4 — Von dort fahre ich weiter mit dem Schienenbus nach Oskarshamn, nicht wahr?
5 — Das stimmt, Abfahrt von Nässjö achtzehn [Uhr] (und) fünfzehn, Ankunft in Hultsfred neunzehn [Uhr] (und) dreißig.
6   Von Hultsfred fährt (geht) ein Bus nach Västervik über Vimmerby.

ANMERKUNGEN

1 *Biljett(en)* = (die) Fahrkarte; *lucka(n)* = (der) Schalter.
2 *Byta:* tauschen, wechseln, bedeutet hier umsteigen (Zug wechseln).
3 *Sen:* sehr häufige Kurzform von *sedan*.
4 *Stiga av:* aussteigen, kann auch absteigen bedeuten. Das Deutsche ist hier nuancenreicher als das Schwedische. *Stiga på tåget* bedeutet in den Zug steigen, einsteigen. Vgl. Lektion 8. *stiga upp*, aufstehen.
5 *Femtiofem*, buchstäblich fünfzig fünf = fünfundfünfzig.

* * * * *

7 — Ett ögonblick, jag antecknar. Tre över två
från Malmö, ankomst till Nässjö fem i sex.
(A2)
8   Så åker jag vidare kvart över sex och kommer till Hultsfred halv åtta. (A2)
9 — Ja. Och ni är framme i Västervik tjugoett
och fyrtiofem. (6)
10 — Kvart i tio alltså. Tala om en lång resa ! Mer
än sju timmar för ungefär fyrtio mil. (7)
11 — Så hinner ni njuta av landskapet. Naturen
är mycket vacker mellan Nässjö och Västervik. (8)
12 — Äventyret börjar efter Nässjö, det förstår
jag !

7 antäcknar. 8 widare. 9 förtifämm. 10 rässa ... ønjefähr förti. 12 Äwentüret.

ÖVNINGAR

1 När går bussen till Uppsala ? 2 Kanske hinner jag inte
köpa min biljett. 3 Avgångstiden är inte kvart i sex utan
kvart över sex. 4 Här stiger jag av. 5 Nej, jag är inte
framme, jag åker vidare. 6 Det är ungefär tolv mil mellan Linköping och Västervik. 7 Hon antecknar
avgångstiden och ankomsttiden.

FYLL I MED RÄTT ORD

1 *Die Reise dauert (nimmt) ungefähr zwei Stunden zwischen Norrköping und Stockholm.*

. . . . . tar . . . . två timmar . . . . . . Norrköping och Stockholm.

2 *Ich steige in Linköping aus. Dann fahre ich mit dem Schienenbus weiter.*

Jag . . . . i Linköping. . . . . fortsätter jag . . .
. . . .

7 — Einen Augenblick, ich schreibe auf. Drei nach zwei von Malmö, Ankunft in Nässjö fünf vor sechs.
8   Dann fahre ich [um] Viertel nach sechs weiter und komme in Hultsfred [um] halb acht an.
9 — Ja, und Sie kommen in Västervik [um] einundzwanzig [Uhr] (und) fünfundfünfzig an.
10 — Viertel vor zehn also. Was für eine lange Reise (reden von einer langen Reise). Mehr als sieben Stunden für ungefähr 400 Kilometer.
11 — Auf diese Weise haben Sie Zeit, die Landschaft zu genießen. Die Natur ist sehr schön zwischen Nässjö und Västervik.
12 — Das Abenteuer beginnt nach Nässjö, das verstehe ich.

ANMERKUNGEN *(Fortsetzung)*

6 *Tjugoett*, buchstäblich zwanzig eins = einundzwanzig. *Fyrtiofem:* vierzig fünf = fünfundvierzig.
7 Die schwedische Meile beträgt also zehn Kilometer. Erinnern Sie sich daran, denn die Schweden geben gewöhnlich die Strecken in Meilen an. Merken Sie sich auch die Deklination dieses Wortes: *en mil, milen, två mil*. Die Mehrzahl ist mit dem Singular identisch, obwohl das Wort *mil* nicht sächlich ist.
8 *Hinna* bedeutet Zeit haben, [etwas] zeitlich schaffen. *Vi hinner äta lunch* = Wir haben Zeit, zu Mittag zu essen. *Jag hinner inte till tåget* = Ich schaffe es nicht zum Zug.

ÜBUNGEN: 1 Wann fährt der Bus nach Uppsala? 2 Vielleicht schaffe ich es nicht, meine Fahrkarte zu kaufen. 3 Die Abfahrtszeit ist nicht Viertel vor sechs, sondern Viertel nach sechs. 4 Hier steige ich aus. 5 Nein, ich bin nicht angekommen, ich fahre weiter. 6 Es liegen (sind) ungefähr 120 Kilometer (12 schwedische Meilen) zwischen Linköping und Västervik. 7 Sie schreibt die Abfahrtszeit und die Ankunftszeit auf.

* * * * *

3 *Ist es eine lange Reise? Nur 300 Kilometer, aber wir müssen zwei Mal umsteigen.*

Är det en . . . . ? Bara 30 . . ., men vi måste . . . . två . . . . . .

Lektion 20

4 *Einen Augenblick, ich schaffe es nicht aufzuschreiben.*

   Ett . . . ., jag . . . . . . inte . . . .

5 *Der Zug fährt von hier um zehn vor zwei ab, Ankunft in Lund um zwei Uhr vier.*

   . . . . härifrån tio . två, ... till Lund fyra . . . . två.

****

TJUGOFÖRSTA LEKTIONEN

Översikt och anmärkningar

1 Die Mahlzeiten in Schweden

Das Frühstück, *frukost-en,* ist im allgemeinen ziemlich reichlich. Das Mittagessen, *lunch-en,* wird - oft schnell - gegen halb zwölf eingenommen. Es wird früh zu Abend gegessen: Das Abendessen, *middag-en,* findet gegen fünf oder sechs Uhr statt. Merken Sie sich, daß *middagen* das Abendessen (und nicht das Mittagessen!) ist.

2 Wie gibt man die Uhrzeit an?

Wie in Deutschland geben die Behörden und die öffentlichen Anstalten die Uhrzeit an, indem sie den Tag in 24 Stunden einteilen, während man sich im täglichen Leben auf die 12 Stunden beschränkt. Die Minuten oder das Viertel, die einer vollen Stunde vorangehen, werden durch die Präposition *i* ausgedrückt. Im gegenteiligen Fall

VERBESSERUNG

1 Resan - ungefär - mellan. **2** - stiger av - Sen (Sedan) - med rälsbussen. **3** - lång resa - mil - byta - gånger. **4** - ögonblick - hinner - anteckna. **5** Tåget går - i - ankomst - över.

Einverstanden: Es hat etwas von einem Eiertanz, mit Zahlen zu jonglieren, aber es kann auch von großem Nutzen sein, Sie müssen es zugeben. Die Angabe der Uhrzeit dürfte Ihnen kein großes Problem darstellen. Wenn Sie halv åtta *eingeladen sind, werden Sie pünktlich ankommen, oder? Sie könnten ansonsten die Hausfrau zum Verzweifeln bringen.*

****

EINUNDZWANZIGSTE LEKTION

wird von der Präposition *över* Gebrauch gemacht: *fem i nio* = fünf vor neun; *kvart i ett* = Viertel vor eins; *tre över fyra* = drei nach vier; *kvart över två* = Viertel nach zwei. *Halv ett* bedeutet - dem Deutschen ähnlich - halb eins; *halv två*: halb zwei usw.

Jetzt haben Sie alle Angaben, um Ihr Flugzeug nicht zu verpassen!

3 Akkusativobjekt, Dativobjekt und Präpositionalobjekt

Sie haben wohl festgestellt, daß man jemandem auf zwei Weisen etwas geben kann:

a. Wenn man die Reihenfolge des Deutschen übernimmt: Dativ + Akkusativobjekt:
Sten ger Ulla en karamell.

b. Wenn man von einer Präposition *(åt, för, till)* Gebrauch macht:
Sten ger en karamell åt Ulla.
Han ger boken till henne.

4 Gebrauch der Possessivpronomen

Im Laufe Ihrer dritten Arbeitswoche sind Sie heiklen Punkten der schwedischen Syntax gegenübergestellt worden. *Sin, sitt, sina* (vgl. Lektion 14, § 4) werden von Fall zu Fall mit sein, seine, ihr, ihre übersetzt. Aber *hans, hennes, deras* (vgl. Lektionen 16 und 17) bedeuten genau dasselbe. Wann ist es also geboten, das eine oder das andere zu gebrauchen? Das Prinzip ist sehr einfach, es kann in drei Punkten erklärt werden:

a. *sin, sitt, sina* beziehen sich auf das Subjekt des Satzes. Sie sind reflexiv (rückbezüglich).

b. *hans, hennes, deras* beziehen sich auf einen anderen Besitzer als das Subjekt des Satzes. Die Punkte *a.* und *b.* können mit folgenden Beispielen veranschaulicht werden:
   Nils tar sin bok (sein eigenes Buch),
   Nils tar hans bok (das Buch einer anderen, männlichen Person),
   Nils tar hennes bok (das Buch einer anderen, weiblichen Person),
   Nils tar deras bok (ihr Buch, das Buch, das anderen Personen gehört).

c. Aber aufgepaßt: *sin, sitt, sina* können niemals in der Subjektstellung gebraucht werden. Sie verstehen sofort warum, wenn Sie folgende Sätze vergleichen:

Olsson åker med sin bil. Hans bil är gammal.

Ulla lagar mat åt sin man. Hennes man är hungrig.
Hon och hennes man äter lunch.

Hon äter lunch med sin man.

Einverstanden?

Sie brauchen selbstverständlich ein bißchen Praxis, bevor Sie diese verschiedenen Formen korrekt anwenden können. Geduld, die Zeit gehört zu Ihren besten Verbündeten. Wenn Sie die oben genannten Regeln assimiliert haben werden, werden Sie sich in den meisten Fällen mühelos aus der Affäre ziehen können.

Wir müssen jedoch zugeben, daß der Gebrauch des Possessivpronomens in etwas verschnörkelten Sätzen ein Problem darstellen kann. Es kommt vor, daß die Schweden selbst zögern oder sich gar irren! Aber es sind Grenzfälle, um die Sie sich gar nicht zu kümmern brauchen.

5 Das schwedische Substantiv: Gebrauchsanweisung

In dem Stadium, in dem Sie sich jetzt befinden, haben Sie schon viele schwedische Substantive kennengelernt. Je nach Fall sind sie Ihnen in der bestimmten oder unbestimmten Form, im Plural oder im Singular begegnet. Die Schwierigkeit besteht natürlich darin, bei einer gegebenen Form die anderen herauszufinden. Damit Sie sich eine deutlichere Vorstellung von der Deklination des Substantivs machen können, bringen wir nachstehend das System, nach dem die schwedischen Substantive sich in fünf Gruppen gliedern:

Singular		Plural		
unbestimmt	*bestimmt*	*unbestimmt*	*bestimmt*	
a flicka	flickan	flickor	flickorna	fast immer
b bil	bilen	bilar	bilarna	nicht-
c familj	familjen	familjer	familjerna	sächlich
d frimärke	frimärket	frimärken	frimärkena	meistens
e hus	huset	hus	husen	sächlich

Drei kleine Anmerkungen können Ihnen außerdem eine Hilfe sein:

1 In der bestimmten Singularform bekommen die nichtsächlichen (Fall *a, b* und *c*) *-en* oder nur *-n*, wenn das

Lektion 21

Wort auf einen Vokal endet; die sächlichen bekommen -*et* oder -*t*, wenn das Wort auf einen Vokal endet.

2 Fast alle Wörter auf -*a* werden wie *flicka* (Fall *a*) dekliniert.

3 Die nicht-sächlichen Wörter französischen Ursprungs gehören der Deklination *c* an *(familj, ridå, sås, restaurang* usw.).

Vorerst dürfen Sie Ihr Gedächtnis nicht mit Regeln belasten. Vergessen Sie nicht, daß Sie sich immer noch in der passiven Assimilierungsphase Ihres Studiums befinden.

****

TJUGOANDRA LEKTIONEN

Några fakta om Sverige

1 Magistern — I dag tänker jag ställ*a* några fråg*o*r om vårt heml*a*nd. Jag har ritat upp Sverige på svarta tavl*a*n. (1) (A3)

2 Oll*e* — Ha, ha ! Det likn*a*r en banan ! Magistern — Det ligger någonting i det. Det är hel*a* 157 (hundrafemtiosju) mil från syd till nord i vårt avl*å*nga land. (2)

UTTAL
1 Majistörn - i dah ... norra frog*u*hr ... ritat öpp. 2 banahn ... nonnting ... ßüd till nu[h]d.

Es kann jedoch von Nutzen sein, diese fünf Flexionsmuster, nach denen sich die meisten schwedischen Substantive gliedern, zu ,,visualisieren" (Ausnahmen werden Ihnen jeweils mitgeteilt).

Wenn Sie sich die aktive Phase Ihres Studiums vornehmen werden, wird Ihnen das Wortregister große Hilfestellung leisten. Das ,,Verhalten" der Substantive wird dort folgendermaßen angegeben:

flicka-n-or; bil-en-ar; familj-en-er; frimärke-t-n; hus-et - = .

****

ZWEIUNDZWANZIGSTE LEKTION

Einige Tatsachen über Schweden

1 Der Lehrer — Heute habe ich vor (gedenke ich), einige Fragen über unsere Heimat zu stellen. Ich habe Schweden an die schwarze Tafel gezeichnet.
2 Olle — Ha, ha, das ähnelt einer Banane!
 Der Lehrer — Es ist etwas [Wahres] daran. Es sind ganze 1 570 km (157 schwedische Meilen) vom Süden zum Norden in unserem länglichen Land.

ANMERKUNGEN

1 Sie stoßen hier zum ersten Mal auf eine Zeit der Vergangenheit, das Perfekt: *jag har ritat upp.* Diese Zeitform wird aus dem Hilfsverb haben im Präsens und dem sogenannten Supinum gebildet (vgl. Perfektpartizip oder 1. Partizip im Deutschen), hier: *ritat.* Begnügen Sie sich fürs erste damit, diese Struktur zur Kenntnis zu nehmen, die ,,Gebrauchsanweisung" folgt.
2 *Avlång* bedeutet länglich (vgl. im Deutschen das veraltete oblong).

3 Lena — Jag trodde att Sverige var ett litet land. (3) (4) (A3)
4 Magistern — Det kan man inte säga. I Europa är det endast Sovjet, Frankrike och Spanien som har större yta. (5) (A5)
5 Däremot finns det inte så många människor här. Du Olle, hur många invånare finns det i Sverige ?
6 Olle — Något mer än åtta miljoner, tror jag. (A3)
Magistern — Hur fördelar de sig ?
7 Lena — Nittio procent av befolkningen bor i landets södra del...
8 Barbro — ... och nästan var tredje svensk bor i storstäderna Stockholm, Göteborg och Malmö.
9 Magistern — Det stämmer ! Ni vet också att det finns tjugofem landskap från Skåne i söder till Lappland i norr.

I NORR BOR INTE SÅ MÅNGA MÄNNISKOR

3 trudde. 4 E-ürupa ... üta. 5 Däremut ... männischuhr ... Ulle. 6 miljuhner, truhr ... Hür fördehlar domm säj? 7 Nitti. 8 Btu[h]schtäderna. 9 Skone.

3 Lena — Ich glaubte, daß Schweden ein kleines Land war.
4 Der Lehrer — Das kann man nicht sagen. In Europa sind es nur die Sowjetunion, Frankreich und Spanien, die [eine] größere Fläche haben.
5 Der Lehrer — Dagegen gibt es nicht so viele Menschen hier. Du Olle, wieviele Einwohner gibt es in Schweden?
6 Olle — Etwas mehr als acht Millionen, glaube ich.
Der Lehrer — Wie verteilen sie sich?
7 Lena — Neunzig Prozent der Bevölkerung wohnen im südlichen Teil des Landes.
8 Barbro — ... und fast jeder dritte Schwede wohnt in den Großstädten Stockholm, Göteborg und Malmö.
9 Der Lehrer — Das stimmt! Ihr wißt auch, daß es fünfundzwanzig Provinzen von Schonen im Süden bis Lappland im Norden gibt.

ANMERKUNGEN *(Fortsetzung)*

3 In diesem Satz stoßen Sie auf eine andere Zeit der Vergangenheit, das Imperfekt: *trodde*, Infinitiv (Grundform) *att tro*, Präsens *tror; var*, Infinitiv *att vara*, Präsens *är*.
Der Form nach erinnert das Imperfekt an das deutsche Präteritum (Erste Vergangenheit), das Perfekt an das deutsche Perfekt (Zweite Vergangenheit). Was die Anwendung angeht, bestehen wesentliche Unterschiede zwischen den Vergangenheitszeiten im Schwedischen und ihren Entsprechungen im Deutschen. Unserer Methode getreu, werden Sie zunächst einmal **zusehen,** wie sie verwendet werden. Versuchen Sie zuerst, diesen Mechanismus intuitiv zu begreifen. In der Lektion 42 werden wir zur Theorie übergehen.
4 *Att,* daß, ist die gebräuchlichste unterordnende Konjunktion (Bindewort) im Schwedischen.
5 *Större:* größer, ist der Komparativ (Erste Steigerungsstufe) von *stor:* groß.

Lektion 22

10   Kan du nämna ett landskap som ligger i öster, Carina ? (6)
       Carina — Gotland, magistern. Sveriges största ö bildar ett landskap. (7) (A5)
11   Magistern — Och i väster, vad har vi för landskap där ? (8)
       Olle — Flera stycken. Bohuslän är ett av dem.
12   Magistern — Jag tycker att ni är riktigt duktiga, barn. Slut för i dag ! (A3)
       Barnen — Tack för i dag !

10 öster ... ßtö[h]schta. 11 Flera ßtücken. Buhüslän ... domm. 12 tücker ... döktiga.

ÖVNINGAR

1 Barnen tycker att magistern har ritat ett land som liknar en banan. 2 Spanien har större yta än Sverige. 3 Stockholm, Göteborg och Malmö är landets tre största städer. 4 Har ni några frågor om landets befolkning ? 5 Det finns något mer än åtta miljoner invånare i Sverige, tror Olle. 6 I norr bor inte så många människor. 7 Gotland som ligger i öster är Sveriges största ö.

* * * * *

FYLL I MED RÄTT ORD

1 *Malmö liegt im südlichen Teil des Landes.*

   Malmö . . . . . . i . . . . södra del.

2 *Jeder dritte Schwede wohnt in den drei größten Städten.*

   . . . . svensk . . . i de tre . . . . städerna.

10 Der Lehrer — Kannst du eine Provinz nennen, die im Osten liegt, Carina?
Carina — Gotland (, Lehrer). Schwedens größte Insel bildet eine Provinz.
11 Der Lehrer — Und im Westen, was haben wir für Provinz(en) (dort)?
Olle — Mehrere (Stücke). Bohuslän ist eine von ihnen.
12 Der Lehrer — Ich finde, daß ihr recht tüchtig seid, Kinder. Schluß für heute!
Die Kinder — Danke für heute!

ANMERKUNGEN *(Fortsetzung)*

6 *Som*, der, die, das, welcher, welche, welches, ist das am häufigsten verwendete Relativpronomen (bezügliches Fürwort) im Schwedischen.
7 *Största*, der, die, das größte, ist der Superlativ (Zweite Steigerungsstufe) von *stor*. Siehe Anmerkung 5.
8 *Landskap* bedeutet sowohl Provinz als auch Landschaft (vgl. Lektion 20).

ÜBUNGEN: 1 Die Kinder finden, daß der Lehrer ein Land gezeichnet hat, das einer Banane ähnelt. **2** Spanien hat eine größere Fläche als Schweden. **3** Stockholm, Göteborg und Malmö sind die drei größten Städte des Landes. **4** Habt ihr einige Fragen über die Bevölkerung des Landes? **5** Es gibt etwas mehr als acht Millionen Einwohner in Schweden, glaubt Olle. **6** Im Norden wohnen nicht so viele Menschen. **7** Gotland, das im Osten liegt, ist die größte Insel Schwedens.

* * * * *

3 *Wieviele Provinzen gibt es von Schonen im Süden bis Lappland im Norden?*

Hur många . . . . finns det från Skåne . . . . . till Lappland i . . . . ?

Lektion 22

4 *Die größte Insel Schwedens liegt im Osten.*

Sveriges . . . . ligger . . . . . .

5 *Ich finde nicht, daß Schweden ein kleines Land ist.*

Jag . . . . . . inte . . . Sverige är ett . . . .

6 *Er ist es, der Fragen über Schweden stellt.*

Det är han . . . ställer . . . . Sverige.

****
TJUGOTREDJE LEKTIONEN

Jobbet

1 — Vad har du för yrke, Bosse ?
   — Jag är chaufför på ett åkeri.
2 — Fick du jobbet meddetsamma efter gymnasiet ? (1) (2)
3 — Nästan. Först fick jag skaffa mig utb*i*ldning som l*å*ngtradarchaufför.
4 — Det är klart att man inte kan köra långtradare utan träning. Hur lång tid tog din yrkesutb*i*ldning ? (3) (4)

UTTAL

1 ürke, Busse. 2 mehdässamma ... jümnassiet. 3 fö[h]scht. 4 Deh eh kla[h]t ... tschöra ... tuhg.

VERBESSERUNG

1 - ligger - landets. **2** Var tredje - bor - största. **3** - landskap - i söder - norr. **4** - största ö - i öster. **5** - tycker - att - litet land. **6** - som - frågor om.

Sie haben sich nun den Rhythmus, von dem wir in der Lektion 7 sprachen, vollkommen angeeignet, und Ihr Schwedisch ohne Mühe ist Ihnen hoffentlich zu einer täglichen Freude geworden. Sehen Sie ab und zu noch einmal die ersten Lektionen durch? Sie kommen Ihnen bestimmt sehr einfach vor... Ihr Schwedisch gewinnt nämlich ernsthaft an Substanz!

****

DREIUNDZWANZIGSTE LEKTION

Die Arbeit

1 — Was hast du für [einen] Beruf, Bosse?
   — Ich bin Fahrer bei einem Fuhrunternehmen.
2 — Hast du die Arbeit sofort nach dem Gymnasium bekommen?
3 — Fast. Zuerst mußte ich mir eine Ausbildung als Lastwagenfahrer verschaffen.
4 — Es ist klar, daß man [einen] Lastwagen nicht ohne Übung (Training) fahren kann. Wie lange (Zeit) dauerte (nahm) deine Berufsausbildung?

ANMERKUNGEN

1 *Fick*, Imperfekt des Verbs *få*.
2 *Gymnasiet*, bestimmte Singularform von *gymnasium*, Gymnasium, Oberstufe. Unbestimmte Pluralform: *gymnasier*, bestimmte Pluralform: *gymnasierna*. Einige Substantive, die direkt aus dem Lateinischen entnommen sind, werden auf diese Weise dekliniert.
3 Merken Sie sich die Wortstellung in dem mit *att* eingeleiteten Nebensatz. Das mehrteilige Prädikat (Infinitiv + Modalverb) steht nicht - im Gegensatz zum Deutschen - am Ende eines Satzes. Die Wortstellung wird im allgemeinen im Nebensatz beibehalten, aber die Verneinung *inte* rückt im Nebensatz vor das Verb. Vergleichen Sie: *man kan inte köra.../Det är klart att man inte kan köra...*
4 *Tog:* Imperfekt des Verbs *ta* (Schriftsprache *taga*): nehmen.

Lektion 23

5 — Sex veckor. Sen hade jag tur eftersom jag fick anst*ä*llning på direkten. (5)
6 — Trivs du med ditt arb*e*te ? (6)
7 — Absolut ! Det är ett bra jobb med fast lön och anställningstrygg*h*et.
8 — Dessut*o*m är man sin eg*e*n herr*e* för det mest*a*, eller hur ?
9 — Javisst ! Det är sämre för den som har en chef bakom ryggen hela tiden. (7) (A5)
10 — Tänker du änd*å* inte söka ett bättre jobb så småning*o*m ? (8) (A5)
11 — Kanske det, men först måste jag skaff*a* mig en högre utb*i*ldning. Då kan jag hopp*a*s på högre lön och större ansv*a*r. (9) (10) (A5)
12 — Bäst att hamn*a* i chefsställning fortast möjl*i*gt ! (11) (A5)
13 — Eller sämst ! Stress och högt blodtr*y*ck hot*a*r. Men jag hopp*a*s nå dit någon gång i gubb*å*ldern. (A5)

5 eftö[h]schomm. 6 arb*e*hte. 7 Absolütt. 8 eh*g*en ... mäst*a*. 9 Schehf. 10 änndo*h* ... ßoh smohning*o*mm. 11 Kannsche ... an-sw*a*hr. 12 fu[h]tast möjl*i*tt. 13 bludtr*ü*ck huht*a*r ... g*ö*bboldern.

5 — Sechs Wochen. Danach hatte ich Glück, da ich unmittelbar [eine] Anstellung bekam.
 6 — Gefällt dir deine Arbeit (fühlst du dich wohl mit deiner Arbeit)?
 7 — Durchaus! Es ist ein guter Job mit festem Lohn und Sicherheit des Anstellungsverhältnisses.
 8 — Außerdem ist man meistens sein eigener Herr, nicht wahr?
 9 — Klar! Es ist schlimmer für den, der die ganze Zeit einen Chef hinter dem Rücken hat.
10 — Hast du trotzdem nicht vor (gedenkst du trotzdem nicht), nach und nach einen besseren Job zu finden?
11 — Vielleicht (das), aber zuerst muß ich mir eine höhere Ausbildung verschaffen. Dann kann ich auf [einen] besseren Lohn und [eine] größere Verantwortung hoffen.
12 — Das Beste ist, möglichst schnell einen leitenden Posten zu bekommen (in einem leitenden Posten zu landen).
13 — Oder das Schlimmste! Streß und hoher Blutdruck drohen. Aber ich hoffe, ich kann irgendwann mal im Greisenalter dahin gelangen.

ANMERKUNGEN *(Fortsetzung)*

 5 *Hade:* Imperfekt des Verbs *ha* (Schriftsprache *hava*): haben.
 6 *Trivs:* Präsens des Deponens *trivas:* sich wohl fühlen. *Jag trivs med mitt arbete:* Meine Arbeit gefällt mir. Man nennt Deponens ein Verb, das passive Form (mit auslautendem -s) hat, dessen Bedeutung aber aktiv ist. Andere Beispiele: *jag hoppas:* ich hoffe, *det finns:* es gibt.
 7 *Sämre:* schlimmer, ist der Komparativ von *dålig:* schlecht.
 8 *Bättre:* besser, ist der Komparativ von *bra (god):* gut.
 9 *Högre:* höher, Komparativ von *hög:* hoch.
10 *Större:* größer, Komparativ von *stor:* groß. Vgl. vorangehende Lektion, Satz 4.
11 In diesem Satz stoßen Sie auf zwei Superlative. *Bäst:* das Beste, das beste, am besten (aus *bra, god*) und *fortast:* am schnellsten (aus *fort:* schnell). Merken sie sich die Wendung: *fortast möjligt* / möglichst schnell und die Aussprache von *fort:* fu[h]t.

Lektion 23

14 — Sånt är livet. Först då man är tandlös får man något att sätta tänderna i. (12) (13)

ÖVNINGAR

1 Tänker du skaffa dig högre utbildning efter gymnasiet ? 2 Vad har han för yrke ? Han är chaufför. 3 Jag tänker skaffa mig ett bättre arbete med större ansvar. 4 En chef får högre lön men kanske också stress och högt blodtryck. 5 Efter en bra utbildning kan man hoppas på fast anställning. 6 Han fick jobbet meddetsamma.

* * * * *

FYLL I MED RÄTT ORD

1 *Lena hat einen guten Beruf.*

Lena har . . . bra . . . .

2 *Meine Arbeit gefällt mir.*

Jag . . . . mitt . . . . . .

3 *Hast du eine Anstellung direkt nach dem Gymnasium bekommen?*

. . . . du . . . . direkt . . . . . gymnasiet ?

4 *Ich muß mir eine höhere Ausbildung verschaffen.*

Jag måste . . . .

5 *Er hofft auf eine bessere Arbeit irgendwann mal.*

Han . . . . . . på . . . . . . jobb någon . . . .

14 — So ist das Leben. Erst wenn man zahnlos ist, bekommt man etwas zu beißen (die Zähne zu setzen in).

ANMERKUNGEN *(Fortsetzung)*
12 *Sant:* umgangssprachliche Kurzform von *sådant*.
13 Merken Sie sich hier die Struktur *först då...*: erst, da..., erst, wenn...

ÜBUNGEN: 1 Hast du vor, dir nach dem Gymnasium eine höhere Ausbildung zu verschaffen? **2** Was hat er für einen Beruf? Er ist Fahrer. **3** Ich habe vor (ich gedenke), mir eine bessere Arbeit mit größerer Verantwortung zu verschaffen. **4** Ein Chef bekommt [einen] höheren Lohn, aber vielleicht auch Streß und hohen Blutdruck. **5** Nach einer guten Ausbildung kann man auf eine feste Anstellung hoffen. **6** Er bekam diese Arbeit sofort.

* * * * *

VERBESSERUNG

1 - ett - yrke. **2** - trivs med - arbete. **3** Fick - anställning - efter. **4** - skaffa mig högre utbildning. **5** - hoppas - bättre - gång.

* * * * *

Vergessen Sie nicht, daß das Unterpfand Ihres Erfolges die Regelmäßigkeit Ihrer Arbeit ist. Sie haben schon ein gutes Stück Weges hinter sich gebracht. Wenn Sie sich in der zweiten Welle diese Lektion aktiv vornehmen werden, wird Ihnen alles, was jetzt Ihre Aufmerksamkeit in Anspruch nimmt, natürlich und einfach vorkommen. Hier sind die Früchte des anhaltenden Fleißes!

Lektion 23

TJUGOFJÄRDE LEKTIONEN

Telefonsamtal om vädret

1 — Hur är vädret hos dig i dag, Lars ?
2 — Inget vidare. Det regn*a*r för det mest*a*. Vi har säll*a*n vackert väder.
— I går snöad*e* det t.o.m. (till och med). Vintern har varit lång i år. Jag är trött på snön. **(1) (2)**
3 — Här har vi tydlig*e*n bättre väder. Solen skiner ofta mellan molnen. Men SMH*I* har varn*a*t för hagel. **(3) (4)**
4 — Ja, aprilv*ä*dret är så ost*a*digt. Först under maj mån*a*d blir det bättre, och bäst i juni ... om man har tur. **(5) (A5)**
5 — Våren är den finast*e* årst*i*den, tycker jag. **(6) (A3) (A5)**
6 — I morg*o*n tänker jag unn*a* mig en fisket*u*r, antingen det är varmt eller kallt, sol*i*gt eller mul*e*t... **(7) (A3) (A4)**

VÅREN HAR VARIT MYCKET KALL I ÅR

UTTAL

1 hus däj i dah, La[h]sch. 2 till o meh. 3 ßulen schiner ... essemmho-*i*.4 ußt*a*ditt. 5 o[h]scht*i*den. 6 i morr*o*nn ... *ö*nn*a* mäj ... anntingen ... ßul*i*tt.

VIERUNDZWANZIGSTE LEKTION

Telefongespräch über das Wetter

1 — Wie ist das Wetter bei dir heute, Lars?
2 — Nicht besonders. Es regnet meistens. Wir haben selten schönes Wetter.
  — Gestern hat es sogar geschneit. Der Winter ist dieses Jahr lang gewesen. Ich habe den Schnee über (ich bin des Schnees müde).
3 — Hier haben wir offenbar besseres Wetter. Die Sonne scheint oft zwischen den Wolken. Aber der Wetterdienst (SMHI) hat vor Hagel gewarnt.
4 — Ja, das Aprilwetter ist so unbeständig. Erst im Mai (im Laufe des Monats Mai) wird es besser, und am besten im Juni... wenn man Glück hat.
5 — Der Frühling ist die schönste (feinste) Jahreszeit, finde ich.
6 — Morgen habe ich vor, mir eine Angeltour zu gönnen, ob es warm oder kalt, sonnig oder bedeckt ist...

ANMERKUNGEN

1 *Snöade:* Imperfekt des Verbs *snöa:* schneien.
2 *Har varit:* Perfekt des Verbs *vara:* sein.
3 SMHI, Abkürzung für *Sveriges meteorologiska och hydrologiska institut.* Die Übersetzung ist überflüssig, oder?
4 *Varna,* hier im Perfekt *(har varnat),* bedeutet: warnen. *Varning* ist die Warnung, die Verwarnung. Verben können durch Anhängen von *-ning, -ing* in ein Substantiv verwandelt werden.
5 *Om:* wenn, ist die meistgebrauchte Konjunktion, um einen Konditionalsatz einzuleiten. Sie sind schon öfters *om* begegnet, aber als Präposition (vgl. der Titel dieser Lektion).
6 *Finaste:* Superlativ von *fin,* fein, schön.
7 *Antingen... eller:* entweder... oder.

Hundrasju

7 — I natt var det frost i min trädgård. Nu hoppas jag att det inte haglar på mina stackars blommor. (8) (9) (A4)

8 — De klarar sig nog !
— Jag skulle vilja ta en cykeltur om det inte blåste så hårt. (10) (11)

9 — Har man vikingablod i sig spelar det väl ingen roll. Det är bara att trampa litet hårdare. (12)

10 — Säger du det, du en bilburen viking ! (13)

11 — Vänta bara ! Jag kommer att träna hårt några veckor. Snart ger jag dig en match. (14)

12 — Den dagen, den sorgen ! Det lär dröja ett tag. Du har blivit litet rund under vintern. (15) (16)

13 — Ett par extra kilo kanske... De försvinner snart skall du se.

---

7 trägo[h]d ... ßtacka[h]sch blummuhr. 8 ßükeltür ... ho[h]t. 9 ho[h]dare.
10 ßäjer dü deh. 12 ßorjen ... rønd ønder. 13 tschilo kannsche ... ska dü ßeh.

ANMERKUNGEN *(Fortsetzung)*

8 *Hoppas:* hoffen. Deponens (vgl. *trivas*, Lektion 23, Anm. 6). Wir werden später auf die Verbformen auf -s zurückkommen.
9 *Stackars:* arm, ist unveränderlich.
10 *Jag skulle vilja:* Sie lernen hier den Konjunktiv kennen, der aus dem Hilfsverb *skulle* (würde) und dem Infinitiv zusammengesetzt ist. *Vilja* = wollen; *jag skulle vilja* (ich würde wollen) = ich möchte (gern).
11 Sie sind jetzt mit der Stellung der Verneinung im Nebensatz - vor dem Verb - vertraut. In dem Satz 7 dieser Lektion haben Sie ein weiteres Beispiel dafür.

7 — Heute nacht war (es) Frost in meinem Garten. Jetzt hoffe ich, daß es nicht auf meine armen Blumen hagelt.
8 — Sie werden es schon schaffen!
— Ich würde gerne eine Radtour machen (nehmen), wenn es nicht so windig wäre (wenn es nicht so hart blasen würde).
9 — Hat man Wikingerblut in den Adern (in sich), spielt es wohl keine Rolle. Man braucht nur ein bißchen härter [aufs Pedal] zu treten.
10 — Meinst du [du hast gut reden], du motorisierter Wikinger!
11 — Warte nur! Ich werde einige Wochen hart trainieren. Bald werde ich dich zum Kampf herausfordern (gebe ich dir einen Match).
12 — Jeder Tag hat seine Plage (der Tag, die Sorge). Es wird wohl eine Weile dauern (es scheint eine Weile zu dauern). Du bist über den Winter ein wenig rund geworden.
13 — Ein paar Kilo zuviel vielleicht... Sie verschwinden bald, du wirst schon sehen.

ANMERKUNGEN *(Fortsetzung)*

12 *Har man...:* Die Inversion, d. h. die Reihenfolge Subjekt - Verb, die zugunsten der Reihenfolge Verb - Subjekt aufgegeben wird, ermöglicht, eine Konjunktion zu sparen. Es hätte stehen können: *när man har...* (wenn man... hat) oder *om man har...* (falls man... hat). Merken Sie sich diese Inversion, die im Schwedischen häufiger als im Deutschen vorkommt.

13 *Säger du det* = sagst du das, drückt oft Ironie oder Skepsis aus.

14 *Jag kommer att träna* = *jag skall träna*. Die zusammengesetzte Zeitform *komma att* + Infinitiv ist eine andere Möglichkeit, das Futur auszudrücken.

15 *Det lär:* unpersönlicher Ausdruck ohne direkte Entsprechung im Deutschen: es soll, es heißt, man sagt, daß...

16 *Har blivit:* Perfekt des Verbs *bli:* werden.

Lektion 24

ÖVNINGAR

1 Det är vackert väder i dag. **2** Molnen försvinner snart och vädret blir bättre. **3** Solen skiner ofta och det är varmt i juni. **4** Våren har varit mycket kall i år. **5** Jag hoppas att mina blommor klarar sig. **6** Här har vi kallt och i natt snöade det. **7** Han säger att han skulle vilja ta en cykeltur.

* * * * *

FYLL I MED RÄTT ORD

1 *Ist (es) bei dir schönes Wetter?*

   Är det . . . . hos dig ?

2 *Die Sonne scheint und es ist warm.*

   . . . . och . . . är . . . . .

3 *Ich würde gern eine Radtour machen, wenn es nicht schneien würde (schneite).*

   Jag . . . . ta en cykeltur . . det inte . . . . . .

****

TJUGOFEMTE LEKTIONEN

Var är vi någonstans ? (1)

1 — Snälla Sven, det är minst tredje gången vi kör förbi den här statyn i hörnet av en park. (2)

UTTAL

1 ßtatün i hörnet.

ÜBUNGEN: 1 Es ist schönes Wetter heute. **2** Die Wolken verschwinden bald, und das Wetter wird besser. **3** Die Sonne scheint oft, und es ist warm im Juni. **4** Der Frühling ist dieses Jahr sehr kalt gewesen. **5** Ich hoffe, daß meine Blumen es schaffen. **6** Hier haben wir kaltes Wetter, und heute nacht hat es geschneit. **7** Er sagt, daß er gerne eine Radtour machen möchte.

* * * * *

4 *Ich finde, daß der Frühling das Beste ist.*

   Jag . . . . våren är . . . .

5 *Morgen werde ich hart trainieren.*

   I morgon . . . . . . jag . . . träna . . . .

* * * * *

VERBESSERUNG

1 - vackert väder. **2** Solen skiner - det - varmt. **3** - skulle vilja - om - snöade. **4** - tycker att - bäst. **5** - kommer - att - hårt.

****

FÜNFUNDZWANZIGSTE LEKTION

Wo [in aller Welt] sind wir
(Wo sind wir irgendwo)?

1 — Lieber Sven, es ist mindestens das dritte Mal, daß wir an dieser Statue in der Ecke eines Parks vorbeifahren.

ANMERKUNGEN

1 *Var är vi?:* Wo sind wir? Um der Nachdrücklichkeit willen fügen die Schweden hinzu *nagonstans* (in der Umgangssprache *nanstans* ausgesprochen): irgendwo. Das machen unsere Helden, die sich nicht zurechtfinden können.

2 *Snäll* bedeutet nett, aber nicht selten kann ein Beiklang von leichter Aufforderung oder Erregung in einer Anrede wie *snälla du!* mitschwingen.

2 Stanna bilen så frågar vi oss fram. (3)
3 — Det är inte lätt i stan med alla enkelriktade gator ! Den gamle gubben där borta på bron kan vi fråga efter vägen. (4) (5) (A4)
4 — Han ? Jag slår vad om att han är döv. Låt oss försöka med den äldre damen vid busshållplatsen. (6) (7) (8) (A5)
5 — Ursäkta, var ligger stadshuset ?
— Förlåt, jag uppfattade inte.
6 — Vi skall till stadshuset. Jag undrar hur man åker dit. (9)
7 — Låt mig se. Till fots är det strax intill, två kvarter härifrån.
8 Med bil måste ni först köra rakt fram. Sväng sedan till höger vid tredje tvärgatan.
9 När ni har passerat kyrkan tar ni till höger igen. Kör vidare till andra ljussignalen.

3 gahtuhr ... där bo[h]ta poh bruhn. 4 Loht oß fö[h]schöka ... bøshollplatsen. 5 ü[h]schäkta ... fö[h]loht. 6 øndrar. 7 futs ... inntill. 9 Tschürkann ... ijänn.

2   Halt den Wagen an, damit (so) wir uns durchfragen.
3 — Es ist nicht leicht in der Stadt mit all den Einbahnstraßen! Den alten Mann (den alten Greis) dort auf der Brücke können wir nach dem Weg fragen.
4 — Ihn (er)? Ich wette, daß er taub ist. Laß es uns mit der älteren Frau bei der Bushaltestelle versuchen.
5 — Verzeihen Sie, wo liegt das Rathaus?
— Entschuldigung, ich habe nicht verstanden.
6 — Wir wollen zum Rathaus. Ich frage mich, wie man dorthin fährt.
7 — Lassen Sie mich mal nachdenken (sehen). Zu Fuß ist es gleich nebenan, zwei Häuserblocks von hier.
8   Mit [dem] Auto müssen Sie zuerst geradeaus fahren. Biegen Sie dann rechts an der dritten Querstraße ab.
9   Wenn Sie an der Kirche vorbeigefahren sind, biegen (nehmen) Sie nach rechts wieder ab. Fahren Sie bis zur zweiten Ampel weiter.

ANMERKUNGEN *(Fortsetzung)*

3 *Så frågar vi* = *så att vi frågar*. Das Adverb *fram* bezeichnet eine Bewegung nach vorne.
4 *Stan:* umgangssprachliche Kurzform von *staden:* die Stadt.
5 Beachten Sie, daß die bestimmte Singularform des Adjektivs auf *-e* und nicht auf *-a* endet, wenn es sich auf eine männliche Person bezieht. *Den gamle mannen / den gamla damen.*
6 *Slå vad:* wetten. Die zwei Teile sind als ein Ganzes aufzunehmen. Sie regieren die Präposition *om.*
7 *Låt oss...* Imperativ (Befehlsform) in der ersten Person Plural (vgl. laß(t) uns...). *Låt oss tala:* Laß(t) uns reden, reden wir... Es ist notwendig, diese Imperativform zu kennen, obwohl sie im heutigen Schwedisch verhältnismäßig selten gebraucht wird.
8 *Äldre,* Komparativ von *gammal:* alt (vgl. „vergammelt" im Deutschen), bedeutet also älter. *En äldre dam* bedeutet wie im Deutschen eine ältere Dame. *En gammal dam* = eine alte Dame.
9 *Dit:* dahin, dorthin. Vergleichen Sie mit *hit:* hierhin und mit dem Paar *här/där.*

Lektion 25

10 Där ser ni ett stort torg på vänstra sidan. I bakgrunden har ni stadshuset.
11 — Finns det parkeringsplatser på torget ?
12 — Ja då, både framför och bakom stadshuset, och även mitt emot kyrkan, som ligger i närheten. (10)
13 — Tack för hjälpen ! (A1)
— För all del ! Och akta er för lapplisorna, de är mycket snabba i den här stan. (11)
14 — Bra att veta ! Tack ännu en gång ! (A1)
— Ingen orsak ! (A1)

10 ßtu[h]t torj ... bahkgrǿnden. 11 torjet. 12 mitt emut. 13 För all dehl ... lapplissu[h]na. 14 Tack änn änn gong ... u[h]schack.

ÖVNINGAR

1 Ursäkta, var ligger kyrkan ? **2** Kör rakt fram och sväng till vänster vid första ljussignalen. **3** Det finns parkeringsplatser mitt emot parken. **4** Vi frågar damen vid busshållplatsen efter vägen. **5** Vi skall till stora torget. Hur åker man dit ? **6** Ta första tvärgatan till höger. **7** Stadshuset ligger strax intill parken.

* * * * *

FYLL I MED RÄTT ORD

1 *Verzeihung, ich frage mich, wo das Rathaus liegt.*

. . . . , jag . . . . . . var stadshuset . . . . . .

2 *Es gibt Parkplätze sowohl vor als auch hinter der Kirche.*

Det finns parkeringsplatser . . . . och . . . . . kyrkan.

3 *Zuerst geradeaus, und dann die zweite Querstraße nach rechts.*

Först . . . . och sedan andra . . . . till . . . . .

10 Dort sehen Sie einen großen Platz auf der linken Seite. Im Hintergrund haben Sie das Rathaus.
11 — Gibt es Parkplätze auf dem Platz?
12 — Aber ja, sowohl vor als auch hinter dem Rathaus, und auch gegenüber der Kirche, die in der Nähe liegt.
13 — Danke für Ihre (die) Hilfe?
— Nichts zu danken! Und nehmen Sie sich vor den Politessen in acht, sie sind sehr flink (schnell) in dieser Stadt.
14 — Gut zu wissen! Nochmals vielen Dank!
— Keine Ursache!

ANMERKUNGEN *(Fortsetzung)*

10 *Bade ... och:* sowohl ... als auch.
11 *Lapplisorna,* Singularform *lapplisa,* umgangssprachlicher Ausdruck, gebildet aus *lapp:* Zettel und *Lisa,* weiblicher Vorname. Vgl. im Deutschen das Wort Politesse als Neubildung zu Polizist + Hosteß.

ÜBUNGEN: 1 Verzeihung, wo liegt die Kirche? **2** Fahren Sie geradeaus und biegen Sie nach links bei der ersten Ampel ab. **3** Es gibt Parkplätze gegenüber dem Park. **4** Wir fragen die Dame an der Bushaltestelle nach dem Weg. **5** Wir wollen zum großen Marktplatz. Wie fährt man dorthin? **6** Nehmen Sie die erste Querstraße nach rechts. **7** Das Rathaus liegt ganz in der Nähe des Parks.

* * * * *

4 *Sie haben eine Bushaltestelle gegenüber dem Park, ganz in der Nähe der Brücke.*

Ni har en busshållplats . . . . parken, ...
. . . . . . bron.

5 *In der Nähe der Kirche sehen Sie den Platz auf der linken Seite.*

I . . . . av kyrkan ser ni . . . . . . på . . . . sidan.

Lektion 25

In dieser Lektion haben Sie ein ganzes Arsenal von Ausdrücken zur Verfügung, die Ihnen ermöglichen, sich im Raum zu orientieren. Dies kann sehr nützlich sein, geben Sie es zu! Diese brauchen Sie sich jedoch nicht mit Gewalt einzuprägen: Durch Übung und Wiederholungen werden Sie sich mit ihnen unmerklich vertraut machen.

****

TJUGOSJÄTTE LEKTIONEN

På banken

1 — Jag är nästan pank. Jag måste gå in på banken och växl*a* utländska pengar som jag har kvar. (1)
2 — Jag följer med. Jag har ocks*å* några bank*ä*renden att utr*ä*tta. (2) (3)
3 — Goddag ! Jag skulle vilja växl*a* utländska pengar till svensk*a* kron*o*r. (4)
4 — Var god vänd er till avdelningen där bort*a*. Det står « valutav*ä*xling ».
5 — Jaha, här har jag utländska pengar av ol*i*ka slag som jag skulle vilja växl*a*.
6 — Låt mig se ! Hundratjugo tysk*a* mark, tvåhundrasjuttio fransk*a* franc, tjugosju amerikanska doll*a*r...

UTTAL

1 pank. 2 följer meh ... bank*ä*renden. 3 skølle ... krun*u*hr. 4 War gud wänd ehr. 6 Fransk*a* frang.

VERBESSERUNG

1 Ursäkta - undrar - ligger. 2 - både framför - bakom. 3 - rakt fram - tvärgatan - höger. 4 - mitt emot - strax intill. 5 - närheten - torget - vänstra.

****

SECHSUNDZWANZIGSTE LEKTION

Auf der Bank

1 — Ich bin fast pleite. Ich muß auf die Bank gehen und ausländisches Geld wechseln, das ich übrig habe.
2 — Ich komme mit (ich folge mit). Ich habe auch einige Bankangelegenheiten zu erledigen.
3 — Guten Tag! Ich möchte ausländisches Geld in schwedische Kronen umwechseln.
4 — Wenden Sie sich bitte (seien Sie so gut und wenden Sie sich) an die Abteilung dort. Es steht „Geldwechsel".
5 — Nun, hier habe ich ausländisches Geld von verschiedenen Sorten, das ich wechseln möchte.
6 — Lassen Sie mich sehen! Hundertzwanzig Deutsche Mark, zweihundertsiebzig französische Francs, siebenundzwanzig amerikanische Dollars...

ANMERKUNGEN

1 *Pank*, pleite, abgebrannt, gehört zur Umgangssprache.
2 *Följa* bedeutet folgen, *följa med* mitkommen, begleiten.
3 *Ärende-t-n:* Angelegenheit, Sache, Auftrag, Gang, ist ein Wort, dessen Bedeutung vom Kontext abhängt.
4 *Jag skulle vilja* entspricht der deutschen Höflichkeitsform ich möchte. Beispiele: *jag skulle vilja veta/köpa/fråga* usw.: ich möchte wissen, kaufen, fragen.

7 — Ett ögonblick. Jag har också danska och norska kronor, finska mark, engelska pund samt holländska floriner. T.o.m. (Till och med) italienska lire.

8 — Jag skall räkna hur mycket det blir sammanlagt efter dagens kurs. Mynt växlar vi tyvärr inte, bara sedlar.

9   Det blir tvåtusentrehundrafemton kronor och trettio öre. (5) (A2)

10 Här har ni kvittot. Pengarna utbetalas i kassan. Eller önskas resecheckar ? (6) (A1)

11 — Nej tack ! Jag vill gärna sätta in en tusenlapp på mitt bankkonto och ta ut resten i kontanter. (A2)

*****

12 — Det är hårda tider, du Svensson ! Jag har skulder upp över öronen.

13 — Det är precis samma sak med mig.

14 — Ja, men det är värre för mig. Jag är ju längre än du. (7) (A5)

7 pønd ... lireh. 8 kørs ... münt ... tüwärr. 9 tretti öre. 10 rehssetschäkar.
11 bankkontuh. 12 skølder øpp öwer örohnen. 13 prehssis.

7 — Einen Augenblick. Ich habe auch dänische und norwegische Kronen, Finnmark, englische Pfund sowie holländische Gulden. Sogar italienische Lire.
8 — Ich werde [aus]rechnen, wieviel das insgesamt nach dem Tageskurs macht (wird). Münzen wechseln wir leider nicht um, nur Geldscheine.
9   Das macht zweitausenddreihundertfünfzig Kronen und dreißig Öre.
10 Hier haben Sie die Quittung. Das Geld wird an der Kasse ausgezahlt. Oder wünschen Sie Reiseschecks (oder werden Reiseschecks gewünscht)?
11 — Nein danke! Ich möchte gern einen Tausender auf mein Bankkonto einzahlen (einsetzen) und den Rest in bar abheben (herausnehmen).

* * * * *

12 — Es sind harte Zeiten, mein lieber Svensson! Ich habe Schulden bis über die Ohren.
13 — Mir geht es genauso (das ist genau dasselbe mit mir).
14 — Ja, aber es ist schlimmer für mich. Ich bin ja größer (länger) als du.

ANMERKUNGEN *(Fortsetzung)*

5 Da die 5 und 25 Öre-Stücke aus dem Verkehr gezogen worden sind, wird in Schweden auf den nächsten Zehner auf- bzw. abgerundet.
6 Sie lernen hier die Passivform kennen, die sehr einfach gebildet wird: durch Anhängen eines -s. *Utbetala:* auszahlen, wird hier zu *utbetalas:* ausgezahlt werden; *önska:* wünschen, *önskas:* gewünscht wird.
7 *Värre* ist der Komparativ von *ond:* schlecht und bedeutet wie *sämre* (vgl. Lektion 23, Anm. 7): schlimmer. *Längre* ist der Komparativ von *lang* und bedeutet größer, länger.

ÖVNINGAR

1 Jag skall växl*a* pengar på banken. 2 Jag skulle vilja ha tvåtusen kron*o*r i resecheckar och resten i kontanter. 3 Hundra fransk*a* franc blir nästan hundra svensk*a* kron*o*r efter dagens kurs. 4 Kan jag få en tusenl*a*pp och två femhundra kronors sedl*a*r ? 5 Vi har nästan ing*a* pengar kvar på vårt bankkonto. 6 Han har bank*ä*renden av ol*i*ka slag att utr*ä*tta.

FYLL I MED RÄTT ORD

1 *Ich möchte englische Pfund in schwedische Kronen umwechseln.*

Jag . . . . engelska . . . . till svenska
. . . . . .

2 *Einen Augenblick, ich will [aus]rechnen, wieviel Geld das macht (wird).*

Ett . . . ., jag . . . . hur mycket . . . . . .
det . . . .

3 *Wirst du Geld auf dein Bankkonto einzahlen?*

Skall du . . . . pengar på ditt . . . . ?

****

TJUGOSJUNDE LEKTIONEN

Svenska helger

1   Enrico — Så fint det var ! I mors*e* såg jag vitklädda flick*o*r gå omkring med stearinlj*u*s på huvud*e*t. De sjöng en vis*a* från mitt heml*a*nd. (1) (2)

UTTAL

1 mo[h]sch*e* ... ßteharinj*ü*s ... schöng.

ÜBUNGEN: 1 Ich werde Geld auf der Bank wechseln. 2 Ich möchte zweitausend Kronen in Reiseschecks und den Rest in bar haben. 3 Hundert französische Francs sind nach dem Tageskurs fast hundert schwedische Kronen. 4 Kann ich einen Tausender und zwei Fünfhunderter bekommen? 5 Wir haben fast kein Geld übrig auf unserem Bankkonto. 6 Er hat Bankangelegenheiten unterschiedlicher Art zu erledigen.

* * * * *

4 *Das ist schlimmer für mich: Ich habe viele Schulden und ich bin fast pleite.*

Det är . . . . . för mig : jag har många . . . . och jag är nästan . . . .

5 *Ich werde den Rest in bar an der Kasse abholen (herausnehmen).*

Jag skall . . . . resten i . . . . i . . . . . .

* * * * *

VERBESSERUNG

1 - skulle vilja växla - pund - kronor. 2 - ögonblick - skall räkna - pengar - blir. 3 - sätta in - bankkonto. 4 - värre - skulder - pank. 5 - ta ut - kontanter - kassan.

****

SIEBENUNDZWANZIGSTE LEKTION

Schwedische Feiertage

1 Enrico — Wie schön das war! Heute morgen habe ich weißgekleidete Mädchen gesehen, die mit Kerzen auf dem Kopf herumgingen. Sie sangen ein Lied aus meiner Heimat.

ANMERKUNGEN

1 *Sag:* Imperfekt des Verbs *se:* sehen.
2 *Sjöng:* Imperfekt des Verbs *sjunga:* singen.

121 Hundratjugoett

2   Mats — Javisst, Sankt*a* Luc*ia* tillhör inte våra officiella helg*e*r, men fir*a*s i alla fall den 13:e (trettond*e*) december varje år. (3)
3   E. — Vad har ni för officiella helg*e*r då ?
4   M. — I december fir*a*r vi jul förstås, och kort därefter nyår*s*afton samt nyårsd*a*gen den 1:a (först*a*) januari. (4)
5   Februari och mars däremot är mycket lugn*a*.
6   E. — Ibland inträffar p*å*sk i slutet av mars...
    M. — ... men oft*a*st i april. (5)
7   E. — Fir*a*r ni sen kristihimmelsf*ä*rd och pingst, som i de katolska länderna ? (6)
8   M. — Javisst, vad tror du ! Vi lutheraner är god*a* kristn*a*.
    E. — Och god*a* arb*e*tare, för ni fir*a*r väl 1:a (först*a*) maj !
9   M. — Givetv*i*s ! Kring den 24:e (tjugofj*ä*rde) juni händer någonting särskilt festl*i*gt, nämligen midsommar*a*fton, en riktigt hednisk fest.
10 E. — Inget speciellt i juli, mitt under industrisem*e*stern ? (7)
11 M. — Nej. Inte heller i augusti, september eller oktober. I börj*a*n av november fir*a*s allhelgonad*a*gen.

---

2 Lussij*a* ... hälj*e*r. 4 nüo[h]sch*a*hftonn. 5 l*ø*gn*a*. 6 ma[h]sch. 7 pingst. 9 ßärschilt fästl*i*tt ... riktitt hednisk f*ä*st. 10 ßpessi-ellt. 11 a*ø*g*ø*sti ... oktuhber.

2 Mats — Klar (gewiß doch). „Die Heilige Lucia". Das Luciafest gehört nicht zu unseren offiziellen Feiertagen, aber es wird ohnehin jedes Jahr am 13. Dezember gefeiert.
3 E. — Was habt ihr denn für offizielle Feiertage?
4 M. — Im Dezember feiern wir Weihnachten natürlich und kurz danach Sylvester sowie den Neujahrestag am 1. Januar.
5 Februar und März dagegen sind sehr ruhig.
6 E. — Manchmal fällt Ostern auf Ende März...
M. — ... aber meistens (am häufigsten) im April.
7 E. — Feiert ihr dann Christi Himmelfahrt und Pfingsten wie in den katholischen Ländern?
8 M. — Klar, was glaubst du! Wir Lutheraner sind gute Christen.
E. — Und gute Arbeiter, denn ihr feiert wohl den Ersten Mai!
9 M. — Selbstverständlich! Um den 24. Juni geschieht etwas besonders Feierliches, nämlich der Johannisabend (der Mittsommerabend), ein richtig heidnisches Fest.
10 E. — Nichts Besonderes im Juli, mitten in den allgemeinen Betriebsferien?
11 M. — Nein. Auch nicht im August, September oder Oktober. Anfang November wird Allerheiligen gefeiert.

ANMERKUNGEN *(Fortsetzung)*

3 *Firas:* Passivform des Infinitivs. Die aktive Form des Infinitivs lautet: *fira*, feiern.
4 *Samt* hat dieselbe Bedeutung wie *och,* wird aber vor allem in der Schriftsprache benutzt, um eine langatmige Wiederholung von *och* am Ende einer Aufzählung zu vermeiden.
5 *Oftast:* am häufigsten, meistens, ist der Superlativ von dem Adverb *ofta.*
6 *Sen:* umgangssprachliche Kurzform von *sedan:* dann, nachher. Aussprache: Bänn.
7 Die meisten Schweden nehmen ihre Ferien im Juli, vor allem diejenigen, die in der Industrie arbeiten. Daher der traditionelle Ausdruck *industrisemester*. Beachten Sie, daß *semester* im Singular steht und Ferien, Urlaub bedeutet!

Lektion 27

12 E. — Jag skulle vilja veta mera om de mest typiska helgerna i Sverige. (8) (A5)
13 M. — Du undrar förstås om Oden och Tor är helt döda! Jag lovar att återkomma till det någon annan gång.

12 tüpiska häljerna. 13 øndrar ... Uhden ... Tur.

ÖVNINGAR

1 Lucia firas i Sverige den trettonde december. 2 Jul och midsommarafton tillhör Sveriges officiella helger. 3 Midsommarafton infaller i slutet av juni. 4 Visst firar vi första maj i mitt hemland! 5 Kort därefter, nämligen i juli, inträffar industrisemestern. 6 I september och oktober händer inte något speciellt.

* * * * *

FYLL I MED RÄTT ORD

1 *Sie feiert Weihnachten und Silvester bei Onkel Sven.*

Hon . . . . och . . . . hos farbror Sven.

2 *Heute morgen habe ich Mädchen mit Kerzen auf dem Kopf gesehen.*

I . . . . jag flickor med stearinljus på . . . .

3 *Nichts Besonderes ereignet sich im Februar und März, und auch nicht im September und Oktober.*

Inget . . . . händer i . . . . och . . . ., inte
. . . . . . i . . . . eller . . . .

12 E. — Ich möchte gern mehr über die typischsten Feiertage in Schweden wissen.
13 M. — Du fragst dich natürlich, ob Odin (Wodan) und Thor ganz tot sind! Ich verspreche, ein andermal darauf zurückzukommen.

ANMERKUNGEN *(Fortsetzung)*

8 Manche Adjektive, unter anderen diejenigen auf *-sk,* werden durch die Voranstellung von *mer* (Komparativ) oder *mest* (Superlativ) gesteigert. Nähere Erklärungen in der folgenden Lektion.

ÜBUNGEN: 1 Lucia wird in Schweden am dreizehnten Dezember gefeiert. **2** Weihnachten und der Johannisabend gehören zu den offiziellen Feiertagen Schwedens. **3** Der Johannisabend fällt auf Ende Juni. **4** Natürlich feiern wir den Ersten Mai in meiner Heimat! **5** Kurz darauf, und zwar (nämlich) im Juli, fallen die Betriebsferien. **6** Im September und Oktober geschieht nichts Besonderes.

* * * * *

4 *Der Johannisabend wird um den 24. Juni gefeiert.*

. . . . firas . . . . . den 24:e . . . .

5 *Allerheiligen gehört zu den christlichen Festen.*

Allhelgonadagen . . . . de . . . . helgerna.

* * * * *

VERBESSERUNG

1 - firar jul - nyårsafton. **2** - morse såg - huvudet. **3** - speciellt (särskilt) - februari - mars - heller - september - oktober. **4** Midsommarafton - kring - juni. **5** - tillhör - kristna.

* * * * *

Wenn Sie sich Anfang August in Schweden aufhalten, versuchen Sie, zu einem „Krebsfest" eingeladen zu werden, das die Schweden am Anfang des Monats feiern. Mats (Satz 11) erwähnt diese Tradition nicht, die in der Tag keinen offiziellen Charakter hat.

Lektion 27

TJUGOÅTTONDE LEKTIONEN

1 Die Höflichkeit (Fortsetzung)

Wenn jemand sich bedankt mit einer Formel wie: *tack, tack så mycket, tack för hjälpen, tack än(nu) en gång* usw., können Sie erwidern (Lektion 25): *för all del*, bitte, oder *ingen orsak*, keine Ursache. Von zwei anderen Formeln kann man in demselben Zusammenhang Gebrauch machen: *det var så litet*, das war so wenig, und *ingenting att tacka för*, nichts zu danken (für).

Es sei darauf hingewiesen, daß die Passivform - obwohl immer seltener - dort gebraucht wird, wo man zögert zwischen *du:* du, vielleicht etwas zu vertraut, und *ni:* Sie, vielleicht etwas zu distanziert. Statt zu sagen *önskar du* oder *önskar ni*, sagt der Bankangestellte (Lektion 26, Satz 10) *önskas*. Sie brauchen nicht diese Art Formen anzuwenden, aber Sie müssen sie erkennen können.

2 Das schwedische Währungssystem

1985 sind die 5 und 25 Öre-Stücke aus dem Verkehr gezogen worden. Es wird also auf den nächsten Zehner auf- bzw. abgerundet. Die gültigen Münzen haben folgenden Wert: 10 Öre *(tioöring)*, 50 Öre *(femtioöring)*, eine Krone *(enkrona)*, fünf Kronen *(femkronor)*, zehn Kronen *(tiokronor)*. Und hier die gebräuchlichen Geldscheine: 5 Kronen *(femma)*, 10 Kronen *(tia)*, 50 Kronen *(femtiolapp)*, 100 Kronen *(hundralapp)*, 500 Kronen *(femhundralapp)*, 1 000 Kronen *(tusenlapp)*. Die Schwedische Bank erlaubt keinen Wechsel von 1 000 Kronen-Scheinen im Ausland. Wenn Sie bei Ihrer Rückkehr schwedische Kronen wechseln möchten, sollten Sie also kleinere Banknoten bei sich haben.

ACHTUNDZWANZIGSTE LEKTION

3 *Tänka, tro, tycka*

Diese drei schwedischen Verben mögen ähnliche Bedeutungen haben, sie sind aber unterschiedlich.

Die Grundbedeutung von ihnen ist jeweils folgende: *tänka* bedeutet denken, *tro* glauben und *tycka* schätzen, finden. *Han tror att han tänker:* Er glaubt, daß er denkt; *hon tycker att han tänker fel:* Sie findet, daß er sich irrt (daß er falsch denkt) usw.

Außerdem wird *tänka* in der Bedeutung vorhaben, beabsichtigen gebraucht. *Tycka* kann mit denken übersetzt werden, aber im Sinne von schätzen, finden. Siehe Lektion 22, in der diese drei Verben eingesetzt wurden. Hier die schwedische Fassung einer berühmten Formel: *Jag tänker, alltså är jag till.* Verstehen Sie ihre Bedeutung? Antwort im § 6 dieser Lektion.

4 Das Adjektiv: Gebrauchsanweisung

In den vorangehenden Lektionen sind Sie schon zahlreichen adjektivischen Formen begegnet. Dank dieser intuitiven Annäherung dürften Sie die nachfolgenden Anmerkungen nicht überraschen. Beobachten Sie sie jedoch sorgfältig und gehen Sie bei Bedarf im Laufe Ihres Studiums auf sie zurück. Es ist selbstverständlich kein Problem mit den unveränderlichen Adjektiven wie *bra, stackars* usw. Leider sind sie nicht zahlreich. Die meisten Adjektive werden dekliniert.

Erster Fall: Das Adjektiv bezieht sich auf ein Substantiv in der unbestimmten Singularform:

En trevlig restaurang   Ett trevligt hotell
Restaurangen är trevlig   Hotellet är trevligt

Zweiter Fall: Das Adjektiv bezieht sich auf ein Substantiv in der bestimmten Singularform:

Den trevliga restaurangen   Det trevliga hotellet
Den unge mannen   Den unga kvinnan

Dritter Fall: Das Adjektiv bezieht sich auf ein Substantiv in der bestimmten oder unbestimmten Pluralform:

De trevliga restaurangerna   De trevliga hotellen
Restaurangerna är trevliga   Hotellen är trevliga

Wir können jetzt diese verschiedenen Formen in einer Tabelle zusammenfassen:

Unbestimmte Singularform	Bestimmte Singularform	Pluralform
- (nicht-sächlich)	-a (nicht-sächlich oder sächlich)	-a (nicht-sächlich) und sächlich best. und unbestimmt)
-t (sächlich)	-e (wenn das Adj. sich auf eine männliche Person bezieht)	

5 Komparativ und Superlativ des Adjektivs

Allgemeiner Fall: Der Komparativ wird durch Anhängen von *-are*, der Superlav durch Anhängen von *-ast* gebildet:

Trevlig trevligare trevligast Rolig roligare roligast usw.

Einige werden durch Anhängen von *-re* bzw. *-st* gebildet. Es sind Adjektive, die oft umlauten:

Stor	*större*	*störst*
Hög	*högre*	*högst*
Lång	*längre*	*längst* usw.

Andere - und oft die gebräuchlichsten - sind ganz und gar unregelmäßig:

Bra/God	*bättre*	*bäst*
Ond	*värre*	*värst*
Dålig	*sämre*	*sämst*
Gammal	*äldre*	*äldst*
Liten	*mindre*	*minst* usw.

NB: Der Komparativ ist unveränderlich.

Der Superlativ kann durch Anhängen eines *-e* (Superlativ auf *-ast*) oder eines *-a* (Superlativ auf *-st*) in der bestimmten Form stehen:

Trevligast	*trevligaste*
Högst	*högsta*

(Die unbestimmte und die bestimmte Form werden wie das Adjektiv gebraucht, vgl. vorangehender §).

Letzter Fall schließlich: Einige Adjektive werden nicht durch Anhängen eines Suffix, sondern durch die Voranstellung von *mer* (Komparativ) bzw. *mest* (Superlativ) gesteigert.

Dies gilt:
für die Adjektive auf *-isk: mer typisk (-t, -a) mest typisk (-t, -a)*
für die adjektivisch verwendeten Partizipien
für manche langen Adjektive.

Wir machen Sie auf die Sonderfälle in dem Maße aufmerksam, wie sie in den Lektionen auftreten. Später werden Sie auch in dem grammatischen Anhang nachschlagen können, der das grundlegende Wissen zusammenfaßt.

6 Ich denke, also bin ich.

TJUGONIONDE LEKTIONEN

Vad skall vi göra i kväll ?

1 Per — Vi går på bio och ser en bra film. Jag tycker att det är rol*i*gt.
2 Ev*a* — Enligt min men*i*ng är det roligar*e* att gå på dansrestaur*a*ng.
3 Bo — Nej, ingent*i*ng går upp mot en båtutfl*y*kt i skärgården. Det är rolig*a*st. **(1)**
4 Papp*a* — Mest typiskt för er är att ni aldr*i*g kan komma överens. Bäst i så fall att vi stann*a*r hemm*a*. **(2)**
5 Ev*a* — Vi kan röst*a* om ol*i*ka förslag. Det är demokratiskt !
6 Papp*a* — Det är mer demokratiskt att inte bara tänk*a* på sig själv utan lyssn*a* på andr*a* också.
7 Per — Lyssna på mig då ! Mest demokratiskt är att en*a*s om en klok kompromiss. **(3)**

JAG TROR ATT JAG HAR SINNE FÖR HUMOR MEN NU GÅR DET FÖR LÅNGT!

UTTAL

1 Pär ... bijo ... ßehr ... ruhl*i*tt. 2 Ew*a* ... änlitt. 3 Buh ... schärgohrden. 4 tüpistt ... överäns. 5 fö[h]schlag. 6 schälv ... lüsna ... okßo. 7 ehn*a*ß ... kluk.

NEUNUNDZWANZIGSTE LEKTION

Was wollen wir heute abend machen?

1 Per — Wir gehen ins Kino und sehen uns einen guten Film an. Ich finde, das macht Spaß (daß es lustig ist).
2 Eva — Meiner Meinung nach (nach meiner Meinung) macht es mehr Spaß, in [ein] Tanzrestaurant zu gehen.
3 Bo — Nein, nichts geht über einen Bootsausflug in die Schären. Das macht am meisten Spaß (das ist am lustigsten).
4 Vati — Am typischsten für euch ist, daß ihr euch nie einig sein könnt. In diesem Fall bleiben wir am besten zu Hause.
5 Eva — Wir können über verschiedene Vorschläge abstimmen. Das ist demokratisch!
6 Vati — Es ist demokratischer, nicht an sich selbst zu denken, sondern auch anderen zuzuhören.
7 Per — Hört mir dann zu! Am demokratischsten ist es (das demokratischste ist), wenn wir uns über einen vernünftigen Kompromiß einigen.

ANMERKUNGEN

1 *Ga upp mot:* Diese Redewendung, meistens verneint gebraucht (*ingenting gar upp mot:* nichts geht über...), besteht aus einem Verb, einer betonten Partikel *(upp)* und einer Präposition *(mot).* Solche Zusammensetzungen sind nicht selten im Schwedischen. Vgl. im Deutschen eine ähnliche Zusammensetzung wie „auf (etwas) eingehen".
2 Merken Sie sich die Stellung des Adverbs *aldrig* in dem Nebensatz. Die Wortstellung in einem Hauptsatz wäre: *ni kan aldrig komma överens*.
3 *Enas:* Passivform von *ena:* einigen. Hier ist sie in reflexiver Bedeutung aufzufassen: sich einigen (vgl. sinnverwandt *komma överens,* Anm. 2).

8   Bo — Får vi höra vad du har att föreslå ?
9   Per — Först tar vi en båtutflykt, sen går vi
    på bio och vi avslutar kvällen på dansrestau-
    rang med en matbit. Inte dumt, va !
10 Pappa — Det går för långt ! Som vanligt blir
    min plånbok den stora förloraren.
11 Eva — Du klarar av det, pappa ! Med ditt
    stora sinne för humor... (4)

* * * * *

12 Flickans far — Hör nu, unge man ! Kloc-
    kan är över midnatt, närmare bestämt fem
    över halv ett. (5) (6)
13 Tror du att du kan stanna hela natten ?
14 Den unge mannen — Javisst, men jag måste
    ringa hem först. Annars blir min mor oro-
    lig.

9 dømt. 10 plohnbuk ... förluraren. 11 ßtura ... hümur. 12 ønge. 13 truhr. 14 anna[h]sch ... muhr uruhlig.

ÖVNINGAR

1 Vi kan säkert komma överens med den här unge man-
nen. 2 Nu måste vi enas om ett förslag. 3 Enligt min
mening är det roligare att se en bra film. 4 Det är kanske
inte mest demokratiskt, men det är roligast. 5 Jag tror
att jag har sinne för humor men nu går det för långt !
6 I så fall är det bäst att jag ringer hem först.

8   Bo — Dürfen wir hören, was du vorzuschlagen hast?
9   Per — Zuerst machen (nehmen) wir einen Bootsausflug, dann gehen wir ins Kino und wir beenden den Abend im Tanzrestaurant mit einem Imbiß. Nicht übel, was?
10 Vati — Das geht zu weit! Wie gewöhnlich wird meine Brieftasche der große Verlierer [sein].
11 Eva — Du wirst das schon schaffen, Vati! Mit deinem großen Sinn für Humor...

*****

12 Der Vater des Mädchens — Hören Sie, junger Mann! Es ist jetzt über Mitternacht, genauer gesagt, fünf nach halb eins.
13 Glauben Sie, daß Sie die ganze Nacht bleiben können?
14 Der junge Mann — Klar, aber ich muß zuerst zu Hause anrufen. Sonst wird sich meine Mutter Sorgen machen (wird meine Mutter unruhig werden).

ANMERKUNGEN *(Fortsetzung)*

4 *Klara av nagot* bedeutet etwas schaffen, mit etwas fertig werden.
5 *Unge* und nicht *unga*, da das Adjektiv sich auf eine männliche Person bezieht (vgl. Lektion 25, Anm. 5).
6 Sie haben doch nicht etwa vergessen, wie man die Uhrzeit im Schwedischen angibt. *Fem över halv ett:* fünf nach halb eins. Wenn Sie in diesem wichtigen Punkt Ihre Kenntnisse auffrischen möchten, lesen Sie noch einmal die Lektion 20 und den zweiten Abschnitt der Lektion 21.

*****

ÜBUNGEN: 1 Wir können uns sicher mit diesem jungen Mann einig werden. **2** Jetzt müssen wir uns über einen Vorschlag einigen. **3** Meiner Meinung nach ist es lustiger, [sich] einen guten Film zu sehen [anzusehen]. **4** Das ist vielleicht nicht das demokratischste, aber das ist das lustigste. **5** Ich glaube, daß ich Sinn für Humor habe, aber jetzt geht es zu weit! **6** In diesem Fall ist es am besten, wenn ich zuerst zu Hause anrufe.

Lektion 29

FYLL I MED RÄTT ORD

1 *Am besten einigen wir uns über einen vernünftigen Kompromiß.*

   Det är . . . . att . . . . en klok . . . .

2 *Das ist typisch, daß ihr euch nicht einig werden könnt.*

   Det är . . . . ni inte kan komma . . . .

3 *Dein Vorschlag ist nicht demokratischer als meiner!*

   Ditt . . . . är inte . . . . än mitt !

****

TRETTIONDE LEKTIONEN

På resebyrån

1 — Goddag ! Min fru och jag tänker åk*a* någonst*a*ns i juli, men vi v*e*t inte rikt*i*gt vart. **(1)**

2 — Vi har myck*e*t att *e*rbj*u*da, från cykelsemester på Gotland till sällskapsr*e*sa till Kin*a*. **(2) (3)**

UTTAL

rehssebüronn. 1 gudah ... nonnst*a*ns ... wa[h]t. 2 Tschin*a*.

4 *Meiner Meinung nach hat dieser junge Mann Sinn für Humor.*

. . . . . . min . . . . . . har den här . . . . mannen . . . . . för
. . . . .

5 *Nichts geht über einen Abend im Kino, das ist das lustigste.*

Ingenting . . . . en kväll på . . ., det är . . . .

* * * * *

VERBESSERUNG

1 - bäst - enas om - kompromiss. **2** - typiskt att - överens. **3** - förslag - mer demokratiskt. **4** Enligt - mening - unge - sinne - humor. **5** - går upp mot - bio - roligast.

****

DREISSIGSTE LEKTION

Im Reisebüro

1 — Guten Tag! Meine Frau und ich beabsichtigen, im Juli irgendwohin zu fahren, aber wir wissen nicht richtig, wohin.
2 — Wir haben viel anzubieten, von einem Urlaub mit dem Fahrrad auf Gotland bis zu einer Gesellschaftsreise nach China.

ANMERKUNGEN

1 *Vart:* wohin. Vgl. *var bor du?* (wo wohnst du?) und *vart går du?* (wohin gehst du?).
2 Beachten Sie, daß man die Präposition *på:* auf und nicht *i:* in gebraucht, wenn es sich um Inseln handelt: *på Gotland, på Kanarieöarna.*
3 Sie haben sicher festgestellt, daß Zusammensetzungen im Schwedischen genauso häufig auftreten wie im Deutschen. Bald sind die Zusammensetzungen unmittelbar, wie hier in dem Wort *cykeltur,* bald wird ein Fugen-s gesetzt, wie in dem Wort *sällskapsresa.*

3 — Nej tack ! Vi tänker inte cykla och Kina är för fjärran.
4 — Varför inte välja en avkopplande kryssning till Nordkap ?
5 — Aldrig i livet, jag blir sjösjuk så fort båten gungar.
6 — Ni kan åka tåg till någon badort i Italien eller Jugoslavien. Det är bekvämt, särskilt i första klass med sovvagn.
7 — Men själva resan tar så lång tid ! Vi vill helst flyga direkt. (4)
8 — I så fall får jag föreslå våra utmärkta paketresor till Kanarieöarna. Las Palmas är ett av våra mest populära resmål. (5)(6)
9 — Finns det charterflyg direkt från Stockholm ?
10 — Självklart ! Vi kan erbjuda olika prisklasser beroende på hotellstandarden. Ett bra alternativ i medelklass är hotell Astoria.
11 — Det säger vi. När kan jag hämta biljetterna ? (7)
— När som helst fr.o.m. (från och med) i morgon eftermiddag.

---

4 nu[h]dkap. 5 schöschük ... góngar. 6 non badu[h]t ... ßärschilt. 8 paketrehssuhr ... Kanarje-öa[h]na. 10 behru-ende. 11 Deh säjer wi ... nä[h]schomm hälßt fronn o meh i morronn eftermidda.

3 — Nein danke! Wir haben nicht vor, Rad zu fahren, und China ist zu weit.
4 — Warum nicht eine entspannende Kreuzfahrt zum Nordkap wählen?
5 — Nie im Leben, ich werde seekrank, sobald das Boot schaukelt.
6 — Sie können mit dem Zug zu irgendeinem Badeort in Italien oder Jugoslawien fahren. Das ist bequem, besondern in erster Klasse mit Schlafwagen.
7 — Aber die Reise selbst nimmt so viel (lange) Zeit [in Anspruch]. Wir wollen am liebsten direkt fliegen.
8 — In diesem Fall darf ich Ihnen unsere ausgezeichnete Pauschalreise auf die Kanarischen Inseln vorschlagen. Las Palmas ist eins unserer beliebtesten (populärsten) Reiseziele.
9 — Gibt es Charterflüge direkt von Stockholm?
10 — Selbstverständlich! Wir können [Ihnen] verschiedene Preislagen (Preisklassen) je nach (abhängig vom) Hotelstandard anbieten. Eine gute Alternative in [der] Mittelklasse ist [das] Hotel Astoria.
11 — Einverstanden. Wann kann ich die Karten holen?
— Jederzeit (wann auch immer) ab morgen nachmittag.

ANMERKUNGEN *(Fortsetzung)*

4 *Helst,* Superlativform des Adverbs *gärna:* gern.
5 *Paketresa* bedeutet buchstäblich „Paketreise", wobei sämtliche Kosten pauschal berechnet werden.
6 *Resmål* besteht aus *resa* (Reise) und *mål* (Ziel). Beachten Sie, daß das *a* von *resa* ausgelassen wird.
7 *Det säger vi:* einverstanden, abgemacht, bedeutet buchstäblich „das sagen wir". Hatten Sie es selbst erkannt? Bravo!
8 Merken Sie sich die Wendung *när som helst,* jederzeit, wann auch immer. Ebenfalls *var som helst,* irgendwo, wo auch immer.

Lektion 30

12 En dam, som hade sin hund och sin katt med sig på tåget, sa till konduktören : **(9)**
13 — Jag har köpt halv biljett åt var och en, därför har de rätt till sittpl*a*ts som alla andr*a* resenärer. **(10) (11) (A3)**
14 — Javisst, damen, men som alla andr*a* får de inte lägg*a* fötterna på sätet. **(12)**

12 hønd ... kondøktörn. 13 tschöpt ... war o änn ... rehssenärer.

ÖVNINGAR

1 Vart skall vi åk*a* ? 2 Resebyr*å*n har många paketresor att erbjuda. 3 Jag tänker inte åka tåg till Kin*a*, det är inte så bekvämt ! 4 Min fru vill helst flyg*a*, hon blir sjösj*u*k när hon åker båt. 5 Vi kan hämt*a* biljetterna när som helst fr.o.m. klockan tre. 6 Ingen sällskapsr*e*sa till Kanarieöarna, aldrig i livet !

* * * * *

FYLL I MED RÄTT ORD

1 *Ich habe im Reisebüro Karten gekauft.*

Jag . . . . på . . . .

2 *Ab morgen habe ich vor, auf Gotland Rad zu fahren.*

. . . . (. . . . .) i morgon tänker jag . . . .
Gotland.

3 *Ich will nicht mit dem Boot reisen, ich möchte am liebsten fliegen.*

Jag vill inte . . . ., jag vill . . . .

12 Eine Dame, die ihren Hund und ihre Katze mit sich im Zug hatte, sagte zum Schaffner:
13 — Ich habe eine Kinderfahrkarte (eine halbe Fahrkarte) für jeden gekauft, deshalb haben sie wie alle anderen Reisenden Anspruch (Recht) auf [einen] Sitzplatz.
14 — Gewiß doch, gnädige Frau, aber wie alle anderen dürfen sie nicht die Beine (Füße) auf den Sitz legen.

ANMERKUNGEN *(Fortsetung)*

9 *Sa:* umgangssprachliche Kurzform von *sade*, Imperfekt des Verbs *säga*.
10 *Har köpt:* Perfekt des Verbs *köpa:* kaufen.
11 *Var och en:* jeder, jede, jedes, ein jeder, wörtlich „jeder und ein".
12 Sie erinnern sich sicherlich, daß die etwas veraltete Anredeform für den Herrn im Schwedischen *min herre* (vgl. Lektion 4, Satz 12) lautet. Die entsprechende Anredeform für die Frau ist *damen:* gnädige Frau.

ÜBUNGEN: 1 Wohin wollen wir fahren? **2** Das Reisebüro hat viele Pauschalreisen anzubieten. **3** Ich habe nicht vor, mit dem Zug nach China zu fahren, das ist nicht so bequem. **4** Meine Frau möchte am liebsten fliegen, sie wird seekrank, wenn sie mit dem Boot reist. **5** Wir können jederzeit ab drei Uhr die Karten holen. **6** Keine Gesellschaftsreise auf die die Kanarischen Inseln, nie im Leben!

* * * * *

4 *Wir können viele Gesellschaftsreisen zu entfernten Reisezielen anbieten.*

Vi kan . . . . många . . . . till fjärran
. . . . . .

5 *Der Schaffner sagte, daß wir direkt nach Norrköping fahren können.*

. . . . att vi kunde . . . . till Norrköping.

VERBESSERUNG

1 - har köpt biljetterna - resebyrån. **2** Från och med (fr.o.m.) - cykla på. **3** - åka båt - helst flyga. **4** - erbjuda - sällskapsresor - resmål. **5** Konduktören sa - åka direkt.

Lektion 30

TRETTIOFÖRSTA LEKTIONEN

Almanackan

1 — Låt oss titta i almanackan, Stina. Vi måste organisera oss och lägga upp ett vettigt schema.
2 — Snälla Kurt, du är och förblir byråchef även på fritiden.
3 — Vad är det för fel att gilla ordning och reda ? **(1) (2)**
— Suck ! Gör som du vill, om du tycker att det är så viktigt. **(3)**
4 — Förra veckan besökte vi tre museer och åtta kyrkor, deltog i två guidade turer, hälsade på två släktingar... **(4) (5) (6)**
5 i förrgår var vi på besök hos moster Alva, i går åt vi lunch hos direktör Fält... **(7)**

UTTAL

1 organissera ... lägga öpp. **2** Kørt ... bürochef äwen. **3** fehl ... jilla ... Böck jör. **4** müsseh-er ... dehltug ... gaidade. **5** muster ... oht wi lönsch hus.

EINUNDDREISSIGSTE LEKTION

Der Kalender

1 — Laß uns in den Kalender sehen, Stina. Wir müssen uns organisieren und einen vernünftigen Zeitplan aufstellen.
2 — Mein lieber Kurt, du bist und bleibst Ministerialrat, auch in [deiner] Freizeit.
3 — Was ist schlecht daran, Ordnung und Methode zu schätzen?
   — Seufzer! Mach, was du willst, wenn du meinst, daß es so wichtig ist.
4 — Vorige Woche haben wir drei Museen und acht Kirchen besichtigt, wir haben an zwei Führungen teilgenommen und zwei Verwandte besucht...
5 — Vorgestern waren wir bei Tante Alva zu Besuch, gestern haben wir bei [dem] Direktor Fält zu Mittag gegessen...

ANMERKUNGEN

1 *Gilla* bedeutet schätzen, mögen, gutheißen. Vgl. mit *älska:* lieben (siehe Lektion 17).
2 Das Schwedische hat eine Vorliebe für binäre Ausdrücke. *Ordning* und *reda* bedeuten beide Ordnung, der Ausdruck *ordning och reda* ist eine Art Pleonasmus (vgl. im Deutschen die intensivierende Verbindung Art und Weise).
3 *Suck:* Seufzer. Statt einen Seufzer auszustoßen, kann man das Wort aussprechen, um seinem Ärger Luft zu machen! Der Einfluß der Sprechblasen in den Comics...
4 *Besökte:* Imperfekt des Verbs *besöka:* besuchen, besichtigen; *deltog:* Imperfekt des Verbs *delta (deltaga):* teilnehmen; *hälsade på:* Imperfekt des Verbs *hälsa på:* besuchen. Wie Sie es an diesen Beispielen sehen, wird das Imperfekt gebraucht, um ein in der Vergangenheit mit Genauigkeit befindliches und abgeschlossenes Geschehen zu bezeichnen.
5 *Museum, museet, museer.*
6 Beachten Sie, daß *guidad-e,* wie *guide:* Führer, englisch ausgesprochen wird *(gaidad, gaidade, gaid).*
7 *Åt:* Imperfekt des Verbs *äta:* essen.

Lektion 31

6 — Vänt*a*, jag hänger inte med ! Vad är det för veckod*a*g i dag ? (8)
— Onsdag.
7 — Och vad är det för dat*u*m i dag ?
— Det borde du vet*a*. Det är nämlig*e*n min födelsed*a*g, Stin*a* ! (9)
8 — Hoppsan ! Jag trodd*e* att det var på måndag. (10)
9 — Eller kanske näst*a* måndag ! Varför inte näst*a* mån*a*d ? Du bryr dig inte om mig. (11)
10 — Jo, det gör jag, även om jag inte har någon dat*o*r i huvud*e*t. Får jag lov att gratulera i alla fall ? (12) (13)
11 — Oss emell*a*n, Stin*a*, det är tur att det är jag och inte du som är byråch*e*f.
12 — Säg inte det. Kanske skulle jag som byråch*e*f ge den svensk*a* byråkratin litet friskt blod.
13 — Hela landet skulle snart gå i konkurs !
— Var inte sur nu ! Grattis på födelsed*a*gen ! (14)

6 hänger inte meh ... weckkod*a*h i dah ... unsdah. 7 daht*ø*m ... bu[h]de ... födelßed*a*h. 8 hoppsan ... trudd*e*. 10 daht*u*hr. 11 ämäll*a*nn. 12 bürokratinn ... bluhd. 13 konk*ø*[h]sch ... födelßed*a*hn.

* * * * *

ANMERKUNGEN *(Fortsetzung)*

8 *Hänga:* hängen. *Hänga med* bedeutet mitkönnen, mitkommen, folgen, verstehen...
9 *Borde* ist das Imperfekt des Modalverbs *böra:* soll(t)en.
10 *Trodde:* Imperfekt des Verbs *tro:* glauben.

6 — Warte, ich komme (hänge) nicht mit. Was haben wir für [einen] Wochentag heute?
— Mittwoch.
7 — Und welches Datum haben wir heute?
— Das solltest du wissen. Das ist nämlich mein Geburtstag, Stina!
8 — Hoppla! Ich dachte (glaubte), daß es am [kommenden] Montag wäre (war).
9 — Oder vielleicht am nächsten Montag! Warum nicht nächsten Monat? Du kümmerst dich nicht um mich!
10 — Doch, das tue ich, selbst wenn ich nicht einen Computer im Kopf habe. Darf ich jedenfalls gratulieren?
11 — Unter uns [gesagt], Stina, es ist [ein] Glück, daß ich es bin und nicht du, der Ministerialrat ist.
12 — Sag das nicht. Vielleicht würde ich als Ministerialrat der schwedischen Bürokratie ein wenig frisches Blut geben.
13 — Das ganze Land würde bald in Konkurs gehen!
— Sei nicht mürrisch jetzt. [Ich] Gratuliere zum Geburtstag!

ANMERKUNGEN *(Fortsetzung)*

11 Wenn Sie sagen *pa måndag,* handelt es sich um den kommenden Montag; Wenn Sie sagen *nästa måndag,* meinen Sie den Montag der nächsten Woche, den zweiten Montag von dem Tag Ihrer Aussage aus. Dieser Unterschied zwischen *på* und *nästa* gilt nur in bezug auf die Wochentage.
12 Computer heißt im Prinzip *datamaskin* (Aussprache *-maschin),* aber die moderne Bezeichnung ,,*dator*'' hat sich weitgehend durchgesetzt. *Dator, datorn, datorer.*
13 *Får jag lov?:* Darf ich? Habe ich die Erlaubnis? Man könnte einfach sagen: *Får jag? Får jag lov?* wird gewöhnlich gebraucht, um jemanden zum Tanzen aufzufordern.
14 *Grattis:* umgangssprachliche Form, die ,,*gratulationer*'' (Glückwünsche) oder ,,*(jag) gratulerar*'' (ich gratuliere) ersetzt.

Lektion 31

ÖVNINGAR

1 Kurt, som är byråchef, måste organisera sitt arbete.
2 I dag är det onsdagen den tjugofjärde april. 3 I går åt vi lunch hos herr och fru Svensson. 4 Förra veckan var det moster Evas födelsedag. 5 Nästa vecka har jag ingen fritid alls. 6 På måndag skall vi hälsa på våra släktingar i Skåne.

* * * * *

FYLL I MED RÄTT ORD

1 *Heute ist mein Geburtstag. - Gratuliere!*

. . . . är det min . . . . — . . . . !

2 *Gestern haben wir Tante Eva besucht.*

. . . . hälsade vi . . moster Eva.

3 *Am Mittwoch müssen wir zum Reisebüro gehen.*

. . . . måste vi gå till resebyrån.

4 *Nein, nicht am Mittwoch, sondern am nächsten Mittwoch.*

Nej, inte nu . . onsdag utan . . . . . onsdag.

5 *Findest du, daß es so wichtig ist, die Museen zu besichtigen?*

. . . . . . du att det är så . . . . att . . . . . . museer ?

6 *Ich glaube, daß dein Geburtstag nächste Woche wäre.*

Jag . . . . . . att din födelsedag var . . . .

ÜBUNGEN: 1 Kurt, der Ministerialrat ist, muß seine Arbeit organisieren. **2** Heute haben wir Mittwoch, den vierundzwanzigsten April. **3** Gestern haben wir bei Herrn und Frau Svensson zu Mittag gegessen. **4** Vorige Woche war (es) Tante Evas Geburtstag. **5** Nächste Woche habe ich gar keine Freizeit. **6** Am Montag werden wir unsere Verwandten in Schonen besuchen.

* * * * *

VERBESSERUNG

1 I dag - födelsedag - grattis. **2** I går - på. **3** På onsdag. **4** - på - nästa. **5** Tycker - viktigt - besöka. **6** - trodde - nästa vecka.

Persönliche Anmerkungen:

Vorige Woche haben wir Sie mit Strukturen überschüttet, die den Raum ausdrücken (Lektion 25). Heute werden Sie allerlei zeitlichen Ausdrücken gegenübergestellt. Untersuchen Sie sie genau und versuchen Sie, sie sich einzuprägen, indem Sie die Lektion noch zwei- oder dreimal lesen. Sie sind auf der richtigen Spur!

Lektion 31

TRETTIOANDRA LEKTIONEN

På postkontoret

1 — Tråkigt att behöva stå i kö ! (1)
 — Ack ja ! Undra på det ! Det står « ingen expedition » vid två av de sex luckorna. (2)
2 — Vad står det i luckan framför oss ? Jag kan inte läsa utan glasögon. (3)
3 — Det står « alla slags ärenden ». Ha litet tålamod, din tur kommer snart. (4)
4 — Jag är så nyfiken. I morse lämnade brevbäraren en lapp i min brevlåda. Ett paket att hämta mot postförskott. Vad kan det vara ? (5)
5 — Kanske någon beställning som du har glömt, något reklamerbjudande... (6)
6 — Ingen aning. Jag kan inte komma ihåg. Och du själv ? Har du många ärenden ?

HAN SKRIVER BREV TILL SIN SYSTER

UTTAL

postkonturet. 1 ßto i kö ... øndra ... expedischun ... løcku[h]na. 2 glas-ögon. 3 tohlamud. 4 brehwbäraren. 5 noon beßtällning.

ZWEIUNDDREISSIGSTE LEKTION

Auf dem (Im) Postamt

1 — [Wie] langweilig, anstehen zu müssen!
— Ach ja! Kein Wunder! Es steht ,,geschlossen" (keine Bedienung) bei zwei von den sechs Schaltern.
2 — Was steht am Schalter vor uns? Ich kann ohne Brille nicht lesen.
3 — Es steht ,,Alle Dienstleistungen". Hab ein bißchen Geduld, du bist bald dran.
4 — Ich bin so neugierig. Heute morgen hat der Briefträger einen Zettel in meinem Briefkasten hinterlassen. Ein Nachnahmepaket (ein Paket gegen Nachnahme). Was kann das sein?
5 — Vielleicht irgendeine Bestellung, die du vergessen hast, irgendein Werbeangebot.
6 — Keine Ahnung. Ich kann mich nicht erinnern. Und du selbst? Hast du viel zu erledigen?

ANMERKUNGEN

1 *Kö*, schwedische Form des französischen Wortes **queue** (vgl. im Deutschen ,,Billardqueue"), daher die Aussprache: *kö* (und nicht *tschö*). *Sta i kö* bedeutet (in der) Schlange stehen.
2 *Expedition* kann auch Büro, Geschäftsstelle sowie Abfertigung bedeuten.
3 *Glasögon:* Brille. Merken Sie sich die Mehrzahl. Glasauge heißt *emaljöga*.
4 *Ärende* ist ein schwierig zu übersetzendes Wort. Es kann Angelegenheit, Dienstleistung, Auftrag, Bestellung oder Anliegen bedeuten, je nach Zusammenhang.
5 *Lämnade:* Imperfekt des Verbs *lämna:* lassen, hinterlassen, verlassen.
6 *Har glömt:* Perfekt des Verbs *glömma:* vergessen.

7 — Mass*o*r ! Jag skall post*a* ett rekommenderat brev, skicka iväg fler*a* försändelser med flygp*o*st till utl*a*ndet och sätta in pengar på mitt postg*i*ro.
8 — Din lyck*a*ns ost ! De flest*a* sätter inte in utan tar ut pengar. (7)
9 — Jag skall också passa på och köp*a* frimärken. Tror du att jag måste fylla i en blankett för att rekommendera mitt brev ?
10 — Nej, postkass*ö*rskan gör det åt dig. (8)
11 — Medan vi vänt*a*r skall jag koll*a* all*a* mina brev. Det är lätt gjort att skriva fel eller glömm*a* någont*i*ng på kuvertet. (9) (10) (11)
12 — Skriv gärn*a* din adress på baks*i*dan. Har adressaten flytt*a*t så kommer brevet tillbaka till avs*ä*ndaren. (12)

* * * * *

13 — Vad gör du, lille gubb*e*n, med penn*a*n i handen ?
— Jag skriver brev till min syst*e*r.
14 — Men du kan ju inte skriv*a*.
— Det gör ingent*i*ng, hon kan inte läs*a* heller.

---

7 mass*u*hr ... ska post*a* ... rekommenderat ... schickka ... fö[h]schändelßer ... postj*i*ro. 8 Din lück*a*ns ust ... domm fläst*a*. 9 blankett. 11 ju[h]t ... küwehret. 13 lille gøbb*e*n.

7 — Massen! Ich muß einen Brief per Einschreiben aufgeben, mehrere Sendungen mit Luftpost ins Ausland schicken und Geld auf mein Postgiro einzahlen.

8 — Du Glückspilz (Glückskäse)! Die meisten zahlen kein Geld ein, sondern heben welches ab.

9 — Ich werde auch die Gelegenheit wahrnehmen (aufpassen) und Briefmarken kaufen. Glaubst du, daß ich ein Formular ausfüllen muß, um meinen Brief einschreiben zu lassen?

10 — Nein, die Postangestellte macht es für dich.

11 — Während wir warten, werde ich all meine Briefe nachprüfen. Man kann sich leicht verschreiben (es ist leicht getan, falsch zu schreiben) oder irgendetwas auf dem Umschlag vergessen.

12 — Schreib (gern) deine Adresse auf die Rückseite. Ist der Empfänger verzogen, so kommt der Brief an den Absender zurück.

* * * * *

13 — Was machst du, kleiner Mann, mit der Feder in der Hand?
— Ich schreibe [einen] Brief an meine Schwester.

14 — Aber du kannst doch nicht schreiben.
— Das macht nichts, sie kann auch nicht lesen.

ANMERKUNGEN *(Fortsetzung)*

7 Jawohl, da, wo wir Glückspilz sagen, sagt der Schwede Glückskäse. Geschmacksache! Merken Sie sich den Gebrauch des Possessivpronomens *din* statt des Personalpronomens du im Deutschen: *din idiot* - Aussprache: idiut.

8 *Kassörska* bedeutet Kassiererin. Die männliche Form lautet *kassör*.

9 *Kolla*: umgangssprachliche Kurzform von *kontrollera*.

10 *Gjort*: Supinum des Verbs *göra*. *Jag har gjort*: ich habe getan.

11 Beachten Sie, daß das *t* in *kuvert, kuvertet, kuverten* stumm ist.

12 *Har adressaten flyttat så...*: Man spart bei dieser Wendung die Konjunktion *om, om adressaten har flyttat...* Beachten Sie, daß kein Komma zwischen Haupt- und Nebensatz eingeschoben wird.

Lektion 32

ÖVNINGAR

1 Var kan jag sätta in pengar på mitt postgiro ? I luckan där borta. 2 Jag skall köpa frimärken och posta mina brev till utlandet. 3 Han skriver brev till sin syster. 4 Du måste fylla i en blankett för att skicka ditt paket. 5 Brevbäraren lämnade tre brev i morse. 6 Det är tråkigt att stå i kö, men det är snart din tur.

FYLL I MED RÄTT ORD

1 *Er will Geld von seinem Postgirokonto abheben.*

Han vill . . . . . pengar . . sitt . . . .

2 *Ich werde meinen Brief einschreiben lassen.*

Jag skall . . . . mitt . . . .

3 *Man kann leicht etwas auf dem Umschlag vergessen.*

Det är lätt . . . . . att . . . . . . någonting på . . . .

****

TRETTIOTREDJE LEKTIONEN

Släkten (A1)

1 — Vi har just fått telegram från farbror Anders. Han anländer i morgon till Sverige. Han har inte varit här på länge ! (1) (2)

UTTAL

1 jøst ... telegramm ... farbruhr Ande[h]sch.

ÜBUNGEN: 1 Wo kann ich Geld auf mein Postgiro einzahlen? Am Schalter dort. **2** Ich werde Briefmarken kaufen und meine Briefe ins Ausland aufgeben. **3** Er schreibt [einen] Brief an seine Schwester. **4** Du mußt ein Formular ausfüllen, um dein Paket zu schicken. **5** Der Briefträger hat heute morgen drei Briefe gebracht (hinterlassen). **6** Es ist langweilig anzustehen, aber du bist bald dran.

4 *Ich habe ein Paket gegen Nachnahme abzuholen.*

   Jag har ett . . . . . att . . . . . mot . . . .

5 *Ich kann meinen Brief ohne Brille nicht lesen.*

   Jag kan inte . . . . mitt brev . . . .

6 *Er ist ins Ausland gezogen.*

   Han har . . . . till . . . .

VERBESSERUNG

1 - ta ut - på - postgiro. **2** - rekommendera - brev. **3** - gjort - glömma - kuvertet. **4** - paket - hämta - postförskott. **5** - läsa - utan glasögon. **6** - flyttat - utlandet.

****

DREIUNDDREISSIGSTE LEKTION

Die Verwandtschaft

1 — Wir haben gerade ein Telegramm von Onkel Anders bekommen. Er kommt morgen in Schweden an. Er ist schon lange (seit langem) nicht hier gewesen.

ANMERKUNGEN

1 *Har fått:* Perfekt des Verbs *få*.
2 Hatten Sie schon gemerkt, daß der Schwede sagt: *han har varit,* wo wir sagen: er **ist** gewesen?

2 — Han har ju bott i USA i många år. Det blir hans första besök sen han flyttade dit. (3) (4)
3 — Det skall bli kul att träffa honom. Vi måste ordna en stor familjeträff där alla får vara med. (5)
4 — Problemet är att farfar och farmor knappast orkar resa. (6) (A1)
5 — Däremot är de säkert pigga på att ta emot hela släkten i sin stora villa. (7)
6 — Just det, där har vi lösningen. Morfar och mormor för sin del är mycket rörliga.
7 — Vi måste se till att morbror Nils och moster Gunilla, faster Ulla och farbror Gösta blir bjudna i tid. Samt deras barn förstås. (8) (A1)
8 — Så får våra barn träffa sina kusiner. Det händer inte så ofta.

2 butt i ü-ässah. 3 wara meh. 4 problemet ... farmuhr. 6 muhrmuhr. 7 muhrbruhr ... muster Gønilla ... faster Olla ... Jösta. 8 küssiner.

2 — Er wohnt ja seit vielen Jahren in den USA. Das wird sein erster Besuch [sein], seitdem er dorthin gezogen ist.
3 — Das wird lustig sein, ihn zu treffen. Wir müssen ein großes Familientreffen veranstalten, wo alle dabei sein können (dürfen).
4 — Das Problem ist, daß Großvater und Großmutter [väterlicherseits] kaum in der Lage sind (die Kraft haben) zu reisen.
5 — Dagegen sind sie sicher geneigt (darauf erpicht), die ganze Verwandtschaft in ihrer großen Villa zu empfangen.
6 — Genau, da haben wir die Lösung. Großvater und Großmutter [mütterlicherseits] sind ihrerseits (für ihr Teil) sehr beweglich.
7 — Wir müssen zusehen, daß Onkel Nils und Tante Gunilla [mütterlicherseits], Tante Ulla und Onkel Gösta [väterlicherseits] rechtzeitig eingeladen werden. Sowie ihre Kinder selbstverständlich.
8 — So werden unsere Kinder ihre Cousins treffen können. Das kommt nicht oft vor.

ANMERKUNGEN *(Fortsetzung)*

3 *Har bott:* Perfekt des Verbs *bo*. Die Konstruktion des schwedischen Satzes ähnelt überhaupt nicht der des deutschen Satzes (vgl. die Übersetzung). Vergleichen Sie: *Jag har bott i Stockholm i tolv år* / Ich wohne in Stockholm seit zwölf Jahren.
4 *Flyttade:* Imperfekt des Verbs *flytta*.
5 *Kul:* unveränderliches Adjektiv, das in der Umgangssprache für *rolig, trevlig* (angenehm, lustig) gebraucht wird. Es bedeutet toll, prima.
6 Das Verb *orka* bedeutet die Kraft haben, imstande sein. *Jag orkar inte längre:* Ich kann nicht mehr.
7 Das Adjektiv *pigg* bedeutet munter, erfrischt, aufgeweckt, keck, erpicht usw., je nach Zusammenhang.
8 *Bjuden,* eingeladen, Singularform, *bjudna,* eingeladen, Pluralform, sind Verbalformen, die wir später untersuchen werden. Sie werden hier adjektivisch gebraucht.

Lektion 33

9 — Jag hopp*a*s att Gunill*a* tar med sin foxterrier Lillis. Han är nog klok*a*st i familjen. (9)
10 — Så du säger ! Prata inte ill*a* om dina släkting*a*r, ens på skoj. (10) (11)
11 — Ingen far*a*. Jag gillar dem allihop. Men ett litet skämt skad*a*r ing*e*n.

*****

12 Lilla Lott*a*, som träffad*e* farbror And*e*rs för först*a* gången, ställd*e* många fråg*o*r till honom. (12)
13 När hon fick hör*a* att han inte var gift tittad*e* hon förvånat på honom : (13)
14 — Vem är det då som säger vad du skall gör*a* ?

9 foxt*e*rrier ... kluk*a*st. 11 jillar domm allihup ... schämt. 13 jift. 14 säjer wa dü ska jör*a*.

ÖVNINGAR

1 Farbror And*e*rs flyttad*e* till USA när han var tjug*o* år. 2 Vi måste skick*a* ett telegram till dina kusiner. 3 Det skall bli kul att träff*a* alla släcting*a*r i morgon. 4 Jag har bott i Stockholm i tolv år. 5 Morf*a*r gillar res*o*r, men han orkar inte res*a* till USA. 6 Han säger på skoj att hunden är klok*a*st i familjen. 7 Ställd*e* du fråg*a*n till Göst*a* ?

FYLL I MED RÄTT ORD

1 *Ist das ihr erster Besuch, seitdem sie nach Malmö gezogen ist?*

Är det hennes första . . . . hon . . . . till Malmö ?

2 *Ich wohne in New York seit zehn Jahren.*

Jag . . . . New York . tio år.

9 — Ich hoffe, daß Gunilla ihren Foxterrier Lillis mitbringt. Er ist wohl der Klügste der Familie.
10 — Was du nicht sagst (so du sagst)! Mach deine Verwandtschaft nicht schlecht (sage nichts Böses über deine Verwandtschaft), nicht einmal zum Spaß.
11 — Mach dir keine Sorgen (keine Gefahr). Ich mag sie allesamt. Aber ein kleiner Scherz schadet niemandem.

* * * * *

12 Die kleine Lotta, die Onkel Anders zum erstenmal traf, stellte ihm viele Fragen.
13 Als sie erfuhr (zu hören bekam), daß er nicht verheiratet war, schaute sie ihn verwundert an:
14 — Wer sagt also (wenn ist es denn, der sagt), was du machen sollst?

ANMERKUNGEN *(Fortsetzung)*

9 *Ta med (taga med)*, mitnehmen, mitbringen. In der Schriftsprache kann man auch in derselben Bedeutung von dem Verb *medta (medtaga)* Gebrauch machen.
10 *Illa*: Adverb, das schlecht bedeutet. *Prata illa om*: Übles von jemandem reden, jemanden schlecht machen.
11 *Ens*: Adverb, das selbst bedeutet. *Inte ens*: nicht einmal, selbst ... nicht.
12 *Träffade*: Imperfekt des Verbs *träffa*; *ställde*: Imperfekt des Verbs *ställa*.
13 *Fick*: Imperfekt des Verbs *få*; *tittade*: Imperfekt des Verbs *titta*.

ÜBUNGEN: 1 Onkel Anders ist in die USA gezogen, als er zwanzig war. **2** Wir müssen ein Telegramm an deine Cousins schicken. **3** Das wird toll sein, morgen alle Verwandten zu treffen. **4** Ich wohne in Stockholm seit zwölf Jahren. **5** Großvater [mütterlicherseits] mag Reisen, aber er hat nicht die Kraft, in die USA zu fahren. **6** Er sagt zum Scherz, daß der Hund der Klügste der Familie ist. **7** Hast du Gösta die Frage gestellt?

3 Unsere Kinder haben ihren Cousins viele Fragen gestellt.

Våra barn . . . . många . . . . sina . . . .

Lektion 33

4 *Keine Gefahr, ich bin nicht verheiratet!*

Ingen . . . ., jag är inte . . . . !

5 *Sie sind nicht rechtzeitig eingeladen worden.*

De har inte varit . . . . i . . .

****

TRETTIOFJÄRDE LEKTIONEN

På jakt efter en flaska vin

1 — Så konst*i*gt ! Jag har let*a*t och let*a*t, men förgäves. (1)
— Vad är du ut*e* efter ?
2 — Litet vin till middagen. Där bort*a* vid charkavd*e*lningen såg jag öl och läsk i stor mängd, men inte en end*a* flask*a* vin. (2) (3)
3 — Låt bli att let*a* ! Varken vin, sprit eller starköl säljs i vanlig*a* livsmedelsaff*ä*rer utan bara i viss*a* stats*ä*gda butiker. (4) (5) (A2)
4 — Var ligger den närmast*e* ?
— Systembol*a*get, som det heter, finns inte här i byn. Du måste åk*a* till närmast*e* stad, cirka tre mil härifrån.

UTTAL

win. 1 konst*i*tt ... förjäwes. 2 lite win till middann. 3 ßällß. 4 ßüstembul*a*get.

VERBESSERUNG

1 - besök sen (sedan) - flyttade. **2** - har bott i - i. **3** - ställde - frågor till - kusiner. **4** - fara - gift. **5** - bjudna - tid.

****

VIERUNDDREISSIGSTE LEKTION

Auf der Suche (Jagd) nach einer Flasche Wein

1 — (So) Komisch! Ich habe gesucht und gesucht, aber vergebens.
— Worauf bist du aus?
2 — [Auf] ein bißchen Wein fürs Abendessen. Dort bei der Wurstwarenabteilung habe ich Bier und erfrischende Getränke in großen Mengen gesehen, aber nicht eine einzige Flasche Wein.
3 — Hör auf zu suchen (laß das Suchen)! Weder Wein, Alkohol noch starkes Bier werden in gewöhnlichen Lebensmittelgeschäften verkauft, sondern nur in gewissen staatlichen Läden.
4 — Wo liegt der nächste?
— Die „System-Gesellschaft", wie sie heißt, gibt es hier im Dorf nicht. Du mußt in die nächste Stadt fahren, zirka 30 Kilometer (3 Meilen) von hier.

ANMERKUNGEN

1 *Har letat:* Perfekt des Verbs *leta,* suchen.
2 *Chark:* gewöhnliche Abkürzung für *charkuteri:* Wurstwaren. *Charkavdelningen:* die Wurstwarenabteilung.
3 *Läsk:* Kurzform von *läskedryck(er),* erfrischende(s) Getränk(e).
4 *Låta bli,* verbale Redewendung, die in Zusammenfügungen mit etwas aufhören, etwas sein lassen bedeutet.
5 *Säljs:* Passivform Präsens des Verbs *sälja.*

5 — Herregud ! Jag ger mig i väg med detsamma.
En god middag utan vin är ju otänkbar. (6)
6 — Vänta ett tag ! Du har inte en chans. Klockan är fem över halv sex och systemet stänger klockan sex.
7 — Vilket elände ! Då måste jag vänta till i morgon bitti.
8 — I morgon är det lördagsstängt. Systemet öppnar inte förrän på måndag klockan nio. (7) (8)
9 — Då måste jag för sjutton nöja mig med öl. (9)
10 — Ja, med folköl och i värsta fall med lättöl. (A2)
11 — Jag ser att man driver en hård antialkoholpolitik i det här landet !
12 — Den var hårdare och krångligare en gång i tiden, då det var spritransonering. Alla spritinköp registrerades i en motbok.. (10) (11) (12) (13)
13 — Jag borde ha smugglat några flaskor vin när jag anlände till Sverige. Ärlighet lönar sig inte ! (14)

5 jehr mäj i wäg ... utänkbahr. 6 schangs. 7 elände. 9 schøttonn. 12 ßpritranßonering ... ßpritintschöp registrerades i änn mutbuk. 13 smøgglat.

ANMERKUNGEN *(Fortsetzung)*

6 *Med detsamma:* sofort, wird bald in einem Wort, bald getrennt geschrieben (vgl. Lektion 23, Satz 2).
7 *Lördagsstängd* = *stängd pa lördagar* (sonnabends geschlossen).
8 Die Konjunktion *förrän,* vor, bevor, ehe, wird in verneinten Wendungen gebraucht: *inte förrän.* Ansonsten sagt man *före* (Adverb) oder *innan* (Konjunktion) für vor, bevor, ehe.

5 — Um Gottes willen! Ich mache mich sofort auf den Weg. Ein gutes Abendessen ohne Wein ist ja unvorstellbar (undenkbar).
6 — Warte einen Moment! Du hast keine (nicht eine) Chance. Es ist fünf nach halb sechs und das „System" schließt um sechs.
7 — Mist (welches Elend)! Dann muß ich bis morgen früh warten.
8 — Morgen ist (es) Sonnabendladenschluß. Das „System" öffnet nicht vor Montag um neun Uhr.
9 — Verdammt nochmal, ich muß mich dann mit Bier begnügen.
10 — Ja, mit „Volksbier" und schlimmstenfalls mit Dünnbier (Leichtbier).
11 — Ich sehe, daß man in diesem Land eine harte Antialkoholpolitik betreibt.
12 — Sie war härter und verwickelter damals (ein Mal in der Zeit), als der Alkohol rationiert war. Jeder Kauf von Alkohol wurde in ein Kontrollbuch eingetragen (registriert).
13 — Ich hätte einige Flaschen Wein schmuggeln sollen, als ich in Schweden ankam. Ehrlichkeit macht sich nicht bezahlt (lohnt sich nicht)!

ANMERKUNGEN *(Fortsetzung)*

9 Jawohl, siebzehn: *sjutton* ist ein Fluch im Schwedischen, ein leichter Gesellschaftsfluch!
10 *Krangligare:* Komparativ des Adjektivs *kranglig*, lästig, verwickelt, heikel, schwierig...
11 *Ransonering:* Rationierung. *Ranson:* Ration. Aufgepaßt: *Sprit* bedeutet im allgemeinen (starker) Alhohol.
12 *Motboken* war ein Empfangsbuch, ein Schnaps-Paß.
13 *Registrerades:* Passivform Imperfekt des Verbs *registrera*.
14 *Anlände:* Imperfekt des Verbs *anlända*.

Lektion 34

ÖVNINGAR

1 Vin och sprit säljs inte här i byn. **2** Låt bli att åka till systemet i morgon bitti, det är lördagsstängt. **3** I värsta fall måste vi nöja oss med lättöl till middagen. **4** Livsmedelsaffären öppnar inte förrän klockan nio. **5** Vilket elände att leta förgäves ! **6** Jag borde ha letat tidigare. **7** När jag anlände till Sverige smugglade jag inte en enda flaska vin.

* * * * *

FYLL I MED RÄTT ORD

1 *Ich habe nicht eine einzige Flasche Wein in diesem Geschäft gesehen.*

Jag . . . inte en . . . . vin i den här affären.

2 *In gewissen Geschäften wird Alkohol verkauft.*

I . . . . . butiker . . . . . sprit.

3 *Das Lebensmittelgeschäft schließt um sieben Uhr und öffnet nicht vor Montag um neun Uhr.*

. . . . klockan sju och . . . . . . inte . . . . . på måndag klockan nio.

4 *Ich hätte Dünnbier kaufen sollen, als ich im Dorf war.*

Jag . . . . köpt . . . . . . när jag var i . . .

5 *Hör auf zu suchen, du hast keine (nicht eine) Chance!*

. . . . . . att . . . ., du har inte en . . . . .

ÜBUNGEN: 1 Wein und Alkohol werden hier im Dorf nicht verkauft. **2** Verzichte darauf, morgen zum „System" zu fahren, es ist Sonnabendladenschluß. **3** Schlimmstenfalls müssen wir uns mit Dünnbier zum Abendessen begnügen. **4** Das Lebensmittelgeschäft öffnet nicht vor neun Uhr. **5** Was für ein Elend, umsonst zu suchen! **6** Ich hätte früher suchen sollen. **7** Als ich in Schweden ankam, habe ich nicht eine einzige Flasche Wein geschmuggelt.

VERBESSERUNG

1 - såg - enda flaska. **2** - vissa - säljs. **3** Livsmedelsaffären stänger - öppnar - förrän. **4** - borde ha - lättöl - byn. **5** Låt bli - leta - chans.

Herzlichen Glückwunsch! Sie haben soeben das erste Drittel Ihrer Sprachlehre absolviert und Sie haben wahrhaftig schon ganz schön viel Schwedisch gelernt! Selbstverständlich ist alles noch nicht klar und gemeistert. Es ist normal, Geduld! Die zweite Welle wird Ihnen bald ermöglichen, endgültig festzuhalten, was noch ein bißchen verschwommen ist.

Lektion 34

TRETTIOFEMTE LEKTIONEN

1 Verwandtschaftsbezeichnungen

Wie im Deutschen bezeichnet das Wort *familjen* die Familie im engeren Sinne. Für die Verwandtschaft benutzen die Schweden das Wort *släkt*. *Föräldrarna* sind die Eltern, Vater und Mutter, *släktingar* die Verwandten. Die schwedische Terminologie ist genauer als die deutsche, da sie angibt, ob der Großvater, die Tante usw. von mütterlicher oder väterlicher Seite her stammen:
farfar („Vater des Vaters"): Großvater väterlicherseits;
morfar („Vater der Mutter"): Großvater mütterlicherseits.

Das gleiche gilt für die Großmütter: *farmor* („Mutter des Vaters") und *mormor* („Mutter der Mutter"). Onkel und Tante werden mit derselben Genauigkeit bezeichnet:
farbror („Bruder des Vaters"); *morbror* („Bruder der Mutter"); *faster* (= *fars syster*: „Schwester des Vaters"); *moster* (= *mors syster*: „Schwester der Mutter").

Merken Sie sich, daß in der Kindersprache *farbror* und *tant* wie im Deutschen als Anrede für bekannte Erwachsene gebraucht werden. *Farbror* steht - je nach Zusammenhang - entweder für einen Onkel väterlicherseits oder für einen männlichen Erwachsenen, den das Kind kennt. Dagegen bezeichnet das Wort *tant* nicht die Tante des Kindes, die *faster* oder *moster* ist.

Sie sind diesen Wörtern in der Lektion 33 begegnet.

Hier einige andere, die in ähnlicher Weise zusammengesetzt sind:
brorson; brorsdotter; systerson; systerdotter; sonson; dotterson; dotterdotter; sondotter; farfars far; mormors mor...

Begreifen Sie ihre Bedeutung? Lösung im § 4 dieser Lektion.

FÜNFUNDDREISSIGSTE LEKTION

2 Der Alkoholverkauf in Schweden

Wie Sie festgestellt haben werden (Lektion 34), werden Weine, Spirituosen und starkes Bier nur in staatlichen Alhoholmonopolläden verkauft. „Systembolaget" ist wohl das einzige schwedische Unternehmen, das Werbung gegen seine eigenen Produkte betreibt, indem es seine Kunden auffordert, möglichst wenig zu trinken. In einer unserer nächsten Lektionen werden wir Sie in einen dieser Monopolläden führen.

Zur Information sollten Sie wissen, daß es in Schweden - je nach Alkoholgehalt - drei Sorten Bier gibt:

Das Dünnbier, *lättöl,* hat nicht mehr als 1.8%. Es wird in jedem Lebensmittelgeschäft auch am Sonntag verkauft.

Das „Volksbier", *folköl,* erreicht 2.8%. Erhältlich in jedem Lebensmittelgeschäft.

Das starke Bier, *starköl,* hat einen Alkoholgehalt zwischen 2.8% und 4.5%. Erhältlich nur in den staatlichen Läden.

3 Das Verb: Gebrauchsanweisung (erster Teil)

Allgemein kann man sagen, daß das schwedische Verbsystem viel einfacher als das deutsche ist. Wir haben gesehen, daß es nur eine einzige Form in allen Zeiten und für jede Person gibt.

Nach altem Brauch sind vier Gruppen zu unterscheiden:

	Infinitiv	Präsens	Imperfekt	Supinum
Gruppe I	Tala (sprechen)	Tal**ar**	Tal**ade**	Tal**at**
Gruppe IIa	Stänga (schließen)	Stäng**er**	Stäng**de**	Stäng**t**
Gruppe IIb	Köpa (kaufen)	Köp**er**	Köp**te**	Köp**t**
Gruppe III	Bo (wohnen)	Bo**r**	Bo**dde**	Bo**tt**
Gruppe IV	Försvinna (verschwinden)	Försv**i**nner	Försv**a**nn	Försv**u**nnit

Die ersten drei Gruppen weisen eine regelmäßige Konjugation auf. Die vierte Gruppe umfaßt sogenannte starke Verben, d. h. Verben, deren Konjugation mit Änderung des Stammvokals (Ablaut) erfolgt *(skriva, skrev, skrivit; springa, sprang, sprungit,* usw.). Die Ablautreihen weisen manchmal eine starke Ähnlichkeit mit den deutschen Ablautreihen auf.

Der Verbstamm besteht aus dem Infinitiv ohne das Endungs-*a,* wenn das Verb auf -*a* endet. Der Stamm von *tala* ist *tal,* der von *bo* ist *bo.*

Die vorangehende Übersichtstabelle zeigt Ihnen, wie das **Präsens** der Verben durch Erweiterung des Stammes gebildet wird. Sie gibt auch an, wie das **Imperfekt** der Verben der ersten drei Gruppen zu bilden ist (für die der vierten Gruppe muß man die Imperfektform einzeln mit jedem Verb lernen). Sie zeigt Ihnen schließlich die Bildung des **Supinums** der Verben der ersten drei Gruppen, das Supinum der Verben der vierten Gruppe muß einzeln mit dem Verb gelernt werden.

Das **Perfekt** wird aus dem Hilfsverb *har* und dem Supinum gebildet (vgl. Lektion 22, Anm. 1):
Jag har talat: Ich habe gesprochen.

Das **Plusquamperfekt** (Vorvergangenheit) wird aus dem Hilfsverb *hade* und dem Supinum des Verbs gebildet:

Jag hade bott: Ich hatte gewohnt.

Das **Futur** kann auf zwei Weisen gebildet werden:

— *skall* + Infinitiv: *Jag skall resa:* Ich werde reisen, ich will reisen;
— *kommer att* + Infinitiv: *Jag kommer att resa:* Ich werde reisen.

Der **Imperativ** schließlich wird folgendermaßen gebildet:

Zweite Person Singular und Plural:
a. Verben der ersten Gruppe: dem Infinitiv gleich.
Tala!: Sprich, sprecht, sprechen Sie!
b. Andere Verben: dem Stamm gleich.
Stäng! Köp! Skriv!

Erste Person Plural (selten gebraucht):
låt oss + Infinitiv (vgl. im Deutschen laß(t) uns...).
Låt oss köpa! låt oss skriva! usw.

Dies sind die wichtigsten Formen, die Sie kennen sollten, und deren Bildung Sie nach und nach lernen werden. Demnächst werden wir Ihnen Erklärungen über den Gebrauch der schwedischen Zeitformen geben.

4 Neffe („Sohn des Bruders"); Nichte („Tochter des Bruders"); Neffe („Sohn der Schwester"); Nichte („Tochter der Schwester"); Enkelsohn („Sohn des Sohnes"); Enkelsohn („Sohn der Tochter"); Enkeltochter („Tochter der Tochter"); Enkeltochter („Tochter des Sohnes"); Urgroßvater („Vater des Vaters des Vaters"); Urgroßmutter („Mutter der Mutter der Mutter") usw.

Lektion 35

TRETTIOSJÄTTE LEKTIONEN

Skogens konung (1)

1 — Jag tycker att den svenska naturen är fascinerande : täta och djupa skogar, glittrande sjöar... (2)
2 — Jag håller med dig. Hälften av Sverige är täckt av skog och det är gott om sjöar. Det finns alltjämt vildmark här i Norden. (3) (4)
3 — Man får nästan en exotisk känsla trots att Sverige ju tillhör Europa.
4 — Vänta bara tills du får se skogens konung ! (5)
— Är det något troll ? (A1)
5 — Jag syftar faktiskt på en varelse av kött och blod, nämligen älgen. (A1)
6 — Jag har bara sett älgar på bild. (6)
7 — Har du tur så skall du få se en älgfamilj. Älgtjuren går i spetsen med sina väldiga horn, sen kommer älgkon och älgkalven. (7)

UTTAL

Skugens konøng. **1** faschinerande ... jüpa. **2** Nurden. **3** tschänsla ... E-ürupa. **4** noht troll. **5** tschött o blud ... äljen. **7** äljtschüren ... hurn ... äljkuhn.

SECHSUNDDREISSIGSTE LEKTION

Der König des Waldes

1 — Ich finde, daß die schwedische Natur faszinierend ist: dichte und tiefe Wälder, glitzernde Seen...
2 — Ich stimme dir zu. Die Hälfte von Schweden ist von [mit] Wäldern bedeckt, und es sind reichlich Seen vorhanden. Es gibt immer noch Wildnis hier im Norden.
3 — Man bekommt fast ein exotisches Gefühl, obwohl Schweden ja zu Europa gehört.
4 — Warte nur, bis du den König des Waldes zu sehen bekommst!
— Ist das ein Troll?
5 — Ich meine tatsächlich ein Geschöpf aus Fleisch und Blut, nämlich den Elch.
6 — Ich habe Elche nur auf Bildern gesehen.
7 — Wenn du Glück hast (hast du Glück), wirst du eine Elchfamilie zu sehen bekommen. Der Elch (Elchstier) geht an der Spitze mit seinen gewaltigen Hörnern, dann kommen die Elchkuh und der junge Elch (Elchkalb).

ANMERKUNGEN

1 *Konung:* König, ist ein feierliches Wort, das man seltener als *kung* gebraucht.
2 *Fascinerande* ist das Präsenspartizip des Verbs *fascinera*. Es wird hier adjektivisch gebraucht.
3 Die allgemeine Bedeutung von *hålla* ist halten; *hålla med* („mithalten") bedeutet bei- bzw. zustimmen, mit jemandem halten...
4 *Alltjämt,* Synonym für *fortfarande:* immer noch.
5 *Tills:* bis, ist eine unterordnende Konjunktion. Die entsprechende Präposition ist *till:* bis (vgl. im Deutschen bis du kommst und bis morgen).
6 *Har sett:* Perfekt des Verbs *se.*
7 *Tjur, ko, kalv* (Stier, Kuh, Kalb), wenn sie allein verwendet werden, bezeichnen das Rindvieh, werden aber auch zur Bildung von Zusammensetzungen gebraucht, um das Männchen, das Weibchen und das Kleine mancher Tierarten (Elch, Hirsch) zu kennzeichnen.

8 — Det vore underb*a*rt, men det händer väl inte så oft*a*. (8)
9 — Oftar*e* än man tror. Det finns ungefär 200 000 (tvåhundratusen) älg*a*r över hel*a* Sverige utom på Gotland.
10 — Nu är jag ivr*i*g att få se någr*a* av de där djuren.
11 — Men inte när du kör bil ! De utg*ö*r en stor trafikf*a*ra, särskilt i gryning*e*n och i skymning*e*n.
12 — Jag såg varningssk*y*ltar litet här och var.
— De där skyltarn*a* skall man ta på allv*a*r om man vill undv*i*ka viltol*y*ckor.
13 — Skylt*a*r som varn*a*r för älg. Tal*a* om lokalf*ä*rg !
14 — Några turister tycker det. Polisen klag*a*r över att många älgsk*y*ltar försvinner ur landet varje somm*a*r. (9) (10)

8 *ø*nderb*a*[h]t. 9 *ø*njefähr. 10 jür*e*n. 11 ütj*ö*r ... schümning*e*n. 12 warningssch*ü*ltar ... *ø*ndw*i*ka wiltul*ü*ckkuhr. 13 lokalf*ä*rj.

ÖVNINGAR

1 Den svensk*a* naturen är så vacker med sina djup*a* skog*a*r och ljus*a* sjö*a*r. 2 Jag skulle vilja se en älgfam*i*lj med tjur, ko och kalv. 3 Man kan få se älg*a*r särskilt i gryning*e*n och i skymning*e*n. 4 Där det är gott om älg*a*r finns det varningsskyltar för att man skall undv*i*ka trafikol*y*ckor. 5 Djuren utg*ö*r en stor trafikf*a*ra. 6 Såg ni många varningssk*y*ltar ?

8 — Das wäre wunderbar, aber das kommt wohl nicht oft vor.
9 — Öfter, als man glaubt. Es gibt ungefähr 200 000 Elche über ganz Schweden außer auf Gotland.
10 — Jetzt bin ich gespannt (eifrig), einige von diesen Tieren zu sehen (sehen zu dürfen).
11 — Aber nicht wenn du Auto fährst! Sie stellen eine große Verkehrsgefahr dar, besonders in der Morgendämmerung und in der Abenddämmerung.
12 — Ich habe Warnzeichen (Warnungsschilder) hier und da gesehen.
— Diese Verkehrszeichen muß man ernst nehmen, wenn man Unfälle mit Wild vermeiden will.
13 — Schilder, die vor Elchen warnen. Das nenne ich (spreche über) Lokalkolorit!
14 — Einige Touristen finden es. Die Polizei klagt darüber, daß viele Elchschilder jeden Sommer aus dem Lande verschwinden.

ANMERKUNGEN *(Fortsetzung)*

8 *Vore*, sinnverwandt mit *skulle vara*, ist der Konjunktiv des Verbs *vara*. Sie brauchen sich nicht um den schwedischen Konjunktiv zu kümmern; echte Konjunktivformen bestehen nur noch in seltenen veralteten Redewendungen. Der Konjunktiv wird - dem Deutschen ähnlich - mit Hilfe von *skulle* + Infinitiv umschrieben.
9 Sie lernen hier eine neue Präposition kennen: *ur*, die eine Herkunftsbezeichnung ist.
10 *Försvinna*: verschwinden, ist ein starkes Verb, dessen Ablautreihe mit der des deutschen entsprechenden Verbs übereinstimmt: *försvinna, försvinner, försvann, försvunnit*.

ÜBUNGEN: 1 Die schwedische Natur ist mit ihren tiefen Wäldern und ihren klaren Seen so schön. **2** Ich möchte gern eine Elchfamilie mit dem Männchen (Stier), dem Weibchen (Kuh) und dem Kleinen (Kalb) sehen. **3** Man kann Elche besonders in der Morgendämmerung und in der Abenddämmerung zu sehen bekommen. **4** Wo es viele Elche gibt, gibt es Warnzeichen, damit man Verkehrsunfälle vermeiden kann. **5** Die Tiere stellen eine große Verkehrsgefahr dar. **6** Habt ihr (haben Sie) viele Warnzeichen gesehen?

Lektion 36

FYLL I MED RÄTT ORD

1 *Der König des Waldes ist der Elch.*

   . . . . konung är . . . . .

2 *Hast du in der Natur viele Elche gesehen?*

   . . . du . . . . många . . . . . i . . . . ?

3 *Man kann diese Tiere in ganz Schweden außer auf Gotland sehen.*

   Man kan få . . de där . . . . . . i hela Sverige . . . . . . Gotland.

4 *Einige Touristen wollen Elchschilder haben.*

   . . . . . turister . . . . ha . . . .

****

TRETTIOSJUNDE LEKTIONEN

Middag hos verkställande direktören (1)

1 — Ring inte än, Pernilla. Vi är bjudna precis sju och klockan är bara en minut i sju. (A2)
— Vad du är nervös, min vän !

2 — Jamen, det är inte varje dag man får äta middag hos högsta chefen. Hoppas att jag inte gör bort mig. (2) (3)

UTTAL
1 nerwös. 2 jamänn ... jör bo[h]t mäj.

5 *Man muß die Schilder ernst nehmen, findet die Polizei.*

Man måste . . skyltarna . . . . , tycker . . . .

VERBESSERUNG

1 Skogens - älgen. 2 Har - sett - älgar - naturen. 3 - se - djuren - utom på. 4 Några - vill - älgskyltar. 5 - ta - på allvar - polisen.

Wenn Sie nun auf ein schwedisches Wort stoßen, dürften Sie keine Zweifel über seine Aussprache mehr haben (ausgenommen in besonders gekennzeichneten Fällen). Aber vergessen Sie bitte nicht, daß die Betonung, die Melodie des ganzen Satzes den Reiz und die Eigenart des Schwedischen ausmachen. Hören Sie sich mit großer Aufmerksamkeit unsere Kassetten an und wiederholen Sie laut den ganzen Satz. Wenn Sie sie nicht besitzen, versuchen Sie so oft wie nur möglich Schwedisch zu hören (Radio, Kino usw.)!

****

SIEBENUNDDREISSIGSTE LEKTION

Abendessen beim geschäftsführenden Direktor

1 — Klingle noch nicht, Pernilla. Wir sind genau um sieben eingeladen, und es ist erst eins vor sieben.
 — Wie nervös du bist, mein Freund!
2 — Bei Gott, nicht jeden Tag darf man bei dem höchsten Chef zu Abend essen. Ich hoffe, daß ich mich nicht verhauen werde.

ANMERKUNGEN

1 *Verkställande direktör* schreibt sich abgekürzt VD. In der bestimmten Form wird es zu *VDn.*
2 In der Umgangssprache läßt man manchmal das Personalpronomen *jag* vor *hoppas* weg, wenn es in dem darauffolgenden Nebensatz gebraucht wird.
3 *Göra bort sig:* Redewendung, die sich verhauen, fehlgreifen, einen Schnitzer machen bedeutet.

3 — Nu är klockan nitton noll noll i alla fall. Jag ringer på. (4)
4 — Godkväll, mycket välkomna ! Vilka tjusiga blommor, tack skall ni ha ! Var så goda och stig in. (5) (A2)
5 — Godkväll, direktörn ! Det var vänligt av direktörn att... (A3)
6 — Låt mig först föreslå att vi lägger bort titlarna. Jag heter Sigurd... (6)
— Erik. Och här är min maka Pernilla.
7 — Angenämt att få träffa er. Min fru och jag har talat mycket om er. Nå, Erik, hur trivs du som ny avdelningschef i företaget ?
8 — Utmärkt, dir... hm, Sigurd. Arbetet är mycket omväxlande, men jag börjar känna mig hemma i mina nya arbetsuppgifter.
9 — Det låter bra ! Hallå Bengt, kom hit ett tag ! Tillåt mig presentera Erik Andersson för dig. Det är han som sköter vår exportavdelning.

4 gukwäll ... tschüssiga blumuhr. 6 Sigø[h]d. 7 anjenämt. 8 tschänna mäj ... arbetsøppjifter. 9 pressentera ... Ande[h]schonn ... schöter.

3 — Jetzt ist es auf jeden Fall neunzehn [Uhr] null null. Ich klingle.
4 — Guten Abend, herzlich (sehr) willkommen! Was für hübsche Blumen, vielen Dank! Bitte, treten Sie ein.
5 — Guten Abend, Herr Direktor! Das ist freundlich vom Direktor ...
6 — Lassen Sie mich zuerst vorschlagen, daß wir zum Du übergehen (die Titel weglassen). Ich heiße Sigurd ...
— Erik. Und hier ist meine Frau Pernilla.
7 — Angenehm, euch treffen zu können. Meine Frau und ich haben sehr viel von euch gesprochen. Na, Erik, wie fühlst du dich in der Firma als neuer Abteilungsleiter?
8 — Ausgezeichnet, Dir ... hm, Sigurd. Die Arbeit ist sehr abwechslungsreich, aber ich fange an, mich in meinen neuen Arbeitsaufgaben heimisch zu fühlen.
9 — Das klingt gut! Hallo Bengt, komm mal (eine Weile) herein! Erlaube mir, dir Erik Andersson vorzustellen. Er ist es, der unsere Exportabteilung führt.

ANMERKUNGEN *(Fortsetzung)*

4 Die allgemeine Bedeutung von *ringa* ist klingeln (oder anrufen). Wenn Sie an einer Tür klingeln, wird *ringa* von der Präposition *på* ergänzt. *Jag ringer på hos Erik:* Ich klingle bei Erik.
5 Merken Sie sich die Pluralform in *välkomna, var så goda*. In dem täglichen Gebrauch begnügen sich die Schweden mit der Singularform *(välkommen, var så god)*, wenn sie mehrere Besucher oder Gäste anreden. Wir haben hier *var så god*, an anderer Stelle *varsågod* geschrieben. Beides ist korrekt.
6 *Lägga* hat dieselbe Bedeutung wie das deutsche Verb legen. Die Partikel *bort* bezeichnet eine Entfernung (weg, hinweg). *Lägga bort:* ablegen, weg-, beiseitelegen, weglassen.

Lektion 37

10 Erik, Bengt Petersson är civilingenjör och tillverkningschef.
11 Värdinnan — Maten är klar !
Värden — Var så goda och sitt. I kväll skall vi bara koppla av vänner emellan. (7) (8)
12 Värdinnan — Min make har t.o.m. lovat att inte hålla tal. Skål och välkomna ! (9) (10)

10 Pete[h]schonn ... ciwilinscheniör. 12 lowatt ... skohl.

ÖVNINGAR

1 De är bjudna på middag hos direktörn. **2** Precis klockan sju ringer de på. **3** Trivs du med dina arbetsuppgifter som tillverkningschef ? **4** Avdelningschefen vill inte göra bort sig. **5** Han har talat mycket om civilingenjörns maka. **6** Min make, som är ny i företaget, är litet nervös.

* * * * *

FYLL I MED RÄTT ORD

1 *Jetzt schlage ich vor, daß wir die Titel weglassen.*

Nu . . . . jag att vi . . . . titlarna.

2 *Sie haben viel von euch (Ihnen) gesprochen.*

De . . . . mycket . . er.

3 *Die Arbeit ist abwechslungsreich in der Exportabteilung.*

. . . . är . . . . på . . . .

10 Erik, Bengt Petersson ist Diplomingenieur und Herstellungschef.
11 Die Gastgeberin — Das Essen ist fertig!
Der Gastgeber — Nehmt bitte Platz! Heute abend werden wir uns unter Freunden entspannen.
12 Die Gastgeberin — Mein Mann hat sogar versprochen, keine Rede zu halten. Zum Wohl und willkommen!

ANMERKUNGEN *(Fortsetzung)*

7 *Koppla* bedeutet im allgemeinen koppeln, schalten, verbinden.
Koppla av: abkuppeln, abschalten; hier: sich entspannen, ausspannen.
8 *Vänner emellan* ist etwas raffinierter als *mellan vänner*.
9 *T.o.m. (Till och med):* sogar.
10 *Har lovat:* Perfekt des Verbs *lova*, versprechen.

ÜBUNGEN: 1 Sie sind zum Abendessen beim Direktor eingeladen. **2** Um sieben Uhr genau klingeln sie [an der Tür]. **3** Gefallen dir deine neuen Arbeitsaufgaben als Herstellungschef? **5** Der Abteilungsleiter will sich nicht verhauen. **5** Er hat viel von der Frau des Diplomingenieurs gesprochen. **6** Mein Mann, der neu in der Firma ist, ist ein bißchen nervös.

4 *Zum Wohl und willkommen, meine Freunde!*

. . . . och . . . ., mina . . . . . . !

5 *Der Gastgeber hat versprochen, eine Rede zu halten.*

. . . . . . har . . . . . att . . . .

*****

VERBESSERUNG

1 - föreslår - lägger bort. **2** - har talat - om. **3** Arbetet - omväxlande - exportavdelningen. **4** Skål - välkomna - vänner. **5** Värden - lovat - hålla tal.

Lektion 37

TRETTIOÅTTONDE LEKTIONEN

Fotoalbum

1 — Jag tycker definitivt inte om december. Det är så grått och trist ute. Klockan är knappt halv fyra och det är redan mörkt. (1)
2 — Deppa inte ! Solen kommer tillbaka någon gång och dagarna blir snart längre och ljusare. (2)
3 — Här i Norden har vi bara vintrar, en vit och en grön, som poeten sa.
4 — Struntprat ! Finns det någonting ljuvligare än en härlig svensk sommar ? (3)
5   Ge mig en minut bara, så hämtar jag mitt fotoalbum. Jag vill visa dig mina fina naturbilder från i fjol.
6 — Gärna det ! I brist på sol och grönska i verkligheten kan man alltid drömma med hjälp av fotografier.
7 — Här är det några minnen från en fjällvandring. Sommaren i Norrland var het. Mitt på dagen höll vi på att få solsting. (4) (5)

UTTAL

futualbóm. 2 ßulen ... jüssare. 3 poeten. 4 ßtrøntprat ... jüwligare. 5 fjuhl. 6 järna dä ... jälp ... futografijer. 7 nohra minnen ... ßommarn het ... poh dahn.

ANMERKUNGEN

1 *Tycka om:* mögen, gern haben, lieben (schwächer als *älska*). Beachten Sie die Wortstellung: Die betonte Partikel *om* steht nach den beiden Adverbien.
2 *Deppa:* Dieses Verb, das zur Umgangssprache gehört, bedeutet deprimiert sein, den Mut verlieren. Das hergeleitete Adjektiv heißt *deppad* und ist sinnverwandt mit *deprimerad.*

ACHTUNDDREISSIGSTE LEKTION

Photoalbum

1 — Ich mag wirklich (endgültig) nicht [den Monat] Dezember. Es ist so grau und traurig draußen. Kaum ist es halb vier, (und) ist es schon dunkel.
2 — Laß dich nicht unterkriegen! Die Sonne kommt schon zurück, und die Tage werden bald länger und heller.
3 — Hier im Norden haben wir nur Winter, einen weißen und einen grünen, wie der Dichter sagte.
4 — Quatsch! Gibt es etwas Lieblicheres als einen herrlichen schwedischen Sommer?
5   Gib mir eine Minute, damit ich mein Photoalbum hole. Ich will dir meine schönen Naturbilder vom vorigen Jahr zeigen.
6 — Gerne (das)! Aus Mangel an Sonne und Grün in der Wirklichkeit kann man immer mit Hilfe von Photographien träumen.
7 — Hier sind (es) einige Erinnerungen an eine Gebirgswanderung. Der Sommer in Norrland war heiß. Mitten am Tag hätten wir beinahe einen Sonnenstich bekommen.

ANMERKUNGEN *(Fortsetzung)*

3 *Struntprat:* gebildet aus *strunt,* Unsinn, Albernheit, und *prat,* Geschwätz.
4 *Fjäll-et:* Gebirge, Berg. *Lapplandsfjällen:* Das Lapplandgebirge.
5 *Hålla på* wird im Deutschen mit beinahe + Verb in der Konjunktivform oder - je nach Zusammenhang - mit dem Verb + dabei umschrieben: *Vi höll på att få solsting:* Wir hätten beinahe einen Sonnenstich bekommen; *Vi höll på att sola oss:* Wir waren dabei, uns zu sonnen.

8 — Fick ni njuta av midnattssolen där uppe ? **(6)**
9 — Inte riktigt, eftersom vi var något söder om polcirkeln, men nätterna var ändå väldigt ljusa. **(A3)**
10 — Här har vi ett vackert kort ! **(7)**
11 — Jag tog det i våras, när blommorna slog ut vid vår fritidsstuga. Flyttfåglarna var på väg tillbaka. **(8) (9) (10) (A3)**
12 — Jag ser att du har några höstbilder också.
— I höstas fick vi ovanligt mycket frukt, och senhösten var alldeles strålande. **(11) (12)**
13 — Kanske det. Men vintern är hopplös, det måste du medge.
14 — Säg inte det till barnen ! Och du själv ? Tycker du inte om att åka skidor ? **(13)**

9 puhlcirkeln ändoh wäldïtt jüssa. **10** wackke[h]t ku[h]t. **11** tug ... slug. **12** uwanlitt ... ßehnhösten. **13** medjeh. **14** schiduhr.

8 — Konntet ihr da oben die Mitternachtssonne genießen?
9 — Nicht wirklich (richtig), da wir etwas südlich vom Polarkreis waren, aber die Nächte waren trotzdem ungeheuer hell.
10 — Hier haben wir ein schönes Bild!
11 — Ich habe es im letzten Frühling aufgenommen, als die Blumen vor (bei) unserem Wochenendhaus aufblühten (ausschlugen). Die Zugvögel waren auf dem Rückweg.
12 — Ich sehe, daß du auch einige Herbstbilder hast.
— Vorigen Herbst haben wir ungewöhnlich viel Obst bekommen, und der Spätherbst war durchaus strahlend.
13 — Vielleicht (das). Aber der Winter ist hoffnungslos, das mußt du zugeben.
14 — Sag das den Kindern nicht! Und du selbst? Fährst du nicht gern Ski (magst du nicht Ski fahren)?

ANMERKUNGEN *(Fortsetzung)*

6 *Uppe:* oben, dort oben. Vergleichen Sie: *Jag går upp* und *jag är uppe.*
7 *Foto* und *fotografi,* aber auch *bild* und *kort* können ein Photo bezeichnen. *Ta kort på någon:* von jemandem ein Bild nehmen.
8 *I våras:* im letzten Frühling (*vår-en:* der Frühling).
9 *Slog ut:* Imperfekt des Verbs *slå ut:* ausschlagen, aufblühen (unter anderen Bedeutungen).
10 *Fritidsstuga:* gebildet aus *fritid* (Freizeit) und *stuga* (Häuschen, Hütte).
11 *I höstas:* (Im) vorigen Herbst (*höst-en:* der Herbst). Im vorigen Sommer/Winter: *i somras (sommar-en), i vintras (vinter-n).*
12 *Senhösten:* Das Adjektiv *sen* bedeutet spät. Verwechseln Sie es nicht mit der Kurzform von *sedan: sen,* die *ßänn* ausgesprochen wird. Das Adjektiv *sen* wird *ßehn* ausgesprochen.
13 *Åka skidor:* Ski fahren. Beachten Sie, daß *åka* zur Bildung anderer Redewendungen gebraucht wird: *åka tåg, åka bil, åka båt* usw.

Lektion 38

ÖVNINGAR

1 I december är det grått ute. 2 På våren blir dagarna längre och ljusare. 3 Vill du se mitt fotoalbum ? 4 I Norrland är nätterna ljusa på sommaren. 5 Tycker du om att åka skidor ? 6 I höstas var vi på fjällvandring. 7 Många barn tycker väldigt mycket om vintern.

FYLL I MED RÄTT ORD

1 *Habt ihr (haben Sie) die Mitternachtssonne gesehen?*

Har ni . . . . ?

2 *Ich mag deine Bilder vom vorigen Herbst.*

Jag . . . . dina bilder från . . . .

****

TRETTIONIONDE LEKTIONEN

Ohälsa (1)

1 — Vad jag känner mig dålig i dag. Jag vaknade med huvudvärk och nu har jag ont i magen. (2) (A3)
2 — Har du tagit tempen ? Har du feber måste du kanske beställa tid hos doktorn. (3) (4)

UTTAL

uhälßa. 1 tschänner ... unt. 2 tempen.

ÜBUNGEN: 1 Im Dezember ist es grau draußen. **2** Im Frühling werden die Tage länger und heller. **3** Willst du mein Photoalbum sehen? **4** In Norrland sind die Nächte hell im Sommer. **5** Fährst du gerne Ski? **6** Vorigen Herbst haben wir eine Gebirgswanderung gemacht. **7** Viele Kinder mögen ungeheuer gern den Winter.

3 *Darf ich dein Photoalbum sehen?*

. . . jag få . . ditt . . . . ?

4 *Man kann immer von einem herrlichen schwedischen Sommer träumen!*

Man kan alltid . . . . en . . . . . . svensk . . . . . . !

5 *Die Nächte waren ungeheuer hell in Norrland südlich vom Polarkreis.*

. . . . var väldigt . . . . . i Norrland . . . . polcirkeln.

VERBESSERUNG
1 - sett midnattssolen. **2** - tycker om - i höstas. **3** Kan - se - fotoalbum. **4** - drömma om - härlig - sommar. **5** Nätterna - ljusa - söder om.

****

NEUNUNDDREISSIGSTE LEKTION

Kränklichkeit

1 — Wie schlecht ich mich heute fühle. Ich wachte mit Kopfschmerzen auf und jetzt habe ich Bauchschmerzen.

2 — Hast du die Temperatur gemessen (genommen)? Wenn du Fieber hast, mußt du vielleicht einen Termin beim Arzt vereinbaren.

ANMERKUNGEN
1 *Hälsa:* Gesundheit. Die Vorsilbe *o*, die vor diesem Wort steht, bezeichnet eine Verschlimmerung des Zustandes.
2 *Vaknade:* Imperfekt des Verbs *vakna*.
3 *Har tagit:* Perfekt des Verbs *ta (taga)*.
4 *Tempen:* Umgangssprachliche Kurzform von *temperaturen*.

Lektion 39

3 — Nej, det är varken förkylning eller influensa den här gången. Jag skall skaffa mig smärtstillande tabletter på apoteket. (5)
4 — Så där på måfå, utan diagnos ? Dessutom får du bara köpa receptfria varor. Skaffa dig läkarrecept i stället. (6)
5 — Jag hittar säkert något medel själv för det jag har. Så sjuk är jag inte.
6 — Låt mig ringa till läkarmottagningen och beställa tid åt dig. (7)
7 — Nej, säger jag ! Ju mindre man träffar läkare, desto bättre. En läkare är någon som skriver ut recept tills patienten dör eller blir botad av naturen. (8)
8 — Det var vackra ord, men sanningen är en annan ! Typiskt för det s.k. (så kallade) starka könet ! (9) (10)
— Vad menar du ?

3 förtschülning ... inflüenßa ... smä[h]t-stillande. 5 noht medel ... schük. 6 läkarmut-tagningen. 7 passienten. 8 tschönet.

3 — Nein, das ist weder [eine] Erkältung noch [eine] Grippe dieses Mal. Ich werde mir schmerzstillende Tabletten in der Apotheke besorgen.
4 — So aufs Geratewohl, ohne Diagnose? Außerdem darfst du nur rezeptfreie Waren kaufen. Besorge dir stattdessen ein ärztliches Rezept.
5 — Ich finde bestimmt irgendein Mittel selbst für das, was ich habe. So krank bin ich nicht.
6 — Laß mich beim Arzt anrufen und einen Termin für dich vereinbaren.
7 — Nein, sage ich! Je weniger man Ärzte trifft, desto besser. Ein Arzt ist jemand, der Rezepte schreibt, bis der Patient stirbt oder von der Natur geheilt wird.
8 — Das sind schöne Worte, aber die Wahrheit ist anders. Typisch für das sogenannte starke Geschlecht!
— Was meinst du?

ANMERKUNGEN *(Fortsetzung)*

5 Merken Sie sich die Konstruktion *varken ... eller:* weder ... noch.
6 *På måfå* bedeutet aufs Geratewohl, auf gut Glück.
7 *Läkarmottagning:* gebildet aus *läkare,* Arzt, und *mottagning,* Empfang, hier Sprechstunde. Praktische Ärzte mit Privatkassen sind sehr selten in Schweden, und der Hausarzt ist nur noch eine Erinnerung. Das schwedische Gesundheitswesen befindet sich weitgehend in öffentlicher Hand.
8 Die zweigliedrige Konjunktion *ju ... desto* (*ju* im Hauptsatz, *desto* im Nebensatz) entspricht der deutschen Konjunktion je ... desto. Beispiele: *Ju mer han läser, desto mindre han förstår; Ju fler, desto bättre.* Beachten Sie hier das Komma zwischen den beiden Sätzen.
9 *Det var vackra ord:* Merken Sie sich die Verwendung des Imperfekts, wo man das Präsens erwarten würde. Das Imperfekt wird in ähnlichen Ausrufesätzen gebraucht, auf die wir noch stoßen werden.
10 *Så kallad/kallat/kallade,* abgekürzt *s.k.:* sogenannte/r/s.

Lektion 39

9 — Att du är rädd för blodpr*ov* och dylik*a* hemsk*a* undersökningar. Ni karl*a*r tål inte mycket. (11)
10 — Nu blir jag arg. Här ligger jag halvd*ö*d och du ret*a*r mig i stället för att tröst*a* mig.
11 — Tack*a* mig för det ! Kan du bli arg är det inget större fel med häls*a*n. Du blir snart frisk igen.

*****

12 Doktorn — Varför tog ni inte den stärkand*e* medicinen jag hade föreskr*i*vit ? (12)
13 Patienten — Jag orkad*e* inte. (A3)

9 bludpr*uw* ... *ö*nde[h]sch*ö*kningar ... kahr*a*r. 10 arj. 11 ijänn. 12 tug.

ÖVNINGAR

1 I dag känner jag mig frisk. 2 På apoteket finns smärtst*i*llande medel att köp*a*. 3 Jag måste ring*a* till läkarmott*a*gningen och beställa tid. 4 Men*a*r du att jag är rädd för läkar*e* ? 5 Jag har huvudv*ä*rk, ont i magen och feber. 6 Han har influens*a* men blir snart frisk.

FYLL I MED RÄTT ORD

1 *Wenn du Fieber hast, mußt du einen Arzt anrufen.*

Har du . . . . du ringa en . . . . . .

2 *Ich hoffe, daß du nicht krank wirst.*

Jag hoppas att du inte . . . .

3 *Werdet ihr schmerzstillende Tabletten in der Apotheke kaufen?*

Skall ni köpa . . . . på . . . . ?

9 — Daß du dich vor einer Blutprobe und ähnlichen grauenhaften Untersuchungen fürchtest. Ihr Männer vertragt nicht viel.
10 — Jetzt werde ich böse. Hier liege ich halb tot, und du ärgerst (reizst) mich, anstatt mich zu trösten.
11 — Sei mir dafür dankbar (dank mir dafür)! Wenn du dich ärgern kannst, ist es nicht so schlimm mit deiner Gesundheit. Du wirst bald wieder gesund.

*****

12 — Der Arzt — Warum haben Sie nicht das stärkende Mittel genommen, das ich verschrieben hatte?
13 — Der Patient — Ich hatte nicht die Kraft dazu.

ANMERKUNGEN *(Fortsetzung)*

11 *Karl:* Mann, Kerl, wird *kar* ausgesprochen. Dagegen werden in dem Vornamen *Karl* die beiden Endkonsonanten ausgesprochen.
12 *Jag hade föreskrivit:* Plusquamperfekt des Verbs *föreskriva*. Das Plusquamperfekt wird aus dem Perfekt des Hilfsverbs und dem Supinum des Verbs gebildet.

*****

4 *Der Patient hatte nicht die Kraft, das Mittel zu nehmen.*

. . . . inte ta . . . .

5 *Er ist krank, aber er will keinen Termin beim Arzt vereinbaren.*

Han är . . . . men . . . . inte . . . . hos
. . . .

*****

ÜBUNGEN: 1 Heute fühle ich mich gesund. **2** In der Apotheke gibt es schmerzstillende Mittel zu kaufen. **3** Ich muß in der Praxis anrufen und einen Termin vereinbaren. **4** Meinst du, daß ich vor Ärzten Angst habe? **5** Ich habe Kopfschmerzen, Bauchschmerzen und Fieber. **6** Er hat eine Grippe, wird aber bald wieder gesund.

VERBESSERUNG

1 - feber måste - läkare. **2** - blir sjuk. **3** - smärtstillande tabletter - apoteket. **4** Patienten orkade - medicinen. **5** - sjuk - vill - beställa tid - doktorn.

Lektion 39

FYRTIONDE LEKTIONEN

Små annonser (1)

1 — Vår lilla katt Gusten är försvunnen. (2)
— Va ! Har han försvunnit ? När försvann han ? (3) (A3)
2 — I förrgår. Vi börjar känna oss riktigt oroliga, Marianne och jag.
3 — Katter är så självständiga. Han har nog träffat en honkatt, följt efter henne och kommer säkert tillbaka av sig själv. (4) (5) (A3)
4 — Det hoppas jag. Det har hänt att han har försvunnit över natten, men han har aldrig varit borta hela två dygn. (6) (7) (A3)
5 — Varför inte sätta in en annons i lokaltidningen och lova en belöning till den som hittar katten ?
6 — Det var en bra idé ! Hämta tidningen, så kollar vi om det finns en lämplig rubrik. (8)

UTTAL

1 Gösten ... förschwönnen. 2 Marjann. 3 huhnkatt ... fölt. 4 dügn. 5 annons.

VIERZIGSTE LEKTION

(Kleine) Anzeigen

1 — Unser kleiner Kater Gusten ist verschwunden.
— Was! Ist er verschwunden? Wann ist er verschwunden?
2 — Vorgestern. Wir fangen an, uns wirklich unruhig zu fühlen, Marianne und ich.
3 — Katzen sind selbständig. Er hat wohl eine Katze getroffen, ist ihr nachgelaufen und kommt sicher von selbst zurück.
4 — Das hoffe ich. Es ist [schon] geschehen, daß er über Nacht verschwunden ist, aber er ist nie ganze zwei Tage und Nächte weg gewesen.
5 — Warum nicht eine (kleine) Anzeige bei der Lokalzeitung aufgeben und eine Belohnung versprechen an den, der die Katze findet?
6 — Das ist (war) eine gute Idee! Hol die Zeitung, damit wir nachsehen, ob es eine passende Rubrik gibt.

ANMERKUNGEN

1 *Små* ist die Pluralform des Adjektivs *liten/litet*. *En liten flicka, den lilla flickan, små flickor.*
2 *Försvunnen* ist das Perfektpartizip (zweites Mittelwort) des Verbs *försvinna*. Es wird wie ein Adjektiv verwendet und unterliegt denselben Veränderungen. Man findet es in Verbindung mit den Hilfsverben *vara* und *bli* oder alleinstehend.
3 *Har försvunnit*: Perfekt des Verbs *försvinna; försvann*: Imperfekt desselben. Sie begreifen sicherlich den Unterschied zwischen einerseits dem Perfektpartizip, das adjektivischen Charakter hat und am häufigsten prädikativisch mit dem Hilfsverb sein *(han är försvunnen)* gebraucht wird, und andererseits dem Supinum, das mit dem Hilfsverb haben zur Bildung des Perfekts oder Plusquamperfekts *(han har försvunnit, de har försvunnit)* verwendet wird. Das Supinum ist unveränderlich.
4 *Har träffat, (har) följt*: Perfekt der Verben *träffa* und *följa*.
5 *Hon, han* können als Vorsilbe gebraucht werden, um das Geschlecht von Tieren zu bezeichnen: *hankatt, honkatt.*
6 *Har hänt*: Perfekt des Verbs *hända*.
7 *Dygn-et*: Ein Tag und eine Nacht, vierundzwanzig Stunden.
8 Beachten Sie die Verwendung des Imperfekts in dem Ausrufesatz: *Det var en bra idé!*

Lektion 40

7 — Här har vi det senaste numret. Vad finns det för annonsrubriker ? **(9)**
8 — De flesta passar inte alls. « Säljes », « köpes », « bytes », « lediga platser »... **(10)**
9 — Inte « personligt » heller. Nä men hör nu ! « Ungdomlig äldre dam, varmhjärtad, god ekonomi, söker bekantskap med herre »...
10 — Sluta nu ! Tänk på min stackars katt !
11 — Här har vi rätt rubrik : « Blandat » ! Ring omedelbart in din annons. **(11)**
12 — Först skall jag skriva texten på en lapp. Vad säger du om följande :
13   « Vår älskade Gusten, svart och vit hankatt, har sprungit ifrån oss. Hjälp oss att få honom tillbaka. Hittelön ». Undertecknat : förtvivlade husse och matte. **(12)**
14 — Utmärkt ! Lagom rörande och så hittelönen som morot ! **(13)**

---

7 ßenaste nømret. 8 ßälls tschöps. büts. 9 Nä män hör nü ... øngdumlig ...
10 ßtackka[h]sch. 11 umedelba[h]t. 13 ßprøngit ... øndertecknat ... høsse.
14 muhru̇t.

7 — Hier haben wir die letzte Nummer. Was gibt es für Anzeigenrubriken?
8 — Die meisten passen gar nicht. „Zu verkaufen", „zu kaufen", „zu tauschen", „Stellenangebote" ...
9 — Auch nicht „Persönliches". Nee, aber hör dir das jetzt mal an! „Ältere Dame mit jugendlichem Aussehen, hochherzig, in guter finanzieller Lage, sucht Bekanntschaft mit Herrn" ...
10 — Hör jetzt auf! Denk an meine arme Katze!
11 — Hier haben wir [die] richtige Rubrik: „Verschiedenes" („Gemischtes")! Ruf sofort (unmittelbar) deine Anzeige durch.
12 — Zuerst will ich den Text auf einen Zettel schreiben. Was hältst du davon (von dem folgenden):
13 — „Unser geliebter Gusten, schwarz-weißer Kater, ist entlaufen (von uns weggelaufen). Helft uns (helfen Sie uns), ihn zurückzubekommen. Finderlohn." Unterschrieben: verzweifelte Herrchen und Frauchen.
14 — Ausgezeichnet! Gerade richtig rührend und dann der Finderlohn als Köder!

ANMERKUNGEN *(Fortsetzung)*

9 *Nummer, numret*. Im Plural: *nummer* (unbestimmt) und *numren* oder *numrerna* (bestimmt).
10 *Säljes, köpes, bytes:* Passivformen, die auch *säljs, köps, byts* geschrieben (und ausgesprochen) werden können. Entsprechende Aktivformen: *säljer, köper, byter*.
11 *Ringa in:* durchrufen, telephonisch mitteilen.
12 *Undertecknat:* Perfektpartizip des Verbs *underteckna,* hier in der sächlichen Form. In einem offiziellen Schreiben bezeichnet *undertecknad* (in der nicht-sächlichen Form) den Unterzeichneten.
13 *Lagom* ist ein typisch schwedisches Wort, das schwer zu übersetzen ist. Entsprechungen im Deutschen: gerade richtig, mäßig, passend, angemessen.

Lektion 40

ÖVNINGAR

1 Jag vill kolla någonting i tidningen men den har försvunnit. 2 Katten försvann i går och vi är mycket oroliga. 3 Han har varit borta två dygn. 4 Jag skall skriva texten till min annons. 5 De flesta annonsrubriker passar inte, men sätt in annonsen under « blandat ». 6 Hjälp oss att få tillbaka vår katt som har sprungit ifrån oss.

FYLL I MED RÄTT ORD

1 *Wann ist Ihre (eure) Katze verschwunden?*

När . . . . er . . . . ?

2 *Was gibt es für Rubriken?*

Vad . . . . för . . . . ?

3 *Wir versprechen eine Belohnung an den, der die Katze findet.*

Vi . . . . . en . . . . (. . . . .) till den som . . . . . . katten.

****

FYRTIOFÖRSTA LEKTIONEN

På varuhuset

1 Expediten — Kan jag hjälpa till ?
Kunden — Ja tack ! Det är en mängd saker jag skulle vilja köpa.
2 För det första vill jag få tag i små presenter, helst från trakten. **(1)**

ÜBUNGEN: 1 Ich will etwas in der Zeitung nachsehen, aber sie ist verschwunden. **2** Die Katze ist gestern verschwunden, und wir sind sehr unruhig. **3** Er ist achtundvierzig Stunden weggewesen. **4** Ich werde den Text meiner Anzeige schreiben. **5** Die meisten Anzeigenrubriken passen nicht, aber laß die Anzeige unter „Verschiedenes" setzen. **6** Helft uns (helfen Sie uns), unsere Katze zurückzubekommen, die entlaufen (von uns weggelaufen) ist.

* * * * *

4 *Mutti ist vierundzwanzig Stunden weggewesen.*

Mamma har varit . . . . . ett . . . .

5 *Die Zeitung ist verschwunden, ich kann sie nicht finden.*

Tidningen . . . ., jag kan . . . . den.

* * * * *

VERBESSERUNG

1 - försvann - katt. **2** - finns det - rubriker. **3** - lovar - belöning(hittelön) - hittar. **4** - borta - dygn. **5** - har försvunnit - inte hitta.

****

EINUNDVIERZIGSTE LEKTION

Im Warenhaus

1 Die Verkäuferin — Darf ich [Ihnen] helfen?
   Die Kundin — Ja danke! Es gibt (ist) eine Menge Sachen, die ich kaufen möchte.
2 Erstens möchte (will) ich kleine Geschenke ausfindig machen, am liebsten aus der Gegend.

ANMERKUNGEN

1 *Få tag i:* ausfindig machen, auffinden, auftreiben (wörtlich: zu fassen bekommen).

3   E. — Hemslöjdsavdelningen ligger en trappa ner, på nedre botten. Rulltrappan finns till höger. (2)
4   K. — Parfym och toalettartiklar finns väl här på gatuplanet, eller hur ? (3)
5   E. — Nej, en trappa upp, på första våningen. (4)
6   K. — Sist men inte minst måste jag köpa kläder för hela familjen. (5)
7   E. — Konfektionsavdelningen ligger högst upp på sjätte våningen. Det går bra att ta hissen där borta.
8   K. — Vilka|eleganta klänningar ! Jag vet inte riktigt vilken av dem jag skall prova. (6)
9   E. — Kanske den här rosa med lila ränder. Den är väldigt tjusig.
    K. — Ja, den är förtjusande.
10 E. — Här på damavdelningen har vi just fått det senaste vårmodet från kontinenten. (7)
    (A3)

UTTAL

1 kønden. 2 pressenter. 3 hämslöjdsawdelningen ... rølltrappan. 4 parfüm o toalettartiklar. 7 konfekschunsawdelningen ... schätte. 8 pruwa. 9 russa ... tschüssig ... förtschüssande. 10 wohrtmudet ... kontinenten.

3 Die V. — Die Abteilung für heimatliches Kunstgewerbe liegt eine Treffe tiefer, im Kellergeschoß. Die Rolltreppe befindet sich rechts.
4 Die K. — Parfüm und Toilettenartikel befinden sich (gibt es) wohl hier in Straßenhöhe, nicht wahr?
5 Die V. — Nein, eine Treppe höher, im ersten Stock.
6 Die K. — Nicht zuletzt (zuletzt, aber nicht geringst) muß ich Kleider für die ganze Familie kaufen.
7 Die V. — Die Konfektionsabteilung liegt ganz oben (zuoberst) im sechsten Stock. Sie können den Fahrstuhl dort benutzen (das geht gut, den Fahrstuhl dort zu benutzen).
8 Die K. — Was für (welch) elegante Kleider! Ich weiß nicht richtig, welches von ihnen ich anprobieren soll.
9 Die V. — Vielleicht dieses rosa mit lila Streifen. Es ist sehr (ungeheuer) bezaubernd.
Die K. — Ja, es ist entzückend.
10 Die V. — Hier in der Damenabteilung haben wir gerade die letzte Frühjahrsmode vom Kontinent bekommen.

ANMERKUNGEN *(Fortsetzung)*

2 *Slöjd:* handwerkliche Arbeit, Werkunterricht. *Hemslöjd* bezeichnet im eigentlichen Sinne das heimatliche Kunstgewerbe.
3 *Gatuplanet.* Das *u* in *gatu* ist ein Überbleibsel des ehemaligen schwedischen Genitivs. Vgl. auch die Zusammensetzung *varuhus*.
4 Aufgepaßt! Die Numerierung der Stockwerke in Schweden kann von der deutschen Numerierung abweichen. In Hochhäusern ist es meistens dasselbe System wie bei uns: Erdgeschoß, erster Stock usw. Aber viele Schweden können sich von einer anderen Tradition nicht lösen. So werden zum Beispiel in einer Villa das Erdgeschoß erster Stock, der erste Stock zweiter Stock usw. genannt.
5 *Sist:* zuletzt; *minst:* kleinst, geringst. Wenn Sie Englisch können, gibt Ihnen die Redewendung „last but not least" die genaue Übersetzung von *sist men inte minst*.
6 *Vilken, vilket, vilka:* welche/r/s (nicht-sächlich, sächlich, Plural).
7 Für die Schweden, die ja eine Halbinsel bewohnen, bezeichnet der „Kontinent" Kontinentaleuropa südlich von Dänemark.

11 K. — Den här marinblå kjolen gillar jag.
Vad kostar den?
E. — Fyrahundranittionio kronor och femtio öre (499,50).
12 K. — Huvudsaken är att den ligger under fem hundra kronorsgränsen.
13 E. — Skall det vara i storlek fyrtio?
K. — Jag är rädd för att det får bli fyrtiotvå.
14 E. — Den här sidenblusen skulle matcha kjolen perfekt.
K. — Jag tar den. Herr- och barnkläder köper jag en annan gång.

11 tschulen fürahøndranittinijo ... fämti öre. 13 ßtuhrlek förti ... förtitwoh.

ÖVNINGAR

1 Jag skulle vilja köpa en kjol. 2 Har ni den här klänningen i storlek fyrtio? 3 Herrkläder finns en trappa upp. 4 Kan du hjälpa mig att hitta små presenter från trakten? 5 Vad kostar den här tjusiga sidenblusen? 6 Här på varuhuset tänker jag köpa en mängd saker för hela familjen.

FYLL I MED RÄTT ORD

1 *In welchem Stock kann man Kleider kaufen?*

. . vilken . . . . . . kan man . . . . ?

2 *Der Rock kostet dreihundert Kronen und die Bluse zweihundert.*

. . . . trehundra kronor och . . . . . . tvåhundra.

3 *Dieses Kleid haben wir nur in Größe vierzig.*

Den här . . . . har vi . . . . i . . . . fyrtio.

11 Die K. — Diesen marinblauen Rock mag ich. (Dieser ... gefällt mir.) Was kostet er?
Die V. — Vierhundertneunundneunzig Kronen und fünfzig Öre.
12 Die K. — Die Hauptsache ist, daß er unter der Fünfhundertkronengrenze liegt.
13 Die V. — Soll er (es) in Größe vierzig sein?
Die K. — Ich fürchte, daß es zweiundvierzig werden muß.
14 Die V. — Diese Seidenbluse würde perfekt zu dem Rock passen.
Die K. — Ich nehme sie. Herren- und Kinderkleider kaufe ich ein anderes Mal.

ÜBUNGEN: 1 Ich möchte einen Rock kaufen. 2 Haben Sie dieses Kleid in Größe vierzig? 3 Herrenkleider befinden sich eine Treppe höher. 4 Kannst du mir helfen, kleine Geschenke aus der Gegend ausfindig zu machen? 5 Was kostet diese entzückende Seidenbluse? 6 Hier im Warenhaus habe ich vor, eine Menge Sachen für die ganze Familie zu kaufen.

* * * * *

4 *Ich möchte diese beiden Röcke anprobieren.*

Jag . . . . . . vilja . . . . . de här två kjolarna.

5 *Die Parfümabteilung befindet sich eine Treppe höher.*

Parfymavdelningen . . . . . . en . . . .

6 *Gibt es [einen] Fahrstuhl oder [eine] Rolltreppe?*

Finns det . . . . eller . . . . ?

* * * * *

VERBESSERUNG

1 På - våning - köpa kläder. 2 Kjolen kostar - blusen. 3 - klänningen - bara - storlek. 4 - skulle - prova. 5 - ligger - trappa upp. 6 - hiss - rulltrappa.

Lektion 41

FYRTIOANDRA LEKTIONEN

Översikt och anmärkningar

1 Schätze des schwedischen Waldes

Die Protagonisten der Lektion 36 erwähnen nicht, daß das Elchfleisch einer der Grundbestandteile der schwedischen Gastronomie ist, vor allem im Herbst, in der kurzen Zeit, wo die Elchjagd, die streng bewirtschaftet ist, eröffnet wird. Lassen Sie sich bei Gelegenheit diese schwedische Spezialität nicht entgehen. Probieren Sie zum Beispiel den Elchbraten *(älgstek)* mit gekochten Kartoffeln *(kokt potatis)* und eingemachten Preiselbeeren *(lingonsylt)*. Im hohen Norden schenkt das Rentier - und nicht mehr der Elch - der schwedischen Küche schmackhafte Spezialitäten.

Was den Troll, Fabelwesen der schwedischen (und skandinavischen) Folklore, betrifft, nimmt er verschiedene Charaktere an. Bald böswillig, bald töricht, treibt er sein Wesen in den Bergen und Wäldern. Er kann aber auch unter der Erde wohnen und scharf über seine zusammengescharrten Schätze wachen (vgl. den schwedischen Ausdruck *rik som ett troll:* reich wie ein Troll). Als Symbol für rohe oder heimtückische Naturkräfte hat der Troll ein menschliches Aussehen mit einer übergroßen Nase. Es gibt (?) Trolle in allen Größen.

2 Umgangsformen

Wenn man um eine genaue Zeit eingeladen ist, setzt man in Schweden seine Ehre darein, pünktlich anzukommen, insbesondere aus Rücksicht auf die Hausfrau. Wenn Sie an die Reihe kommen werden, sollten Sie diesen Brauch im Auge behalten. Ist Pünktlichkeit nicht eine Form des Anstands?

ZWEIUNDVIERZIGSTE LEKTION

Beachten Sie auch, daß Blumen in einem Land, wo sie sehr beliebt sind, sowohl Frauen als auch Männern geschenkt werden - als Dankesbezeigung oder als Zeichen für ein Ereignis. Bitte schön, meine Herren, ziehen Sie nicht daraus vorschnelle Folgerungen, wenn eine Frau Ihnen einen Blumenstrauß überreichen läßt! Weiter nichts als allgemeiner Brauch.

3 Das Verb: Gebrauchsanweisung (zweiter Teil)

In der vorangehenden Wiederholungslektion haben wir Ihnen die schwedischen Konjugationen sowie die Bildung der Zeitformen gezeigt (Lektion 35, § 3). Lesen Sie diesen Abschnitt noch einmal, wenn Sie ihn nicht mehr gegenwärtig haben.

Fassen wir kurz zusammen: Jedes Verb wird durch drei Stammzeitformen gekennzeichnet, das sind Formen, die zur Bildung aller anderen Zeiten herangezogen werden. Diese Stammzeitformen sind der Infinitiv, das Imperfekt und das Supinum. Im Wortregister werden sie folgendermaßen idem angegeben:

Tala-de-t (I)
Stäng/a-de-t (IIa)
Köp/a-te-t (IIb)
Bo-dde-tt (III)
Gå-gick-gått (IV)

Für die ersten drei regelmäßigen Konjugationen reicht es also, die Endsilben des Imperfekts und des Supinums anzugeben, die an den Stamm des Verbs angehängt werden. Im Falle der vierten Konjugation geben wir Ihnen die vollen Formen an. Es genügt jedoch nicht, die Zeiten bilden zu können; man muß sie auch mit Wissen und Willen gebrauchen können. Auch in dieser Hinsicht gibt es keine bessere Führung als die Praxis, der anhaltende Umgang mit der Sprache ermöglicht ihre intuitive Assimilierung.

Lektion 42

Hier einige Bemerkungen, die Ihnen dabei helfen können.

Das schwedische **Präsens** ist mit dem deutschen Präsens vergleichbar, es kann zur Bildung von Sätzen mit Futurbedeutung herangezogen werden. *Jag gör det nästa vecka:* Ich mache es nächste Woche.

Das **Imperfekt** macht deutlich, daß der Vorgang zeitlich abgeschlossen ist: *Det regnade i går:* Es hat gestern geregnet (und es regnet nicht mehr).

Das **Perfekt** legt nahe, daß der Vorgang zeitlich nicht abgeschlossen und daß ein Bezug zur Gegenwart des Sprechenden vorhanden ist. *Det har regnat i går:* Es hat gestern geregnet (und es regnet immer noch);

daher die Verwendung des Perfekts im Schwedischen (- wo wir im Deutschen das Präsens hätten -) in einem Satz wie *Jag har bott i Stockholm i två år:* Ich wohne in Stockholm seit zwei Jahren (ich habe zwei Jahre in Stockholm gewohnt - und wohne immer noch dort). Begreifen Sie den Unterschied zwischen *Lars kom i går* und *Lars har kommit i går?* (Antwort im § 4).

****

FYRTIOTREDJE LEKTIONEN

Grönköping

1 — Jag såg en tidn*i*ng som hett*e* « Grönköpings Veckobl*a*d » i en kiosk. Finns det verkli*ge*n en st*a*d som heter Grönk*ö*ping ? **(1) (A1)**

UTTAL

Gröntschöping. **1** hätt*e* ... tschiosk ... hehter.

Merken Sie sich den Gebrauch des Imperfekts in Ausrufesätzen wie *det var synd* (das ist schade), *det var roligt* (das ist angenehm), *det var gott* (das ist gut).

Das Perfekt kann herangezogen werden, um auszudrücken, daß eine Handlung in der Zukunft abgeschlossen sein wird. Es hat dann den gleichen Wert wie unser Futur II oder Vorzukunft:
När jag har skrivit mitt brev äter jag lunch: Wenn ich meinen Brief geschrieben habe, werde ich zu Mittag essen. Die Vorzukunft, die im Schwedischen unbekannt ist, geht aus dem Zusammenhang hervor.

In der nächsten Wiederholungslektion (Lektion 49) werden wir unsere Untersuchung des schwedischen Verbs zu Ende führen.

4 *Lars kom i går:* Lars ist gestern gekommen (... und ist schon abgefahren). *Lars har kommit i går:* Lars ist gestern gekommen (... und ist noch unter uns).

****

DREIUNDVIERZIGSTE LEKTION

Grönköping

1 — Ich habe in einem Kiosk eine Zeitung gesehen, die „Grönköpings Wochenblatt" hieß. Gibt es wirklich eine Stadt, die Grönköping heißt?

ANMERKUNGEN

1 *Hette:* Imperfekt des Verbs *heta*.

2 — Nej, det är ett skämt. Grönköping har blivit en symbol för den typiska svenska småstaden, både charmfull och litet löjlig. (2) (3)
3 — På samma sätt som namnet « Medelsvensson » får stå för vanligt folk i Sverige ?(4)
4 — Ja, ungefär. Min egen hemstad har många drag av Grönköping !
— Tycker du att det är tråkigt att bo i en småstad ?
5 — Inte speciellt. Det finns faktiskt rätt så många nöjen att välja på. (5)
6 Teaterföreställningar erbjuds inte så sällan, många friluftsaktiviteter anordnas av kommunen och musiklivet är dessbättre mycket intensivt. (6) (7) (8)
7 — Och man kan alltid gå på bio !
— På den punkten är vi inte lika bortskämda som i storstäderna. Här i stan har vi tyvärr bara två biografer.

2 ßymbol ... scharmføll o lite löjlig. 4 ønjefähr. 5 ßpeci-ellt. 6 friløftsaktiwiteter ... intensiwt. 7 bijo ... bo[h]tschämda ... ßtu[h]scht*äd*e[h]na ... bijograhfer.

2 — Nein, das ist ein Scherz. Grönköping ist zum Symbol für die typische schwedische Kleinstadt geworden, sowohl voller Charme als auch ein wenig lächerlich.
3 — Genauso wie der Name „Medelsvensson" [Durchschnittssvensson] für den schwedischen Normalverbraucher (für das gewöhnliche Volk) stehen darf?
4 — Ja, ungefähr. Meine eigene Heimatstadt hat viele Züge von Grönköping!
— Findest du, daß es langweilig ist, in einer Kleinstadt zu wohnen?
5 — Nicht besonders. Es gibt in der Tat recht viele Vergnügungsmöglichkeiten zur Auswahl.
6   Theatervorstellungen werden nicht selten angeboten, viele Tätigkeiten im Freien (Freiluftaktivitäten) werden von der Gemeinde veranstaltet, und das Musikleben ist glücklicherweise sehr intensiv.
7 — Und man kann immer ins Kino gehen!
— In diesem Punkt sind wir nicht so verwöhnt wie in den Großstädten. Hier in der Stadt haben wir leider nur zwei Kinos.

ANMERKUNGEN *(Fortsetzung)*

2 *Har blivit:* Perfekt des Verbs *bli*.
3 Merken Sie sich die Zusammensetzung *småstad:* Kleinstadt mit dem Adjektiv in der Pluralform (vgl. Lektion 40, Anm. 1). Eine kleine Stadt heißt *en liten stad;* Diese kleine Stadt *den här lilla staden*.
4 *Medelsvensson* entspricht etwa unserem Otto Normalverbraucher.
5 *Nöje-t:* Vergnügen, Unterhaltung.
6 *Erbjuds:* Passivform Präsens des Verbs *erbjuda*.
7 *Anordnas:* Passivform Präsens des Verbs *anordna*.
8 *Dessbättre* oder *dess bättre:* desto besser; Schlimm genug oder desto schlimmer heißt *dessvärre* oder *dess värre*.

Lektion 43

8 — Är det så att när den ena visar en western-
film visar den andra en buskis ? (9)
9 — Ack ja ! Som tur är har en av våra studie-
cirklar anordnat en filmklubb. Så får vi se
gamla hederliga filmer med jämna mellan-
rum. (A2)
10 — Det är nästan lika roligt att titta på folk som
går på gatorna. Titta på den där värdige
gubben där borta ! Jag gissar att han är
latinlektor på gymnasiet. (10)
11 — Skenet bedrar ! Han är kronofogde. Och den
där typen med stor basker och lång halsduk
då ?
12 — Han anstränger sig tydligen för att se konst-
närlig ut.
13 — Mitt i prick ! Han inbillar sig att han är stans
stora skald.

8 bøskiß. 9 filmkløbb ... mellanrøm. 10 jissar ... jümnassiet. 11 schehnet
... kruhnufugden ... typen.

ÖVNINGAR

1 Vi såg en bra film i går. 2 Grönköping, som inte finns
i verkligheten, är en symbol för den svenska småstaden.
3 Vår lilla stad är charmfull och det är inte tråkigt att
bo här. 4 Tycker du att det är roligt att gå på bio ? 5
I min hemstad finns tyvärr bara två biografer. 6 Tea-
terlivet är intensivt men vi är inte bortskämda med bra
filmer.

FYLL I MED RÄTT ORD

1 *Wir haben einen Mann mit einer großen Baskenmütze und einem
langen Schal gesehen.*

Vi . . . en man med . . . . basker och . . . .

8 — Ist es so, daß das eine einen Westernfilm zeigt, während das andere eine Schmiere zeigt?
9 — Leider ja! Glücklicherweise (wie Glück ist) hat einer unserer Studienkreise einen Filmclub veranstaltet. Auf diese Weise (so) können wir gute alte (alte ehrbare) Filme in regelmäßigen Abständen sehen.
10 — Das macht fast ebensoviel Spaß, sich die Leute anzusehen, die auf der Straße gehen. Sieh dir diesen würdigen alten Mann (Greis) dort an! Ich rate, daß er Lateinlehrer am Gymnasium ist.
11 — Der Schein trügt! Er ist Einnehmer (Steuervogt). Und dieser Typ dort mit der großen Baskenmütze und mit dem langen Schal?
12 — Er bemüht sich anscheinend, wie ein Künstler auszusehen.
13 — Ins Schwarze getroffen! Er bildet sich ein, daß er der große Dichter (Skalde) der Stadt sei (ist).

ANMERKUNGEN *(Fortsetzung)*

9 *Buskis:* Abgeleitete umgangssprachliche Form von *buskteater,* „Buschtheater". *Buskteater* bezeichnet Vorstellungen, die man den Landbewohnern zum besten gab.
10 *Lektor* entspricht etwa dem Oberstudienrat und *adjunkt* dem Studienrat. *Professor* bezeichnet wie im Deutschen den Universitätsprofessor.

ÜBUNGEN: 1 Wir haben gestern einen guten Film gesehen. **2** Grönköping, das es in (der) Wirklichkeit nicht gibt, ist ein Symbol für die schwedische Kleinstadt. **3** Unsere kleine Stadt ist voller Charme, und es ist nicht langweilig, hier zu wohnen. **4** Findest du, daß es Spaß macht, ins Kino zu gehen? **5** In meiner Heimatstadt gibt es leider nur zwei Kinos. **6** Das Theaterleben ist intensiv, aber wir sind mit guten Filmen nicht verwöhnt.

* * * * *

2 In den Großstädten sind die Leute mit vielen Vergnügungsmöglichkeiten verwöhnt.

I . . . . är . . . . bortskämda med . . . . .
. . . . .

3 *Willst du heute abend ins Kino gehen?*

. . . . du . . på . . . i kväll ?

4 *Sie findet, daß es Spaß macht, sich die Leute anzusehen, die auf den Straßen gehen.*

Hon . . . . . . att det är . . . . . . att . . . . folk som går
. . . .

****

FYRTIOFJÄRDE LEKTIONEN

Och så Gustaf också !

1 — Mitt hår ser ut som hö. Jag måste beställa tid hos damfrisörskan.
 — Är du nöjd med din frissa ? (1)
2 — Hon är litet pratsjuk men hon är jätteduktig. Du vet, frisörer och tandläkare är alltid pratsamma. (2)
3 — Beställ tid åt mig på samma gång. Jag behöver klippning och permanentning. F. ö. (För övrigt), finns det bara damavdelning ?
4 — Nej då, där kan herrar också bli klippta. (3) (A4)
5 — I så fall kan vi också se till att Gustaf får en tid.

UTTAL

1 dahmfrissö[h]schkan. 2 pratschük ... Jättedöktig ... frissörer. 3 för öwritt. 5 Göstaf.

5 *Ist es langweilig, in einer Kleinstadt zu wohnen?*

    Är det . . . . att . . i en . . . .

VERBESSERUNG

1 - såg - stor - lång halsduk. **2** - storstäderna - folk - många nöjen. **3** Vill - gå - bio. **4** - tycker - roligt - titta på - på gatorna. **5** - tråkigt - bo - småstad.

****

VIERUNDVIERZIGSTE LEKTION

Und dann noch Gustaf!

1 — Meine Haare sehen wie Heu aus. Ich muß einen Termin bei der Damenfriseuse vereinbaren.
    — Bist du mit deiner Friseuse zufrieden?
2 — Sie ist ein bißchen geschwätzig (plauderkrank), aber sie ist sehr tüchtig. Du weißt, Friseure und Zahnärzte sind immer geschwätzig.
3 — Vereinbare bei dieser Gelegenheit einen Termin für mich. Ich brauche (einen) Schnitt und (eine) Dauerwelle. Übrigens, ist es nur ein Damensalon (gibt es nur Damenabteilung)?
4 — Nein doch, dort können sich auch Herren die Haare schneiden lassen.
5 — In diesem Fall können wir es auch so einrichten (zusehen), daß Gustaf einen Termin bekommt.

ANMERKUNGEN

1 *Frissa:* Umgangssprachliche Kurzform von *(dam)frisörska*.
2 Das gewöhnliche Wort für gesprächig ist *pratsam*. Beachten Sie die Ausdruckskraft der umgangssprachlichen Zusammensetzung *pratsjuk*, gebildet aus *prat*, Geschwätz, und *sjuk*, krank.
3 *Bli klippta:* Sie lernen hier das zusammengesetzte Passiv kennen, gebildet durch das Hilfsverb *bli* und das Perfektpartizip des Verbs. Diese Passivform bezeichnet einen Passivzustand genauso gut wie das s-Passiv: *Herrarna kan bli klippta = herrarna kan klippas.*

Lektion 44

6 Han är ju nästan flintsk*a*llig, men han är mycket m*å*n om de f*å* h*å*rstr*å*n han har kvar.
7 — Jag gör ett försök. Går det bra så kan vi sam*å*ka hela bunten. (4)
8 — Carol*a*s friser*sa*l*o*ng, hej !
— Hej, jag skulle vilja beställa tid för h*å*rv*å*rd. Det gäller mig själv samt en väninn*a* och hennes man. (5) (6)
9 — Ett ögonbl*i*ck, jag tar fram min alman*a*cka. I morg*o*n är det fullt*e*cknat. (7)
10 Vad sägs om i övermorg*o*n kl. 4 ? Två kunder har nämligen *a*vbest*ä*llt sin tid. (8) (9) (A4)
11 — Det går ut*m*ärkt, tack !
— Hur var namnet ? (10)
12 — Mitt namn är Ulrika Arvidss*o*n. Mina vänn*e*r heter Hansson.

6 ho[h]schtr*o*hn. 7 b*ø*nten. 8 friss*e*hrsal*o*ng. 9 f*ø*llt*e*cknat. 10 öwermorr*o*n ... k*ø*nd*e*r. 12 Ølrika.

6 — Er ist ja fast kahlköpfig, aber er ist sehr besorgt um die wenigen Haare, die er übrig hat.
7 — Ich mache einen Versuch. Wenn es gut geht (geht es gut), kann die ganze Bande zusammen hinfahren.
8 — Carolas Frisiersalon, hallo!
— Hallo, ich möchte einen Termin für Haarpflege vereinbaren. Es geht um mich sowie um eine Freundin und ihren Mann.
9 — Einen Augenblick, ich hole meinen Terminkalender. Für morgen ist die Liste voll.
10 Was halten Sie von übermorgen um vier Uhr! Zwei Kunden haben nämlich ihren Termin abbestellt.
11 — Das geht prima, danke!
— Wie ist Ihr (war der) Name?
12 — Mein Name ist Ulrika Arvidsson. Meine Freunde heißen Hansson.

ANMERKUNGEN *(Fortsetzung)*

4 *Bunt* bedeutet: Bund, Bündel. Es kann aber auch umgangssprachlich verwendet werden, um eine Anzahl Personen zu bezeichnen: *Hela bunten:* die ganze Bande.
5 *Gälla* bedeutet entweder gelten, betreffen, wie in dem vorliegenden Fall, oder gültig sein *(biljetten gäller en månad)*. So weit gekommen, dürften Sie wissen, wie es ausgesprochen wird, oder? (vgl. Anm. 13 zur Kontrolle).
6 Beachten Sie die Betonung des Wortes *väninna* (und der Wörter auf -*inna* im allgemeinen): vänin*n*a.
7 *Fulltecknat:* Perfektpartizip des Verbs *fullteckna,* hier in der sächlichen Form.
8 *Sägs:* Passivform Präsens des Verbs *säga. Vad sägs:* Was wird gesagt, gemeint, gehalten, d. h. Was sagen Sie zu ... Was halten Sie von ...? Das Schwedische hat eine Vorliebe für unpersönliche Wendungen. Wie sprechen Sie *sägs* aus? (vgl. Anm. 13).
9 *Har avbeställt:* Perfekt des Verbs *avbeställa.* Wie Sie sehen, kann man im Schwedischen einfach Verben nach deutschen Mustern bilden.
10 Im Deutschen ist übrigens die Anwendung des Perfekts auch in diesem Zusammenhang möglich: „Wie war der Name?".

Lektion 44

Hos frisören

13 Ynglingen — Rakning, tack ! (11)
Ynglingen (efter en stund) — Varför tittar
du bara på mig ? Sätt i gång då ! (12)
14 Frisören — Jag väntar på att skägget skall
växa ut.

13 ünglingen ... ßtønd. 14 schägget.

ÖVNINGAR

1 Kan du beställa tid åt mig ? **2** Hon har en tid hos frissan i övermorgon. **3** Är du nöjd med din frisör ? Ja, han är mycket duktig. **4** Jag skriver in i min almanacka att jag har tid till klippning i morgon klockan fyra. **5** Kan du rekommendera en bra frisersalong ? **6** Han har avbeställt sin tid hos tandläkaren.

FYLL I MED RÄTT ORD

1 *Ich möchte einen Termin vereinbaren, um mir die Haare schneiden zu lassen.*

Jag . . . . . vilja . . . . för klippning.

2 *Haben Sie (habt ihr) Ihren (eueren) Termin beim Zahnarzt abbestellt?*

Har ni . . . . er . . . hos tandläkaren ?

3 *Wir können morgen einen Termin bekommen, aber heute ist die Liste voll.*

Vi kan . . en . . . i morgon men i dag är det . . . .

4 *Wie ist Ihr Name? hat der Friseur gefragt, als ich angerufen habe.*

Hur . . . . ? frågade . . . . när jag ringde.

Beim Friseur

13 Der Junge — Einmal rasieren, danke!
Der Junge (nach einer Weile) — Warum schauen Sie nur so auf mich? Los, fangen Sie an!
14 Der Friseur — Ich warte darauf, daß der Bart herauswächst.

ANMERKUNGEN *(Fortsetzung)*

11 Wie dieser junge Mann können Sie etwas bestellen, indem Sie Ihrem Wunsch ganz einfach *tack* hinzufügen. *en öl, tack!* entspricht dem Satz: *Jag skulle vilja ha en öl* (Ein Bier bitte! Ich möchte gern ein Bier).
12 *Sätta i gång* (oder *igång*): in Gang setzen, anfangen, loslegen.
13 *Jälla, jäller; Säjs.*

ÜBUNGEN: 1 Kannst du für mich einen Termin vereinbaren? **2** Sie hat übermorgen einen Termin bei der Friseuse. **3** Bist du mit deinem Friseur zufrieden? Ja, er ist sehr tüchtig. **4** Ich schreibe in meinen Kalender, daß ich morgen um vier Uhr einen Termin habe, um mir die Haare schneiden zu lassen. **5** Kannst du einen guten Frisiersalon empfehlen? **6** Er hat seinen Termin beim Zahnarzt abbestellt.

* * * * *

5 *Ich warte darauf, daß du einen Versuch machst.*

Jag . . . . att du . . . ett . . . . . .

* * * * *

VERBESSERUNG

1 - skulle - beställa tid. **2** - avbeställt - tid. **3** - få - tid - fulltecknat. **4** - var namnet - frisören. **5** - väntar på - gör - försök.

Zögern Sie von nun an nicht, sich mit dem Anhang am Ende Ihres „Schwedisch ohne Mühe" vertraut zu machen. Das Wortregister ermöglicht Ihnen, u. a. die Deklination der Substantive und die Konjugation der Verben nachzuprüfen. Und die Grundlage der Grammatik ist in Übersichtstabellen veranschaulicht. Sie brauchen nichts auswendig zu lernen, aber seien Sie aufmerksam: Die Neugier ist die Wurzel allen Fortschritts.

Lektion 44

FYRTIOFEMTE LEKTIONEN

Vasaloppet

1 Ulf — Arne är inte klok ! Han påstår att han skall delta i Vasaloppet !
2 Arne — Och sen då, grabbar ? Jag är inte ensam om det. Loppet lockar tusentals skidåkare från hela världen den första söndagen i mars varje år. (1) (2)
3 Ulf — Jag visste inte att du var en skidkung ! (3)
4 Arne — Jag bryr mig inte om en topplacering. Det är inte bara elitidrottsmän som ställer upp utan också tappra motionärer. (4) (5) (6)
5 Nils — Det är sant ! Olsson deltog i loppet för några år sen. Han kom i mål efter drygt tio timmar tror jag. (7) (8) (9) (A4)

VASALOPPET

UTTAL

Wassaloppet. 1 Olf ... kluk. 2 schidåkare ... wärden ... ma[h]sch. 3 schidkøng. 4 motschonärer. 5 Ulsson deltug ... drügt tijo.

FÜNFUNDVIERZIGSTE LEKTION

Der Wasalauf

1 Ulf — Arne ist nicht recht gescheit! Er behauptet, daß er sich am Wasalauf beteiligen wird!
2 Arne — Na und, Jungs? Ich bin nicht der einzige (dabei). Der Lauf lockt jedes Jahr am ersten Märzsonntag Tausende von Skifahrern aus der ganzen Welt.
3 Ulf — Ich wußte nicht, daß du ein Skikönig warst!
4 Arne — Ich kümmere mich nicht um einen Spitzenplatz. Es sind nicht nur Leistungssportler, die sich anmelden, sondern auch tapfere Trimmer.
5 Nils — Das ist nicht wahr! Olsson hat vor einigen Jahren an dem Lauf teilgenommen. Er war am Ziel nach gut zehn Stunden, glaube ich.

ANMERKUNGEN

1 Merken Sie sich den Gebrauch der Präposition *om* nach *ensam: ensam om det*.
2 *Tusen:* Tausend; *tusentals:* Tausende. Ebenso: *hundra/hundratals, tio/tiotals* usw.
3 *Visste:* Imperfekt des Verbs *veta* (vgl. im Deutschen wußte).
4 *Topplacering:* Gebildet aus *topp*, Spitze, Gipfel, und *placering*, Plazierung. Wenn bei Wortbildungen drei gleiche Konsonanten zusammentreffen, dann setzt man nur zwei.
5 *Elitidrottsmän* setzt sich aus *elit, idrott* (Sport) und *män* (Pluralform von *man*) zusammen.
6 *Ställa upp:* teilnehmen, sich beteiligen, antreten (vgl. im Deutschen sich aufstellen lassen).
7 *Deltog:* Imperfekt des Verbs *delta(ga):* teilnehmen.
8 *Kom:* Imperfekt des Verbs *komma*. Achtung! *Jag kommer:* Ich komme; *Jag kom:* ich kam.
9 *Drygt* ist ein Adverb, das gut, reichlich bedeutet (sinnverwandt mit *litet över*, vgl. Satz 7).

Lektion 45

6 Åke — Ack ja ! Han snack*a*r jämt om det.
Ren*a* krigsveter*a*nen ! (10)
7 Ulf — Hur lång tid tar det för elit*å*karna ?
Åk*e* — I regel litet över fyr*a* timm*a*r.
8 Nils — Hur lång är sträck*a*n egentligen ?
Arn*e* — Ungefär ått*a* och en halv mil. Start
i Sälen vid sjut*i*den, mål i Mor*a*.
9 Ulf — Det är lust*i*gt att det heter Vasalop-
pet. Varför inte Dalal*o*ppet, eftersom hela
tävling*e*n äger rum i Dalarn*a* ? (11)
10 Arn*e* — Är du så ob*i*ldad i historia ? Vet du
inte att Gustav Erikss*o*n, senare svensk kung
under namnet Gustav Vas*a*, åkte skid*o*r på
just den sträck*a*n ?
11 Året var 1521 (femtonhundratjugoett).
Ulf — Tack, professorn ! Var han motio-
när eller elit*å*kare ? (12)
12 Arn*e* — Myck*e*t lust*i*gt ! Han försökte befria
Sverige från det dansk*a* väld*e*t. (13)
13 Nils — Det var på 1500-talet (femtonhun-
drat*a*let) det. Vasaloppet i modern tappn*i*ng
startad*e* på 1920-talet (nittonhundratjugota-
let). (14) (15)

---

7 regel lite. 8 ßta[h]t ... schüt*i*den ... Muhr*a*. 9 l*ø*st*i*tt ... äger r*ø*mm. 10
ub*i*ldad i histuria ... G*ø*staf Wass*a*. 13 ... fämtonnh*ø*ndrat*a*let deh ...
modern ... sta[h]tad*e*.

6 Åke — Ach ja! Er redet ständig davon. Ein echter Veteran (der reine Kriegsveteran)!
7 Ulf — Wie lange (Zeit) brauchen (nimmt es für) die besten Skifahrer (Elitefahrer)?
Åke — In der Regel etwas über vier Stunden.
8 Nils — Wie lang ist die Strecke eigentlich?
Arne — Ungefähr 85 Kilometer (8.5 Meilen). Start in Sälen gegen sieben Uhr, Ziel in Mora.
9 Ulf — (Das ist) komisch, daß es „Wasalauf" heißt. Warum nicht Dalalauf, nachdem der ganze Wettkampf in Dalekarlien stattfindet?
10 Arne — Bist du in Geschichte so ungebildet? Weißt du nicht, daß Gustav Eriksson, später schwedischer König unter dem Namen Gustav Wasa, ausgerechnet auf dieser Strecke Ski gelaufen ist?
11 Es war im Jahr 1521 (das Jahr war 1521).
Ulf — Danke, Herr Professor (der Professor)! War er Trimmer oder Elitefahrer?
12 Arne — Sehr lustig! Er versuchte, Schweden von der dänischen Herrschaft zu befreien.
13 Nils — Das alles war im 16. Jahrhundert. Der Wasalauf, wie er heute aussieht (in moderner Abzapfung), begann in den zwanziger Jahren.

ANMERKUNGEN *(Fortsetzung)*

10 *Rena krigsveteranen:* Merken Sie sich den Gebrauch der bestimmten Form im Schwedischen. Ebenso für ein wahrer, ein echter Skandal sagen die Schweden *rena skandalen*.
11 *Äga rum* bedeutet stattfinden (zu *äga:* besitzen und *rum:* Zimmer, Raum). Etymologisch sind die beiden Ausdrücke nicht sehr weit voneinander entfernt: stattfinden = eine Stelle finden.
12 *Professorn*. Ebenso wird mit einigen Titeln die bestimmte Form verwendet. Man sagt zum Beispiel *doktorn, lektorn* usw.
13 *Försökte:* Imperfekt des Verbs *försöka*.
14 *-talet* kann sowohl ein Jahrhundert als auch ein Jahrzehnt bezeichnen. Sie haben ein Beispiel für beides in diesem Satz.
15 Merken Sie sich den Ausdruck *i modern tappning, i svensk tappning:* in moderner Fassung, in schwedischer Version.

ÖVNINGAR

1 Ulf vill inte ställa upp i det här loppet. **2** Eva påstår att jag är obildad i historia. **3** Han försökte åka skidor på den här sträckan men han orkade inte. **4** Den här tävlingen äger rum på söndag. **5** När jag startade visste jag inte att det skulle ta drygt åtta timmar. **6** Gustav Vasa blev kung på femtonhundratjugotalet (1520-talet) ; Vasaloppet startade först på nittonhundratalet (1900-talet).

FYLL I MED RÄTT ORD

1 *Als Skifahrer habe ich vor einigen Tagen an einem Wettlauf teilgenommen.*

Som . . . . jag i en . . . . några dagar . . . . .

2 *Ich glaube nicht, daß der Lauf am Sonntag stattfindet.*

Jag . . . . inte att . . . . på söndag.

3 *Gewiß weiß ich das, so ungebildet bin ich nicht!*

Visst . . . jag det, så . . . . är jag inte !

****
FYRTIOSJÄTTE LEKTIONEN

Norden

1 — Ibland talar du om Skandinavien, ibland om Norden. Är det samma begrepp ? **(1)**

UTTAL
Nu[h]den. **1** begräpp.

ÜBUNGEN: 1 Ulf will sich zu diesem Lauf nicht anmelden. 2 Eva behauptet, daß ich in Geschichte ungebildet sei (bin). 3 Er versuchte, auf dieser Strecke Ski zu fahren, aber er hatte nicht die Kraft dazu. 4 Dieser Wettkampf findet am Sonntag statt. 5 Als ich startete, wußte ich nicht, daß es über (gut) acht Stunden dauern würde. 6 Gustav Wasa wurde König in den Jahren 1520; der Wasalauf begann erst im zwanzigsten Jahrhundert.

* * * * *

4 *Die Jungs finden, daß es Spaß macht, sich anzumelden.*

Grabbarna . . . . . . att det är roligt att . . . .

5 *Der Professeur behauptet, daß es zu lange dauert, aber er ist der einzige (dabei).*

Professorn . . . . . . att det . . . för . . . ., men han är . . . . det.

* * * * *

VERBESSERUNG

1 - skidåkare deltog - tävling för - sedan. 2 - tror - loppet äger rum. 3 - vet - obildad. 4 - tycker - ställa upp. 5 - påstår - tar - lång tid - ensam om.

****

SECHSUNDVIERZIGSTE LEKTION

Der Norden

1 — Bald sprichst du von Skandinavien, bald vom Norden. Ist es der gleiche Begriff?

ANMERKUNGEN

1 Beachten Sie, daß das Schwedische mit dem unveränderlichen Demonstrativpronomen *samma* keinen Artikel verwendet.

2 — Inte riktigt. De skandinaviska länderna bildar en språklig enhet. Norden, som innefattar även Finland, är ett vidare begrepp.
3 — Tillhör inte Finland de skandinaviska länderna ?
4 — Inte i sträng mening, fast man i praktiken kan svara både ja och nej. (2)
5 — Finland har tillhört den svenska kronan under många sekler, inte sant ? (3)
6 — Jo, och det finns fortfarande en minoritet som är svensktalande i vårt grannland på andra sidan Östersjön. Finland är officiellt tvåspråkigt. (4) (5)
7 Landets huvudstad har två olika namn, Helsingfors på svenska och Helsinki på finska, för att nämna ett exempel.
8 — Är inte finska ett nordiskt språk ?
— Nej, finska liksom samiska hör till en annan språkgrupp. (6)

2 enhet ... Finnland. 5 ßekler. 6 fu[h]tfarande ... Östö[h]schön. 7 Hälßingfo[h]sch ... finska. 8 nu[h]distt.

2 — Nicht ganz (richtig). Die skandinavischen Länder bilden eine sprachliche Einheit. Der Norden, der auch Finnland umfaßt, ist ein weiterer Begriff.
3 — Gehört Finnland nicht zu den skandinavischen Ländern?
4 — Nicht im strengsten Sinne, obwohl man in der Praxis sowohl mit ja als auch mit nein antworten kann.
5 — Finnland hat jahrhundertelang (während vieler Jahrhunderte) der schwedischen Krone angehört, nicht wahr?
6 — Ja (doch), und es gibt immer noch eine Minderheit, die in unserem Nachbarland auf der anderen Seite der Ostsee schwedischsprachig ist. Finnland ist offiziell zweisprachig.
7   Die Hauptstadt des Landes hat zwei verschiedene Namen, Helsingfors auf schwedisch und Helsinki auf finnisch, um ein Beispiel zu nennen.
8 — Ist Finnisch nicht eine nordische Sprache?
 — Nein, Finnisch gehört wie Samisch zu einer anderen Sprachgruppe.

ANMERKUNGEN *(Fortsetzung)*

2 *Fast:* Konzessive Konjunktion, die obwohl, wenn auch bedeutet.
3 *Sekler:* Pluralform von *sekel, seklet.*
4 *Svensktalande: som talar svenska.* Mit dem Präsenspartizip von *tala, talande* kann man jegliche linguistische Gruppe bezeichnen: *engelsktalande, fransktalande, tysktalande.* Diese Wörter sind unveränderlich.
5 *Östersjön:* Die Ostsee. *Sjö* kann sowohl einen See als auch ein Meer bezeichnen (vgl. im Deutschen der See und die See).
6 *Liksom* wird hier des Wohlklangs wegen anstelle von *som* gebraucht.

Lektion 46

9 — Samiska, är det samma sak som lapska?
— Lapska är det populära namnet på det språk som talas av samerna eller lapparna. (A4)
10 — Vad jag längtar efter en upptäcktsfärd ända fram till Ishavet! (7) (8)
11 Men först tänker jag segla över Nordsjön och besöka Norge, Färöarna och Island.
12 — Vilket jätteprogram! När du väl har fullbordat det har du upptäckt hela Skandinavien... utom Danmark. (9) (10)
13 — Danmark känner jag redan till. Landet är lätt tillgängligt.
14 — Det är sant. Vårt södra grannland är liksom kontinentens port. (11)

10 öpptäcktsfärd. 11 Nu[h]dschön ... Norje, Färöa[h]na. 12 föllbu[h]datt.
13 tschänner ... tilljänglitt. 14 kontinentens pu[h]t.

ÖVNINGAR

1 I USA finns det fortfarande minoriteter som är svensk- eller norsktalande. 2 Finland tillhör Norden, därför är Norden ett vidare begrepp än Skandinavien.
3 Jag känner till flera länder som officiellt är tvåspråkiga.
4 Hon längtar efter att upptäcka Sveriges huvudstad.
5 Både svenska och samiska eller lapska talas i Lappland. 6 Kan ni nämna ett skandinaviskt land utom Danmark, Sverige eller Norge?

* * * * *

FYLL I MED RÄTT ORD

1 *Ich sehne mich danach, über die Ostsee bis nach Helsinki zu segeln.*

Jag . . . . att segla över . . . . ända
. . . . till . . . .

9 — Samisch, ist es dasselbe wie Lappisch?
— Lappisch ist der volkstümliche Name für die Sprache, die von den Samen oder Lappen gesprochen wird.
10 — Wie sehr ich mich nach einer Entdeckungsreise bis ins Nördliche Eismeer sehne!
11 Aber zuerst habe ich vor (gedenke ich), über die Ostsee zu segeln und Norwegen, die Färöer und Island zu besuchen.
12 — Was für ein riesiges Programm! Wenn du es vollendet hast, wirst du ganz Skandinavien entdeckt haben ... außer Dänemark.
13 — Dänemark kenne ich schon. Das Land ist leicht zugänglich.
14 — Das ist wahr. Unser südliches Nachbarland ist gewissermaßen das Tor zum Kontinent.

ANMERKUNGEN *(Fortsetzung)*

7 *Längta efter:* sich (nach etwas) sehnen, trachten.
8 *Ishavet:* Das Nördliche Eismeer.
9 *Har fullbordat:* Perfekt des Verbs *fullborda*, vollenden, vollbringen.
10 *Har upptäckt:* Perfekt des Verbs *upptäcka*, entdecken. Vergleichen Sie Satz 10, *upptäcktsfärd*.
11 *Liksom* bedeutet hier sozusagen, gewissermaßen. Vergleichen Sie Anmerkung 6.

ÜBUNGEN: 1 In den USA gibt es immer noch Minderheiten, die schwedisch- und norwegischsprachig sind. **2** Finnland gehört zum Norden, deshalb ist der Norden ein weiterer Begriff als Skandinavien. **3** Ich kenne mehrere Länder, die offiziell zweisprachig sind. **4** Sie sehnt sich danach, die Hauptstadt Schwedens zu entdecken. **5** Sowohl Schwedisch, Samisch als auch Lappisch werden in Lappland gesprochen. **6** Könnt ihr (können Sie) ein skandinavisches Land außer Dänemark, Schweden oder Norwegen nennen?

2 *Nein, der Begriff „Nordische Sprachen" umfaßt nicht das Finnische.*

Nej, begreppet . . . . innefattar inte . . . . . .

Lektion 46

3 *Hast du dein riesiges Programm vollendet?*

. . . du . . . . ditt . . . . ?

4 *Island gehört zu den skandinavischen Ländern.*

. . . . (. . . . . . . ,) de . . . .
. . . .

****

FYRTIOSJUNDE LEKTIONEN

Om...

1 — Jag skulle vilja ve*ta* hur festen var i går. Du ser inte glad ut.

2 — Om kycklin*ge*n varit lika **u**ng som d**o**ttern i h**u**set och v**i**net varit lika gamm*a*lt som kycklin*ge*n, **(1) (A4)**

3 om s*å*sen varit lika varm som v**i**net och frukt-s*a*lladen lika kall som s*å*sen, då hade det var*i*t en lyck*a*d fest. **(A4)**

VILL MAN SÅ KAN MAN !

UTTAL

1 festen. **2** tschücklin*ge*n ... *ø*ng. **3** ßossen ... fr*ø*ktßalladen.

5 *Gibt es viele Schwedischsprachige in Finnland? Nur eine Minderheit.*

Finns det många . . . . i . . . . . . ? Bara
en . . . .

VERBESSERUNG

1 - längtar efter - Östersjön - fram - Helsingfors. **2** - nordiska språk - finska. **3** Har - fullbordat - jätteprogram. **4** Island tillhör (hör till) - skandinaviska länderna. **5** - svensktalande - Finland - minoritet.

****

SIEBENUNDVIERZIGSTE LEKTION

Wenn ...

1 — Ich möchte wissen, wie das Fest gestern war. Du siehst nicht fröhlich aus.
2 — Wenn das Hähnchen so jung wie die Tochter des Hauses und der Wein so alt wie das Hähnchen gewesen wäre,
3   wenn die Soße so warm wie der Wein und der Obstsalat so kalt wie die Soße gewesen wäre, dann wäre es ein gelungenes Fest gewesen.

ANMERKUNGEN

1 Wenn man will, kann man das Hilfsverb *har/hade* des Perfekts/Plusquamperfekts in dem Nebensatz weglassen. *Om kycklingen varit* = *om kycklingen hade varit.* Dies kommt vor allem in der Schriftsprache vor.

4 — Men husets dotter var söt, antar jag.
— Om hon bara hade varit lika attraktiv som sin mor ! (2)
5 — Du är för fordrande. Om du slutade säga om skulle du leva bättre. (3) (4)
6 — Du skulle säga precis som jag ifall du hade varit på den här misslyckade festen. (5) (6)
7 — Om du vilar dig ett tag kommer du att känna dig på bättre humör. (7)
8 — Det ligger någonting i det. Jag undrar om jag inte skall unna mig en tupplur. Men jag har svårt att sova på dagarna.
9 — Vill man så kan man ! (8)

På pressbyrån vid stationen

10 — Önskas något särskilt ? (9) (A4)
11 — Jag skulle vilja köpa en anständig bok utan kärlek eller sex, utan brott eller mord...
12 — I så fall får jag bestämt rekommendera tidtabellen.
13 Inte ens ärkebiskopen kan göra anmärkningar på den.

5 fu[h]drande. 6 misslückade. 8 nonnting ... øndrar ... ønna ... tøpplur. ßtaschunen. 11 anßtändig buhk ... tschärlek ... mu[h]d. 13 ärkebiskopen.

ANMERKUNGEN *(Fortsetzung)*

2 Beachten Sie, daß *vara* zur Bildung des Plusquamperfekts (wie des Perfekts) sich des Hilfsverbs *ha* bedient, und daß die Imperfektform die Funktion des Konjunktivs übernimmt.
3 *Fordrande:* Präsenspartizip des Verbs *fordra*, fordern. Hier als Adjektiv gebraucht.
4 *Slutade:* Imperfekt des Verbs *sluta*.
5 *Precis som jag*, genau wie ich. Viele Schweden sagen „*som mig*", aber dieser Gebrauch ist nicht korrekt.

4 — Aber die Tochter des Hauses war süß, nehme ich an.
— Wenn sir nur so attraktiv wie ihre Mutter gewesen wäre!
5 — Du bist zu anspruchsvoll. Wenn du aufhören würdest, „wenn" zu sagen, würdest du besser leben.
6 — Du würdest genau wie ich sagen, wenn (falls) du auf dieser mißlungenen Fete gewesen wärest.
7 — Wenn du dich eine Weile ausruhst, wirst du dich bei besserer Laune fühlen.
8 — Daran ist (liegt) etwas Wahres. Ich frage mich, ob ich mir nicht ein Nickerchen (Hahnenschläfchen) gönnen soll. Aber ich habe [es] schwer, am Tag zu schlafen.
9 — Wo ein Wille ist, ist auch ein Weg (will man, so kann man)!

Im Zeitungsstand am Bahnhof

10 — Wünschen Sie etwas Besonderes (wird etwas Besonderes erwünscht)?
11 — Ich möchte ein anständiges Buch ohne Liebe und (oder) Sex, ohne Verbrechen und (oder) Mord kaufen.
12 — In diesem Fall darf ich Ihnen bestimmt das Kursbuch empfehlen.
13 Nicht einmal der Erzbischof hat an dem etwas auszusetzen (kann über es Bemerkungen machen).

ANMERKUNGEN *(Fortsetzung)*

6 *Ifall:* Konditionale Konjunktion, die wenn, falls bedeutet. Sie kann anstelle von *om* verwendet werden.
7 *Komma att* wird zur Bildung des Futurs gebraucht: *Du kommer att känna dig = du skall känna dig.*
8 *Vill man så kan man = om man vill så kan man.*
9 *Önskas:* Passivform Präsens des Verbs *önska.* Wie schon erwähnt, hat das Schwedische eine Vorliebe für unpersönliche Passivkonstruktionen in Höflichkeitsformeln.

ÖVNINGAR

1 Ärkebisk*o*pen ser inte glad ut. 2 Jag undr*a*r om Birgitt*a* inte är lika trött som jag. 3 Jag skulle ha unn*a*t mig en tuppl*u*r ifall din mor inte varit här. 4 Det här vinet är faktiskt lika gamm*a*lt som huset. 5 Jag hade varit på bättre humör om festen varit lyck*a*d. 6 Inte ens min dott*e*r är lika fordrand*e* som du !

*****

FYLL I MED RÄTT ORD

1 *Wenn du zu dem Hähnchen ein bißchen Wein nehmen würdest, würdest du dich bei besserer Laune fühlen.*

. . du tog lite vin till . . . . du . . . . . dig på . . . .

2 *Er wäre fröhlich gewesen, wenn (falls) das Fest gelungen gewesen wäre.*

Han skulle . . . . glad . ./. . . . . festen hade . . . . .
. . . . . .

3 *Bist du so alt wie meine Tochter?*

Är du . . . . min dotter ?

****

FYRTIOÅTTONDE LEKTIONEN

Svenska språkets finesser och lustigheter

1   Pedro — De är galn*a* de där svenskarn*a* !
2   Einar — Det var hård*a* ord ! Kan du förklara dig närmar*e* ? (1)

UTTAL

finesser o l*ö*stigh*e*ter. 1 domm ä galn*a* domm. E-inar.

ÜBUNGEN: 1 Der Erzbischof sieht nicht fröhlich aus. 2 Ich frage mich, ob Birgitta nicht so müde ist wie ich. 3 Ich hätte mir ein Nickerchen gegönnt, wenn deine Mutter nicht hier gewesen wäre. 4 Dieser Wein ist in der Tat so alt wie das Haus. 5 Ich wäre bei besserer Laune gewesen, wenn das Fest gelungen gewesen wäre. 6 Nicht einmal meine Tochter ist so anspruchsvoll wie du!

* * * * *

4 *Nicht einmal der Erzbischof ist so anspruchsvoll wie meine Mutter.*

. . . . ärkebiskopen är . . . . min mor.

5 *Ich nehme an, daß das Kursbuch sich irgendwo im Haus befindet.*

Jag . . . . . att . . . . finns någonstans i huset.

VERBESSERUNG

1 Om - kycklingen skulle - känna - bättre humör. **2** - ha varit - om/ifall - varit lyckad. **3** - lika gammal som. **4** Inte ens - lika fordrande som. **5** - antar - tidtabellen.

****
ACHTUNDVIERZIGSTE LEKTION

Feinheiten und Merkwürdigkeiten der schwedischen Sprache

1 Pedro — Die sind verrückt, diese Schweden!
2 Einar — Das sind (waren) harte Worte! Kannst du dich [das] näher erklären?

ANMERKUNGEN

1 *Närmare*, Komparativform von *nära*, wird wie im Deutschen als Adjektiv oder als Adverb gebraucht. Merken Sie sich den Ausdruck *närmare upplysningar*, der dem deutschen Ausdruck „nähere Auskünfte" entspricht. *Närmare* kann aber auch in gewissen Fällen mit „genauer" wiedergegeben werden: *närmare bestämt* (Lektion 29, Satz 12): genauer gesagt.

3 P. — Här ger du mig ytterligare ett exempel. Du sa ju « det VAR hårda ord » när det ÄR hårda ord ! (2)
4 E. — Vi säger också « det var roligt », « det var synd » osv. (och så vidare) apropå aktuella händelser. Så är det bara. (3)
5 P. — Och som tack för maten utbrister ni « det var gott » trots att munnen fortfarande är full eller nästan. Är det inte underligt ?
6 E. — För oss är det helt naturligt. Är det något mer ?
7 P. — Åja ! Jag hörde i radion att det var en grad i Örebro och noll grader i Västerås. Det är ologiskt med pluralis efter noll. (4)
8 E. — Varje språk har sin egen inre logik.
P. — Det finns värre, lyssna bara !
9 Förstår jag rätt är en äldre dam yngre än en gammal dam, och en yngre man äldre än en ung man. (5) (6)

DET VAR GOTT!

3 jer du mäj ütterligare ... exempel. 4 osso widare apropo aktü-ella. 5 mønnen ... føll ... ønderlitt. 6 nott mär. 7 radjonn .. Örebruh ... Wästeross ... ulogist. 8 egen inre logik. 9 üngre ... øng.

3 P. — Hier gibst du mir ein weiteres Beispiel. Du hast ja gesagt „Das WAREN harte Worte", während es doch harte Worte SIND!
4 E. — Wir sagen auch „das war angenehm", „das war schade" usw. in bezug auf aktuelle Ereignisse. Das ist ganz einfach so.
5 P. — Und als Dank für das Essen ruft ihr „das war gut" aus, obwohl der Mund immer noch voll ist oder fast. Ist das nicht seltsam?
6 E. — Für uns ist das ganz natürlich. Gibt es noch etwas (ist es etwas mehr)?
7 P. — O ja! Ich habe im Radio gehört, daß es ein Grad in Örebro und null GradE in Västerås war(en). Es ist unlogisch, den Plural nach einer Null zu setzen.
8 E. — Jede Sprache hat ihre eigene innere Logik.
P. — Es gibt noch Schlimmeres, hör nur zu!
9 Wenn ich richtig verstehe, ist eine ältere Dame jünger als eine alte Dame und ein jüngerer Mann älter als ein junger Mann.

ANMERKUNGEN *(Fortsetzung)*

2 *Ytterligare:* ferner, weiter.
3 Sie sind schon diesem Gebrauch des Imperfekts begegnet, in den Ausrufesätzen nämlich, wo man eine Präsensform erwartete: *„Det var vackra ord"* (Lektion 39), *„Det var en bra idé"* (Lektion 40), *„Hur var namnet?"* (Lektion 44) ... Es kommt jedoch vor, daß man in ähnlichen Wendungen eine Präsensform vorfindet, vgl. *„Det är sant"* (Lektion 45). Lassen Sie sich von der Praxis führen.
4 *Hörde:* Imperfekt des Verbs *höra.*
5 *Förstår jag rätt* = *om jag förstår rätt.*
6 Der Komparativ wird wie im Deutschen zur höflichen Abschwächung einer Aussage herangezogen. Das Wort *gammal* wird aus Höflichkeitsgründen vermieden und mit *äldre* umschrieben.

Lektion 48

10 E. — Det stämmer, men...
P. — Och ETT fruntimmer ! En kvinna kan väl inte vara ett neutrum, det vore för trist ! (7) (8)

11 E. — Visserligen, men våra feminister får trösta sig med att « människan » är femininum.

12 P. — Använder man « hon » när man talar om människan ?

13 E. — Just precis. Detsamma gäller klockan och alla slags båtar förresten.

14 P. — Kanske har jag fortfarande en del att lära mig.

_{10 frøntimmer ... neutrøm ... wuhre. 11 männischann ... femininøm. 13 dehssamma.}

ÖVNINGAR

1 Det var roligt att lära sig några av svenska språkets finesser ! **2** Det är fortfarande noll grader ute. **3** Pedro måste förklara närmare varför han tycker att språket är underligt. **4** Jag vet inte om det är logiskt eller ologiskt, det är bara så ! **5** Jag har munnen full men jag säger ändå : det var gott ! **6** Är det något mer jag måste förklara ?

FYLL I MED RÄTT ORD

1 *Man kann sich damit trösten, daß jede Sprache ihre innere Logik hat.*

Man får . . . . med att . . . . har sin . . . .
. . . . .

2 *Hast du ein Grad oder null Grad gesagt? Ich habe nicht gehört.*

. . du en . . . . eller noll . . . . . . ? Jag . . . . . inte.

3 *Willst du näher erklären, warum das so heißt?*

Vill du . . . . varför . . . heter . .

10 E. — Das stimmt, aber ...
P. — Und EIN Frauenzimmer! Eine Frau kann doch nicht sächlich sein, das wäre zu traurig!
11 E. — Gewiß, aber unsere Feministinnen können sich damit trösten, daß „der Mensch" weiblich ist.
12 P. — Wendet man „sie" an, wenn man vom Menschen spricht?
13 E. — Genau. Dasselbe gilt übrigens für die Uhr und für Boote aller Art.
14 P. — Vielleicht habe ich (immer) noch eine ganze Menge (einen Teil) zu lernen (mir).

ANMERKUNGEN *(Fortsetzung)*

7 Pedro darf zu Recht erstaunt sein: Wie kann in der Tat ein weibliches Wesen sächlich sein? Die Schweden besitzen das Wort *fruntimmer,* das unserem Frauenzimmer entspricht, aber geben Sie zu, daß wir im Deutschen mit „das Mädchen" unseren Feministinnen noch härter zusetzen! Können Sie sich noch an die zwei Begriffe für „Mädchen" erinnern?
8 *Vore* ist eine der seltenen Konjunktivformen, die im Schwedischen noch verwendet werden. Vergleichen Sie *Jag vore tacksam:* Ich wäre dankbar.

ÜBUNGEN: 1 Das macht Spaß, einige von den Feinheiten der schwedischen Sprache zu lernen! **2** Es ist immer noch null Grad draußen. **3** Pedro muß näher erklären, warum er findet, daß die Sprache seltsam ist. **4** Ich weiß nicht, ob es logisch oder unlogisch ist, das ist einfach nur so! **5** Ich habe den Mund voll, aber ich sage trotzdem: Das war gut! **6** Muß ich noch etwas erklären (ist es etwas mehr, das ich erklären muß)?

* * * * *

4 *Stimmt es, daß man „sie" anwendet, wenn man vom Menschen spricht?*

. . . . det att man . . . . « hon » . . . man
. . . . . om . . . . ?

5 *Eine Sprache kann nicht ganz logisch sein, das wäre zu traurig!*

Ett . . . . . kan . . . . vara helt . . . ., det . . . .
. . . . . !

Lektion 48

Wir glauben kaum, daß Sie vor den typischen schwedischen Redewendungen, die Sie in dieser Lektion vorgefunden haben, zurückschrecken. Einerseits sind sie mit entsprechenden Redewendungen im Deutschen sehr nahe verwandt, andererseits sind Sie von vornherein mit ihnen vertraut gewesen und Sie haben unvermerkt gelernt, auf schwedisch zu denken. Dies ist ein ausgezeichneter Ausgangspunkt für die zweite Welle, die Sie erwartet (vgl. Lektion 49, § 5: Wenden Sie schnell die Seite um!).

****

FYRTIONIONDE LEKTIONEN

Översikt och anmärkningar

1 Humor auf schwedisch

Die Schweden sind zurückhaltend, aber keineswegs ohne Humor oder sogar Ironie bzw. Selbstironie. In ihren Witzen sticheln sie gerne gegen ihre skandinavischen Nachbarn, besonders gegen die Norweger, und diese wissen es, ihnen heimzuzahlen! Aber sie verstehen sich vor allem darauf, die Schrulligkeit von „Medelsvensson" zu erkennen und zu verspotten. So in *Grönköpings Veckoblad,* unseres Wissens die einzige schwedische satirische Zeitung. Diese Zeitung, die am Anfang des Jahrhunderts gegründet worden ist, gibt sich aus als „die größte monatliche Wochenzeitung Schwedens" *(Sveriges största månatliga veckotidning)* und wirbt um ihre potentiellen Kunden mit der stolzen Erklärung: „Setzt sich für alle soliden Werte, selbst die schwankendsten, ein; unterstützt immer die Regierung, selbst wenn sie total irrt; stimmt überein mit allem, was in Mode ist, egal wie dumm das ist".

2 Die Studienzirkel

Schweden besitzt eine alte und reiche Tradition der Erwachsenenbildung. Es bestehen etwa 100 sogenannte

VERBESSERUNG

1 - trösta sig - varje språk - inre logik. **2** - Sa - grad - grader - hörde.
3 - förklara närmare - det - så. **4** - Stämmer - använder - när - talar
- människan. **5** - språk - inte - logiskt - vore för trist.

****
NEUNUNDVIERZIGSTE LEKTION

Heimvolkshochschulen *(folkhögskolor)*, die von staatlichen
Zuschüssen getragen werden, und 10 verschiedene
Bildungsverbände *(studieförbund)*. Letztere, die unter dem
Schutz der Gewerkschaften, der politischen Parteien, der
Kirche oder der Nüchternheitsorganisationen stehen,
bieten in jeder kleinsten Ortschaft eine breite Palette an
Bildungsveranstaltungen (Fremdsprachen, Musik, Werken, Allgemeinbildung, handwerkliche Fertigkeiten ...) an.
Oft greifen die Schweden die Gelegenheit beim Schopf, die
langen Winterabende ein- bis zweimal in der Woche mit
Vernunft zu verbringen. Wir werden - auf schwedisch! -
in einer unserer nächsten Lektionen noch einmal darüber
reden.

3 Geschichtlicher Überblick

Skandinavien, das heute so friedlich aussieht, hat eine
stürmische und oft blutige Geschichte erlebt. Im Mittelalter wurde ein großes politisches Experiment versucht:
die Vereinigung von Dänemark, Norwegen und Schweden in einem Großreich. Diese Union, die 1397 begann,
geriet jedoch sehr schnell wegen zahlreicher Kämpfe ins
Wanken. 1520 versuchte Christian II., König von Dänemark, ein weites skandinavisches Reich durch Gewalt
wiederherzustellen, indem er die Unabhängigkeits-

Lektion 49

regungen der Schweden niederschlug (Stockholmer Blutbad). Dabei schürte er jedoch nur den Kampf, der von Gustav Eriksson, ab 1523 König von Schweden unter dem Namen Gustav Wasa, geführt wurde. Die nordischen Kriege fingen wieder an und dauerten bis zu Beginn des XVIII. Jahrhunderts, wobei das dänisch-norwegische Reich sich mit dem schwedisch-finnischen Reich auseinandersetzte. In moderner Zeit erringt Norwegen seine Unabhängigkeit, nachdem es viereinhalb Jahrhunderte lang eine dänische Provinz gewesen war und zwischen 1814 und 1905 dem schwedischen König unterworfen war. Und Finnland, das jahrhundertelang eine schwedische Provinz gewesen war, ehe es 1809 an Rußland fiel, erklärte 1917 seine Unabhängigkeit.

4 Das Verb: Gebrauchsanweisung (dritter Teil)

In den zwei vorangehenden Wiederholungslektionen haben wir Ihnen die Form der schwedischen Verben vorgestellt, sowie die Bildung ihrer Zeiten (35.3) und den Gebrauch einiger Zeiten (Präsens, Imperfekt, Perfekt), die spezifische Merkmale aufweisen (42.3). Erlauben Sie uns, kurz auf den Gebrauch der Zeiten zurückzukommen.

Das **Imperfekt** wird gebraucht, wenn der Satz eine Angabe enthält, durch welche erkennbar wird, daß der Vorgang zeitlich abgeschlossen ist: *Igår var jag i Stockholm.* Das **Perfekt** wird verwendet, wenn das Resultat einer Handlung oder eines Vorgangs hervorgehoben wird: *Har du sett henne?* Zwar kann im Deutschen das Perfekt herangezogen werden, um das Resultat einer Handlung hervorzuheben (Hast du sie gesehen?), aber der Satz: *Igår var jag i Stockholm* kann im Deutschen ebenso gut im Perfekt stehen (Gestern bin ich in Stockholm gewesen), da regionale und umgangssprachliche Besonderheiten bei seiner Verwendung eine Rolle spielen.

Beachten Sie, daß *vara* zur Bildung des Perfekts sich des Hilfsverbs *ha* bedient: *Hon har varit hemma hela dagen:* Sie *ist* den ganzen Tag zu Hause gewesen.

Ein Wort über die erste Form Plural des **Imperativs**. Die „offizielle" Form: *låt oss* + Infinitiv (vgl. im Deutschen laß(t) uns ...) wird in dem täglichen Leben wenig gebraucht. Die Schweden bevorzugen andere Wendungen, wie zum Beispiel: *kom så tittar vi* ... (komm, damit wir sehen ...) anstelle von *låt oss titta* ...

Was das **Perfekt** *(jag har sett)* und das **Plusquamperfekt** *(han hade sett)* betrifft, vergessen Sie nicht, daß das Hilfsverb *(har, hade)* in dem Nebensatz weggelassen werden kann. Dies gilt vor allem in der Schriftsprache. Sie können es ruhig in Ihrem täglichen Schwedisch-Lernen außer Betracht lassen.

Im Laufe der vorangehenden Lektionen haben Sie feststellen können, daß das **Passiv** auf zwei verschiedene Weisen ausgedrückt werden kann:

— Entweder indem man der Aktivform ein *-s* hinzufügt (im Präsens erscheint ein *-s* anstelle des auslautenden *-r*): *älskas, älskades, har älskats, hade älskats, skall älskas, skulle älskas.*

Anmerkung 1: Die Verben, die ihr Präsens auf *-er* bilden *(köper, stänger, skriver* usw.*),* bilden das Passivpräsens mit Zwischenschaltung eines *e: köpes* usw. (Schriftsprache) oder ohne: *skrivs* usw. (gesprochene Sprache);

Anmerkung 2: Endet der Stamm des Verbs auf *-s*, wird das Passivpräsens mit *-es* gebildet: *läsa*, zum Beispiel, ergibt in der Aktivform Präsens *läser* und in der Passivform Präsens *läses*.

— Oder indem man sich des Hilfsverb *vara:* sein (Zustandspassiv) oder des Hilfsverbs *bli* (*bliva* in der alten

Lektion 49

Schriftsprache und in den Wörterbüchern): werden (wenn die Handlung einen Abschluß gefunden hat) + Perfektpartizip bedient:

Jag är bjuden i kväll: Ich bin heute abend eingeladen; *vi blir bjudna av våra vänner:* Wir werden von unseren Freunden eingeladen.

Beachten Sie, daß der Agent im Schwedischen *av* ist.

Insgesamt können die Verbalformen auf -s drei Funktionen haben:

— Sie drücken das Passiv aus (vgl. oben);
— Sie können passive Form und gleichzeitig aktive Bedeutung haben: das ist der Fall bei einigen häufig vorkommenden Verben, sogenannten Deponentien, wie zum Beispiel *finnas* (bestehen, existieren), *hoppas* (hoffen), *trivas* (sich wohl fühlen), usw.
— Sie können eine Wechselseitigkeit ausdrücken (das Subjekt muß also im Plural stehen): *Vi ses i morgon:* Wir sehen uns morgen; *De skall säkert träffas:* Sie werden sich bestimmt treffen.

Schließlich sollte der Unterschied zwischen **Supinum** und **Perfektpartizip** (im Deutschen übernimmt das Perfektpartizip auch die Funktion des Supinums) kein Problem mehr darstellen:

Das Supinum ist die Verbalform, die nach dem Hilfsverb *ha* zur Bildung des Perfekts und des Plusquamperfekts herangezogen wird: *Jag har bjudit Lars; han hade bjudit mig;* das Supinum ist unveränderlich; das **Perfektpartizip** wird nach den Hilfsverben *vara* oder *bli (är, var, blir, blev ...)* verwendet, um das Passiv zu bilden, wie wir es soeben gesehen haben: *Vår katt är försvunnen, jag är bjuden, vi är bjudna, patienten blir botad, patienterna blir botade* usw. (Lesen Sie noch einmal die Lektionen 37, 39 und 40). Das Perfektpartizip unterliegt denselben Veränderungen wie das Adjektiv.

5 Zweite Welle

Sie befinden sich jetzt ungefähr auf halbem Wege Ihres Studiums. Herzlichen Glückwunsch! Glauben Sie bitte nicht, daß es unsererseits eine banale Ermutigung sei. Wir haben in der Tat in die Lektionen 1 bis 49 Ihres „Schwedisch ohne Mühe", d. h. in den ersten Band, praktisch alle Grundstrukturen und die elementare Grammatik eingegliedert. Später wollen wir festigen, ergänzen, nuancieren: das ist das Ziel der Lektionen 50 bis 100, die den zweiten Band ausmachen. Aber das Grundgerüst ist Ihnen schon vorgeführt worden.

Das kleine „Fabrikgeheimnis", das wir Ihnen nun verraten, kann Sie nur noch mehr dazu ermuntern, an die aktive Phase Ihres Studiums oder **zweite Welle** mit Eifer heranzugehen. Worin besteht diese zweite Welle? Wenn Sie die fünfzigste Lektion* einmal durchgearbeitet haben, nehmen Sie sich noch einmal die erste Lektion - und dann die zweite nach der einundfünfzigsten usw. - vor. Lesen Sie noch einmal (und hören Sie) die schon durchgearbeitete Lektion. Übersetzen Sie mündlich und, wenn Sie es möchten, schriftlich den deutschen Text ins Schwedische und korrigieren Sie dann selbst Ihre Übersetzung.

Die auf diese Art wiederholten Lektionen werden Ihnen recht einfach vorkommen, ein unverkennbarer Beweis für Ihre Fortschritte. Bis jetzt, während der passiven Phase, haben wir Sie dazu gebracht, die Sprache zu „kosten". Nun müssen Sie sich die Sprache aneignen und sie genießen. Nur Mut, Sie sind auf dem rechten Wege!

Persönliche Anmerkungen:

---

* Erste Lektion des zweiten Bandes.

GRAMMATISCHER ANHANG

GRAMMATIK-ÜBERSICHTSTABELLEN

(Vergleichen Sie auch den grammatischen Index)

I	**SUBSTANTIV**
I.1	Deklination der Substantive
I.2	Genus der Substantive/Formen und Gebrauch des Artikels
I.3	Genitiv
I.4	Akkusativobjekt/Dativobjekt/Präpositionalobjekt
II	**ADJEKTIV**
II.1	Deklination der Adjektive
II.2	Komparativ-Superlativ
III	**ADJEKTIV + SUBSTANTIV: Deklination in verschiedenen Verbindungen**
III.1	Unbestimmt + Unbestimmt
III.2	Bestimmt + Unbestimmt
III.3	Bestimmt + Bestimmt
IV	**PERSONALPRONOMEN, POSSESSIVPRONOMEN**
V	**VERB**
V.1	Konjugation der Verben
V.2	Gebräuchliche Formen der wichtigsten Modalverben
V.3	Alphabetisches Verzeichnis der wichtigsten unregelmäßigen Verben
VI	**AUSSPRACHE**
VI.1	Die Betonung des Wortes
VI.2	Betonte und unbetonte Wörter im Satz

I SUBSTANTIV

I.1 Deklination der Substantive

Dekli- nation (1)	Singular		Plural	
	Unbestimmt	*Bestimmt*	*Unbestimmt*	*Bestimmt*
I. -OR	gata	gatan	gator	gatorna
II. -AR	bil pojke fågel (2) syster (2)	bilen pojken fågeln systern	bilar pojkar fåglar systrar	bilarna pojkarna fåglarna systrarna
III.-[E]R	katt hustru parti museum (3) doktor	katten hustrun parti[e]t museet doktorn	katter hustrur partier museer doktorer	katterna hustrurna partierna museerna doktorerna
IV.-N (4)	minne	minnet	minnen	minnena
V.- = * (5)	hus lärare studerande mekaniker	huset läraren studeranden mekanikern	hus lärare studerande mekaniker	husen lärarna studerandena mekanikerna

* Das Zeichen = besagt, daß die unbestimmte Pluralform und die unbestimmte Singularform identisch sind.

(1) Die Einteilung der Substantive in fünf Deklinationen ergibt sich nach den Endungen der unbestimmten Pluralform: **or** (I), **ar** (II), **[e]r** (III), **n** (IV) und = (V). Der ersten und der zweiten Deklination gehören nur nicht-sächliche Substantive (Utra), der vierten nur sächliche (Neutra) an. Dagegen finden sich in der dritten und in der fünften Deklination sowohl nicht-sächliche als auch sächliche Substantive.
(2) Beachten Sie, daß die Substantive auf **-el** und **-er** der zweiten Deklination das **e** bei der Pluralbildung verlieren.

(3) Beachten Sie, wie die Substantive auf **-um** (Entlehnungen aus dem Lateinischen) dekliniert werden: **-um -et -er -na**.

(4) In der vierten Deklination finden sich sächliche Substantive mit Vokalendung.

(5) Der fünften Deklination gehören an:
— die sächlichen Substantive ohne Vokalendung;
— die nicht-sächlichen Substantive auf **-are, -ande, -iker, -ier**.

Umlaut im Plural

Einige Substantive, darunter die gebräuchlichsten, haben eine unregelmäßige Pluralbildung:

| Dekli- | Singular | | Plural | |
nation	*Unbestimmt*	*Bestimmt*	*Unbestimmt*	*Bestimmt*
II	mor *od.* moder	modern	mödrar	mödrarna
	dotter	dottern	döttrar	döttrarna
III	fot	foten	fötter	fötterna
	hand	handen	händer	händerna
	son	sonen	söner	sönerna
	bok	boken	böcker	böckerna
	bokstav	bokstaven	bokstäver	bokstäverna
	natt	natten	nätter	nätterna
	rot	roten	rötter	rötterna
	stad	staden	städer	städerna
	bonde	bonden	bönder	bönderna
IV	öga	ögat	ögon	ögonen
	öra	örat	öron	öronen
V	far *od.* fader	fadern	fäder	fäderna
	bror *od.* broder	brodern	bröder	bröderna
	man	mannen	män	männen

Schlagen Sie bitte im Wortregister nach, um die Deklination eines Substantivs zu finden oder um sie nachzuprüfen.

Wichtiger Hinweis zur Benutzung des Wortregisters:

Die Substantive auf -a (erste Deklination) und auf -e (zweite Deklination) verlieren das a bzw. das e, indem sie den Plural auf -or bzw. auf -ar bilden: gata - gator; pojke - pojkar.

Diese Besonderheit der Bildung, die durchaus regelmäßig vorkommt, ist im Wortregister nicht besonders kenntlich gemacht worden. Lesen Sie also bitte **gata**-n-or *wie* **gata**-gatan-gator, **pojke**-n-ar *wie* **pojke**-pojken-pojkar.

Dagegen sind die Flexionsfälle, die von der ersten Deklinationstabelle abweichen, jeweils kenntlich gemacht worden.
Beispiel: **fönster**-fönstret-fönster *ist folgendermaßen in das Register aufgenommen:*
fönster - ~ stret - = .

I.2 Genus der Substantive / Formen und Gebrauch des Artikels

In der Praxis gibt es nur zwei Geschlechter im Schwedischen.

nicht-sächlich (unbest. Art.: **en**)	sächlich (unbest. Art.: **ett**)
en gata	ett parti
en bil	ett minne
en lärare	ett hus

Der bestimmte Artikel (Singular und Plural) wird hinten angehängt:

Deklination	Singular	Plural
I	-n (gataN)	-na (gatorNA)
II	-[e]n (pojkEN)	-na (pojkarNA)
III	-[e]n (kattEN) -[e]t (parti[E]T)	-na (katterNA) -na (partierNA)
IV	-t (minneT)	-na (minneNA)
V	-et (husET) -n (lärareN)	-en (husEN) -na (lärarNA)

Vergleichen Sie die Übersichtstabelle DEKLINATION DER SUBSTANTIVE, I.1

Anmerkungen über den Gebrauch des unbestimmten Artikels

Das Substantiv kann ohne den unbestimmten Artikel verwendet werden:

Hon äker tåg
Hon kör bil
Han kör långtradare

Aber:

*Hon har **en** gammal bil, hon har **en** bil som är gammal.*

Das Weglassen des unbestimmten Artikels hat verallgemeinernde Bedeutung:

Han skriver brev till sin syster.

Nach einem Genitiv steht die unbestimmte Form des Substantivs: siehe Genitiv I.3.

I.3 Genitiv (Wesfall, zweiter Fall)

Das Schwedische wendet den sogenannten sächsischen Genitiv (mit vorangestelltem Genitivattribut) an.

en flickaS kjol flickanS kjol ett barnS språk barnetS språk	flickorS böcker flickornaS böcker barnS språk barnenS språk usw. (1)
StockholmS universitet	Uppsala universitet (2)
Anders vän	Paris centrum (3)
EvaS vän/vännen till Eva	husetS färg/färgen på huset/husfärgen (4)
VarUhus kungApar	kvinnOröst (5)

(1) Das Genitiv-s erscheint im Schwedischen im Singular **und** im Plural.

(2) Das Genitiv-s entfällt bei den nordischen geographischen Namen, die auf Vokal enden: *Uppsala universitet* [die Universität von Uppsala] - aber: *StockholmS universitet*.

(3) Das Genitiv-s entfällt bei den Substantiven, die auf **-s, -z** oder **-x** enden: *Nils katt* [Nils' Katze], *Karl Marx staty* [Karl Marx' Statue]. Kein Apostroph im Schwedischen!

(4) Die Schweden ersetzen oft eine Genitivkonstruktion durch eine Präposition zwischen den beiden Substantiven.
Beispiele: *vännen till Eva,* der Freund von Eva, *färgen på huset,* die Farbe des Hauses, die Hausfarbe.
Wichtig: Nach einem Genitiv steht das Substantiv immer in der unbestimmten Form:
Lunds gator [die Straßen von Lund], aber *gatorNA i Lund,*
Kalles kusin [der Cousin von Kalle], aber *kusinEN till Kalle.*

(5) In manchen Zusammensetzungen stößt man auf ein **a**, **o** oder **u**, die ein Überbleibsel von alten Genitivendungen sind (vgl. Lektion 84, § 5).

I.4 Akkusativobjekt / Dativobjekt / Präpositionalobjekt

| Hon ger segraren en blomma (1) | [Sie gibt dem Sieger |
| Hon ger en blomma åt segraren (2) | eine Blume] |

Verben mit einem Objekt, das vom Standpunkt des Deutschen Dativobjekt ist *(ge, lämna, köpa, hämta, visa* usw.*)*, können entweder mit Präposition oder mit unmittelbar anschließendem Objekt gebraucht werden:

(1) Verb + Dativobjekt ohne Präposition + Akkusativobjekt

(2) Verb + Akkusativobjekt + Präposition / *åt, till* oder *för* / + Objekt.

II ADJEKTIV

II.1 Deklination der Adjektive

	Unbestimmte Singularform	Bestimmte Singularform	Plural (unbest. + best.)
Attributiver Gebrauch	en trevlig man	den trevligE mannen (1)	trevligA män / de trevligA männen
	en trevlig kvinna	den trevligA kvinnan	trevligA kvinnor / de trevligA kvinnorna
	ett billigT hotell	det billigA hotellet	billigA hotell / de billigA hotellen
Prädikativer Gebrauch	en man är stor	mannen är stor	män/männen är storA
	ett barn är inte storT	barnet är inte storT	barn/barnen är inte storA

Besonderheiten der Bildung:

	Unbestimmte Singularform nicht-sächlich	sächlich	Bestimmte Sing. Plural
Verdoppelung des t in der unbestimmten Neutrumform (2)	fri ny blå grå	friTT nyTT blåTT gråTT	fria nya blå[a] grå[a] usw.
-d wird zu -tt in der unbestimmten Neutrumform (3)	god röd glad död solid bred	goTT röTT glaTT döTT soliTT breTT	goda röda glada döda solida breda usw.
-d wird zu -t in der unbestimmten Neutrumform (4)	blond vild känd nöjd förkyld rund	blonT vilT känT nöjT fökylT runT	blonda vilda kända nöjda förkylda runda usw.

| | Unbestimmte Singularform | | Bestimmte Sing. |
	nicht-sächlich	sächlich	Plural
Gleiche Form im Nicht-Sächlichen	(5) absolut	absolut	absoluta
und im Sächlichen	(6) svart kort tyst gift	svart kort tyst gift	svarta korta tysta gifta
Adjektive auf -el *und* -er	(7) enkel vacker	enkelt vackert	enkLA vackRA usw.
Adjektive auf -en	(8) nyfiken mogen	nyfikET mogET	nyfikNA mogNA usw.
Unveränderliche Adjektive	bra kul extra stackars gratis främmande lagom äkta	= = = = = = = =	= = = = = = = = usw.
Beachten Sie die Deklination von **gammal:**	gammal	gammalt	GAMLA

Achtung vor **liten!**

Dieses sehr gebräuchliche Adjektiv weist eine sehr unregelmäßige Deklination auf:

Unbest. Singularform	Best. Singularform	Unbest. und best. Pluralform
liten/litet	*lilla (lille)*	*små*
en liten bil	den lilla bilen	små bilar de små bilarna
ett litet hus	det lilla huset	små hus de små husen

(1) Adjektiven, die bei einem männlichen Substantiv stehen, wird ein **-e** in der bestimmten Singularform angehängt.

(2) Adjektive, die auf einen **langen** betonten Vokal enden. In der Neutrumform wird der Vokal jedoch kurz, da ein doppeltes -t erscheint (vgl. Einleitungslektion, Bd. I).

(3) Adjektive, die auf einen langen Vokal + **d** enden. Durch das Ersetzen des -d durch -tt wird der lange Vokal kurz (vgl. vorangehende Anmerkung).

(4) Adjektive auf -d mit einem vorausgehenden anderen Konsonanten.

(5) Adjektive auf -t mit Betonung auf der letzten Silbe (kein zusätzliches -t in der Neutrumform).

(6) Adjektive auf -t mit einem vorausgehenden anderen Konsonanten (kein zusätzliches -t in der Neutrumform).

(7) Das -e fällt in der bestimmten Singularform und im Plural weg.

(8) Das Neutrum -t wird nicht dem -n der Grundform hinzugefügt, sondern ersetzt es: *Nyfiken* ⟶ *nyfiket* (und nicht nyfikent). In der bestimmten Form und im Plural ersetzt **-na** das **-en** der Grundform.

Zur Beachtung! Über die Deklination der Superlative und des adjektivisch verwendeten Partizips vergleichen Sie bitte Komparativ-Superlativ (II.2) bzw. Konjugation der Verben (V.1).

II.2 Komparativ-Superlativ

II.2.1 Durch Anhängen eines Suffix

Adjektiv (Positiv)	Komparativ (1)	Superlativ (2)
Allgemeiner Fall: Komparativ auf -ARE, Superlativ auf -AST		
rik fattig	rikARE fattigARE	rikAST fattigAST

Adjektiv (Positiv)	Komparativ (1)	Superlativ (2)
Adjektive, an die ein -RE (Komp.) und ein -ST (Sup.) angehängt wird und die oft umlauten		
hög	högRE	högST
låg	lägRE	lägST
lång	längRE	längST
stor	störRE	störST
tung	tyngRE	tyngST
ung	yngRE	yngST
trång	trängRE	trängST
Unregelmäßige Komparativ- und Superlativformen		
god (3) *od.* bra	bättre	bäst
dålig	sämre	sämst
ond	värre	värst
liten	mindre	minst
gammal	äldre	äldst
många	fler[a]	flest

(1) Der Komparativ (**-are** bzw. **-re**) ist unveränderlich.

(2) Der Superlativ wird folgendermaßen dekliniert:

Unbestimmt		Bestimmt (und Plural)	
rikast fattigast	-AST	rikastE fattigastE	-ASTE
högst yngst bäst	-ST	högstA yngstA bästA usw.	-STA (-STE*)
Andersson är rik**ast** Anna är b**äst**		Han är den rik**aste** Hon är den bäst**a** Per är den bäst**e** usw.	

* Wenn die superlative Singularform sich auf eine männliche Person bezieht.

(3) **God** kann regelmäßig Komparativ- und Superlativformen aufweisen **(godare, godast),** wenn es sich auf Nahrungsmittel bezieht:

Ost är godare än bröd (Käse ist [schmeckt] besser als Brot) Sill är godast (Hering ist [schmeckt] am besten)

II.2.2 Komparativ mit MER, Superlativ mit MEST

Positiv	Komparativ	Superlativ
typisk (1)	**MER** typisk	**MEST** typisk
vetenskaplig (2)	**MER** vetenskaplig	**MEST** vetenskaplig
fängslande (3)	**MER** fängslande	**MEST** fängslande
intresserad (4) omtyckt	**MER** intresserad **MER** omtyckt	**MEST** intresserad **MEST** omtyckt

Diese Komparativ- und Superlativformen werden beobachtet bei:

(1) Adjektiven auf -isk;
(2) langen Adjektiven (mindestens drei Silben);
(3) adjektivisch gebrauchten Präsenspartizipien;
(4) adjektivisch gebrauchten Perfektpartizipien.

Absoluter Gebrauch des Komparativs

In manchen Fällen kann der Komparativ absolut - d. h. ohne die Konjunktion **än,** die einen Vergleich einleiten würde - gebraucht werden. Wie im Deutschen wird er benutzt, um eine Aussage abzuschwächen:

en äldre man: ein älterer Mann, ein Mann fortgeschrittenen Alters [zum Unterschied von *en gammal man,* ein alter Mann], oder um zu zeigen, daß eine Eigenschaft **verhältnismäßig** stark ausgeprägt ist: *en längre promenad:* ein längerer Spaziergang *[en lång promenad:* ein langer Spaziergang].

Gleichheit, Ungleichheit zweier Größen

Gleichheit so ... wie	Eva är lika gammal som Anna [Eva ist so alt wie Anna]	lika ... som
Ungleichheit weniger ... als	Mitt arbete är mindre intressant än ditt [Meine Arbeit ist weniger interessant als deine]	mindre ... än

Über den Komparativ und Superlativ mancher Adverbien vergleichen Sie Lektion 91, § 6.

III ADJEKTIV + SUBSTANTIV:
Deklination in verschiedenen Verbindungen

III.1 Unbestimmt + bestimmt

(1) en trevlig fest	ett vackert barn	några	
ingen trevlig fest	inget vackert barn	flera	trevliga fester
en sådan trevlig fest	ett sådant vackert barn	sådana	vackra barn
vilken trevlig fest	vilket vackert barn	vilka	(2)

(1) Nach dem unbestimmten Artikel *(en, ett);*
(2) nach *någon (något, några), ingen (inget, inga), en annan (ett annat, andra), en sådan (ett sådant, sådana), vilken (vilket, vilka), all (allt, alla), varje*

bleiben Adjektiv und Substantiv in der unbestimmten Form.

III.2 Bestimmt + unbestimmt

(1) denna nya bil	detta gamla hus	dessa	
(2) min nya bil	hennes gamla hus	deras	nya bilar
(3) Hults nya bil	Peters gamla hus	Svenssons	gamla hus
(4) samma nya bil	samma gamla hus	samma	
nästa nya bil	nästa gamla hus	nästa	
följande nya bil	följande gamla hus	följande	
(5) min **egen** bil	hans **eget** hus	våra **egna** bilar	

(1) Nach den Demonstrativpronomen *denna, detta, dessa;*
(2) nach den Possessivpronomen *(min, mitt, mina, din ..., sin ..., hans, hennes, dess, vår ..., er ..., deras);*
(3) nach einem Genitiv;
(4) nach *samma, nästa, följande*

steht das Adjektiv in der bestimmten, das Substantiv in der unbestimmten Form.

(5) Ausnahmen: *egen (eget, egna)* bleibt nach einem Possessivpronomen oder nach einem Genitiv in der unbestimmten Form.

III.3 Bestimmt + bestimmt

den nya bilen	det gamla huset	de nya bilarna
		de gamla husen
den här, den där } nya bilen	det här, det där } gamla huset	de här/de där/nya bilarna
		de här/de där/gamla husen

Nach den Demonstrativpronomen *den, det, de, den här, den där, det här, det där, de här, de där*

stehen Adjektiv und Substantiv in der bestimmten Form.

Beachten Sie jedoch folgenden Unterschied:

— *Varför köpte du den bil**en**?*
— *Jag köpte den bil som var billigast.*

Im zweiten Satz bleibt **bil** in der unbestimmten Form, da der nachfolgende Relativsatz die bestimmende Funktion des Artikels übernimmt.

IV PERSONALPRONOMEN, POSSESSIVPRONOMEN

Person	Personalpronomen		Possessivpronomen		
	Nominativ	Objektfall	Singular		Plural
			nicht-sächlich	sächlich	
1 (Sing.)	jag	mig	min	mitt	mina
2 (Sing.)	du	dig	din	ditt	dina
3 (Sing.)	han	honom	sin hans	sitt hans	sina hans
	hon	henne	sin hennes	sitt hennes	sina hennes
	den	den	sin dess	sitt dess	sina dess
	det	det	sin dess	sitt dess	sina dess
1 (Pl.)	vi	oss	vår	vårt	våra
2 (Pl.)	ni	er	er	ert	era
3 (Pl.)	de	dem	sin deras	sitt deras	sina deras

Die vier Geschlechter der dritten Person Singular (Personalpronomen)

Während das Schwedische in der Praxis nur zwei Geschlechter (das Nicht-Sächliche oder Utrum und das Sächliche oder Neutrum) hat, weist die dritte Person Singular vier Pronomen auf:

han/hon männlich/weiblich

den Tiere, Sachen, nichtpersonale Begriffe - vertritt ein nicht-sächliches Substantiv: *katten är hungrig, den är hungrig; idén är rolig, den är rolig*

det vertritt ein sächliches Substantiv: *barnet är litet, det är litet, huset är gammalt, det är gammalt.*

Gebrauch von *sin, sitt, sina* **und von** *hans, hennes, dess, deras.*

han tar sin bil (1)	*han tar hans/hennes/deras/bil* (2)
han tar sin bil	*hans bil är röd* (3)

(1) **Sin, sitt, sina** - reflexive Possessivpronomen - beziehen sich auf ein Subjekt des Satzes: *han tar sin bil* er nimmt sein (eigenes) Auto.

(2) **Hans, hennes, dess, deras** beziehen sich auf eine Person, die nicht das Subjekt des Satzes ist:
han tar hans bil er nimmt sein Auto (das Auto einer anderen, männlichen Person),
han tar hennes bil er nimmt ihr Auto (das Auto einer anderen, weiblichen Person),
han tar deras bil er nimmt ihr Auto (das Auto, das anderen Personen gehört), aber: *Svenssons tar sin bil* die Svenssons nehmen ihr (eigenes) Auto.

(3) **Sin, sitt, sina** können nicht beim Subjekt des Satzes stehen:
Åke tar sin bil Åke nimmt sein (eigenes) Auto
hans bil är röd sein (eigenes) Auto ist rot.

Siehe Lektion 21, § 4 und Lektion 63, § 5.

Anmerkungen über die Possessivpronomen:

(1) Sie können auch als Adjektive, d. h. absolut und in prädikativer Stellung, gebraucht werden:

det här är mitt hus	*huset är mitt*
du tar din bil	*bilen är din*
hon tar sin bil	*bilen är hennes* usw.

(2) Sie können substantiviert werden

de mina	die Meinen	*de sina*	die Seinen
de dina	die Deinen	*de vara*	die Unseren (Unsrigen)

de varas villkor die Verhältnisse der Unsrigen usw.

V VERB

V.1 Konjugation der Verben (1)

Infinitiv	Imperativ (2)	Präsens	Imperfekt	Supinum (3)	Perfektpartizip (3) nicht sächl.	Perfektpartizip (3) sächl.	Plural
vara (sein) **ha** (haben) **bli** (werden)	var ha bli	är har blir	var hade blev	varit haft blivit	bliven	blivet	blivna
(4) **tala** (sprechen) **stänga** (schließen) **köpa** (kaufen) **bo** (wohnen)	tala stäng köp bo	talar stänger köper bor	talade stängde köpte bodde	talat stängt köpt bott	talad stängd köpt bodd	talat stängt köpt bott	talade stängda köpta bodda
(5) **försvinna** (verschwinden)	försvinn	försvinner	försvann	försvunnit	försvunnen	försvunnet	försvunna

(1) Gleiche Form in allen Personen (siehe jedoch (2) unten).
(2) Es gibt eine - wenig gebräuchliche - Imperativform in der ersten Person Plural: **låt oss** + Infinitiv *låt oss ha, låt oss tala, låt oss köpa* usw.
(3) Über den Gebrauch des Supinums bzw. des Perfektpartizips siehe weiter unten **(Perfekt, Plusquamperfekt** und **Passiv)** und Lektion 49, § 4.
Über die Bildung der Zeiten siehe Lektion 35, § 3.
(4) Die Verben: tala-**DE-T** (I)
    stäng/a-**DE-T** (IIa)
    köp/a-**TE-T** (IIb)
    bo-**DDE-TT** (III)
weisen regelmäßige Deklinationsmuster auf.
(5) Was die Verben der vierten Gruppe und die unregelmäßigen Verben betrifft, siehe das **Wortregister.** Weiter unten finden Sie ein alphabetisches Verzeichnis der meisten unregelmäßigen Verben (Seiten 257-9).

Perfekt	Plusquam-perfekt	Futur	Irrealis		Präsens-partizip
			Präsens	*Vergangenheit*	
har talat	hade varit	ska(ll) bli	skulle bo	skulle ha köpt	talande
har bott	hade försvunnit	kommer att köpa	skulle bli	skulle ha bott	boende
har + Supinum	**hade** + Supinum	**ska(ll)** + Infinitiv od. **kommer att** + Infinitiv	**skulle** + Infinitiv	**skulle** + **ha** + Supinum	Anhängen von -ANDE od. -ENDE an die Stammform (1)

Über den Gebrauch der Zeiten siehe Lektion 42, § 3.

(1) Das *Präsenspartizip* wird meistens durch Anhängen von **-ANDE** an die Stammform gebildet. Das Präsenspartizip der Verben, deren Stammform* auf einen betonten Vokal endet, wird durch Anhängen von **-ENDE** gebildet: *gå → gående; bo → boende* usw.

* Die Stammform des Verbs ist mit der Infinitivform identisch - mit Ausfall des auslautenden **-a** für die Verben auf **-a**.

Bildung des Passivs

Es gibt zwei Möglichkeiten, das Passiv zu bilden:

1 Durch Anhängen eines **-s** an die Aktivform (im Präsens erscheint ein **-s** anstelle des auslautenden **-r**).

Aktiv	Passiv
talar talade har talat ska(ll) tala	talas talades har talats ska(ll) talas usw.

Anmerkung: Endet der Stamm des Verbs auf **-s**, wird das Passivpräsens mit **-es** gebildet.
Beispiel: *Jag läser boken   boken läsES av mig**.

2 Mit Hilfe der Hilfsverben **bli** oder **vara** + Perfektpartizip.

jag är bjuden	*bilen blev köpt*	usw.

Über das Passiv und die verschiedenen Funktionen der Verbalformen auf **-s** siehe Lektion 49, § 4.

* Der **Agent** wird immer durch die Präposition **av** ausgedrückt.

V.2 Gebräuchliche Formen der wichtigsten Modalverben

Infinitiv	Präsens	Imperfekt	Supinum
—	måste	måste	måst
[böra]	bör	borde	[bort]
[skola]	ska(ll)	skulle	[skolat]
kunna	kan	kunde	kunnat
vilja	vill	ville	velat
—	må	måtte	—
—	lär	—	—
—	—	torde	—

Diese Verben, die dazu dienen, die Art und Weise eines anderen Verbs zu modifizieren, sind nur in den obigen Formen gebräuchlich. In den eckigen Klammern stehen Formen, die theoretisch existieren, aber nicht oder kaum verwendet werden.

Über diese Modalverben vergleichen Sie Lektion 70, § 4; über *torde* vergleichen Sie Lektion 90, Anm. 3.

Zur Beachtung:
Das Hauptverb ist mit dem Modalverb ohne *att* verbunden.

V.3 Alphabetisches Verzeichnis der häufigsten unregelmäßigen Verben*

(Mit Ausnahme der bereits erfaßten Hilfsverben *vara, ha* und *bli* (V.1) und der Modalverben (V.2).)

* Im Wortregister finden Sie all die Verben, die in Ihrem „Schwedisch ohne Mühe" verwendet worden sind, mit Angabe ihrer Stammzeitformen.

Infinitiv	Präsens	Imperfekt	Supinum	Bedeutung (Vergleichen Sie nötigenfalls das Wortregister)
be	ber	bad	bett	bitten
binda	binder	band	bundit	binden
bita	biter	bet	bitit	beißen
bjuda	bjuder	bjöd	bjudit	anbieten, einladen
brinna	brinner	brann	brunnit	brennen
bryta	bryter	bröt	brutit	brechen
bära	bär	bar	burit	tragen
dra	drar	drog	dragit	ziehen
dricka	dricker	drack	druckit	trinken
driva	driver	drev	drivit	treiben
duga	duger	dög	dugt	taugen
dö	dör	dog	dött	sterben
dölja	döljer	dolde	dolt	verbergen, verstecken
falla	faller	föll	fallit	fallen
fara	far	for	farit	fahren, reisen
finna	finner	fann	funnit	finden
finnas	finns	fanns	funnits	existieren, sein
flyga	flyger	flög	flugit	fliegen
flyta	flyter	flöt	flutit	fließen
frysa	fryser	frös	frusit	frieren
få	får	fick	fått	bekommen usw.
försvinna	försvinner	försvann	försvunnit	verschwinden
ge[giva]	ger	gav	gett *od.* givit	geben
glädja	gläder	gladde	glatt	[er]freuen
gnida	gnider	gned	gnidit	reiben
gripa	griper	grep	gripit	greifen
gråta	gråter	grät	gråtit	weinen
gå	går	gick	gått	gehen
göra	gör	gjorde	gjort	machen, tun
heta	heter	hette	hetat	heißen
hinna	hinner	hann	hunnit	[zeitlich] schaffen
hålla	håller	höll	hållit	halten
komma	kommer	kom	kommit	kommen
le	ler	log	lett	lächeln
leva	lever	levde	levat *od.* levt	leben
lida	lider	led	lidit	leiden

Infinitiv	Präsens	Imperfekt	Supinum	Bedeutung (Vergleichen Sie nötigenfalls das Wortregister)
ligga	ligger	låg	legat	liegen
låta	låter	lät	låtit	klingen, lassen
lägga	lägger	lade	lagt	legen
njuta	njuter	njöt	njutit	genießen
rida	rider	red	ridit	reiten
se	ser	såg	sett	sehen
sitta	sitter	satt	suttit	sitzen
sjunga	sjunger	sjöng	sjungit	singen
skina	skiner	sken	skinit	scheinen
skilja	skiljer	skilde	skilt	trennen, scheiden
skjuta	skjuter	sköt	skjutit	schießen
skriva	skriver	skrev	skrivit	schreiben
slippa	slipper	slapp	sluppit	nicht brauchen usw.
sluta sig	sluter sig	slöt sig	slutit sig	sich [an]schließen
slå	slår	slog	slagit	schlagen
sova	sover	sov	sovit	schlafen
sprida	sprider	spred	spridit	verbreiten, streuen
springa	springer	sprang	sprungit	laufen
stiga	stiger	steg	stigit	steigen
stryka	stryker	strök	strukit	streichen
stå	står	stod	stått	stehen
supa	super	söp	supit	saufen
svälja	sväljer	svalde	svalt	[ver]schlucken
säga	säger	sa(de)	sagt	sagen
sälja	säljer	sålde	sålt	verkaufen
sätta	sätter	satte	satt	setzen
ta[ga]	tar	tog	tagit	nehmen
tvinga	tvingar	tvingade od. tvang	tvingat od. tvungit	zwingen
[töras]	törs	tordes	torts	wagen, sich trauen
veta	vet	visste	vetat	wissen
vinna	vinner	vann	vunnit	gewinnen
vrida	vrider	vred	vridit	drehen
välja	väljer	valde	valt	wählen
vänja	vänjer	vande	vant	gewöhnen
växa	växer	växte	växt od. vuxit	wachsen
äta	äter	åt	ätit	essen

VI AUSSPRACHE

(Ergänzung zur Einleitungslektion, Band I, S. VIII-XX sq.)

VI.1 Die Betonung des Wortes

Es gibt im Schwedischen zwei Typen von Akzenten:

den einfachen Akzent oder **Akut**
(Akzent I): *hus, förklara* usw.

den doppelten Akzent oder **Gravis**
(Akzent II): *blomma, träffa* usw.

} siehe Einleitungslektion

Im Satz werden nur bestimmte Teile betont (siehe unten, VI.2), aber jedes allein gesprochene Wort bekommt einen der zwei Akzente. Wie kann man wissen, welchen?

Grundregeln

Akzent I	Akzent II (2)
stol stolen (1)	stol*a*r (3) stol*a*rn*a* (4)
ros rosen (1)	ros*o*r (3) ros*o*rn*a* (4)
sko skon skor skorna (5)	
restaurang restaurangen restauranger restaurangerna (6)	
	möt*e* möt*e*t möt*e*n möt*e*n*a* (4)
	lärar*e* läraren lärar*e* lärarn*a* (4)
katt katten (1)	katt*e*r (7) katt*e*rn*a* (4)
bok boken böcker böckerna (8)	
betala betalade betalat (9)	tal*a* tal*a*d*e* tal*a*t (10)
förklara förklarade förklarat (9)	
	klar*a* klar*a*d*e* klar*a*t (10)
läser (11) läst	läs*a* läst*e* (10)
skriver (11) skrev	skriv*a* skriv*i*t (10)
beskriva beskriver (13), beskrev beskrivit	inskriv*a* inskriv*e*r (12), inskrev inskriv*i*t
hörd hört	hörd*a* (14)
fin fint	fin*a* (fin*e*) (14)
intelligent intelligenta (15)	

(1) Die einsilbigen Wörter tragen den Akzent I. **Sie behalten den Akzent I in der bestimmten Singularform bei,** selbst wenn sie dann zweisilbig sind.

(2) Die meisten zwei- oder mehrsilbigen Wörter, deren erste Silbe betont ist, bekommen den Akzent II.

(3) Die Pluralendungen *-ar* oder *-or* ziehen den Akzent II nach sich.

(4) In der bestimmten Pluralform wird der Nebenakzent von der letzten Silbe getragen.

(5) **Die bestimmte Pluralform wird von demselben Akzent getragen wie die unbestimmte Pluralform.** So behält *skorna* den Akzent I bei, der das einsilbige *skor* prägt.

(6) Die Substantive der dritten Deklination (Plural auf *-er*), deren erste Silbe unbetont ist, bekommen den Akzent I in allen Formen.

(7) Die anderen Substantive der dritten Deklination bekommen im Prinzip den Akzent II im Plural. Angemerkt sei jedoch, daß der Sprachgebrauch zwischen *saker* und *saker*, zwischen *typer* und *typer* usw. schwankt.

(8) Die Regel (6) gilt nicht für Substantive, die im Plural umlauten. Diese Substantive bekommen den Akzent I im Plural.
Ausnahme: *son, sonen, söner, sönerna*.

(9) Die Verben, deren erste Silbe unbetont ist, tragen den Akzent I in allen Formen.

(10) Die zwei- oder mehrsilbigen Verben, deren erste Silbe betont ist, bekommen den Akzent II in all ihren Formen mit mindestens zwei Silben.

(11) **Ausnahme** von der obigen Regel: Die Präsensform auf **-er** der einfachen (= nicht zusammengesetzten) Verben trägt den Akzent I: *skriva skriver*.

(12) Die Präsensform auf **-er** der mit einer betonten Vorsilbe zusammengesetzten Verben bekommt den Akzent II: Hauptakzent auf der Vorsilbe, Nebenakzent auf der Stammsilbe: *inskriva inskriver*.

(13) Die Präsensform auf **-er** der mit einer unbetonten Vorsilbe zusammengesetzten Verben bekommt den Akzent I (Sonderfall von (9)).

(14) Das Endungs-**a** der bestimmten Singularform oder der (bestimmten und unbestimmten) Pluralform des Adjektivs und des Perfektpartizips zieht den Akzent II nach sich, wenn die erste Silbe betont ist. Dies gilt ebenfalls für das Endungs-**e**.

(15) Das Adjektiv oder das Perfektpartizip in der bestimmten Singularform oder in der Pluralform behält den Akzent I bei, wenn die erste Silbe unbetont ist.

Sonderfälle

Akzent I (1)	Akzent II
(1) tekniker fysiker -IKER	
typisk typiska -ISK (A)	
engelsk engelska -ELSK (A)	
(2) kompis buskis -IS	
högre -RE (Komp.)	(3) rikar*e* -ARE (Komp.)
ytterst -ST (Sup.)	rik*ast* -AST (Sup.)
(4) säker säkert -ER	(4) säkr*a*
enkel enkelt -EL (Adj.)	enkl*a*
(5) besök begripa BE-	(6) ingr*i*pa
försök förbjuda FÖR-	inbj*u*da
(7) rekommendera -ERA	

pengar   (9)
hundra
tusen
verkstad
trädgård herrgård
måndag tisdag onsdag
torsdag fredag lördag
söndag
riksdag middag vardag
juni juli
	(8) prinsess*a* prinsess*o*r
	    prinsessorn*a* -ESSA
	    lärarinn*a* lärarinn*o*r
	    lärarinnorn*a* -INNA

Personennamen (10)

(11) Birgit
     Mari Marianne
     Kerstin
     Gunnar
     Torbjörn
     Ingvar Ingrid
     Lennart
(15) Nilsson Svensson
(17) Bergman Nyman
(18) Molin (19) Virén
	(11) Birgitt*a* Margaret*a*
	     Gunill*a* Kristin*a*
	     Mari*a*
	(12) Gitt*a*n Magg*a*n
	     Lass*e* Niss*e*
	     Kall*e* Boss*e*
	(13) Nils-Er*i*k
	     (od. Nils-Erik -*Akzent* I)
	(14) Anna-K*a*rin
	(16) Andersson Petersson
	(20) Erik Andersson

Akzent I (1)		Akzent II
	Orts- und Ländernamen	
(21) Sverige	(22) Göteborg	St**o**ckh**o**lm
N**o**rge	Trelleb**o**rg	Malm**ö**
D**a**nmark	Helsingb**o**rg	Norrk**ö**ping
F**i**nland	Helsingf**o**rs	
Island		
T**y**skland	K**ö**penhamn	(21 bis) Vätt**y**skland
Sm**å**land		(Bundesrepublik Deutschland)
Fr**a**nkrike	**O**skarshamn	
S**o**vjet	**Ö**rebro	
Sp**a**nien	Väster**å**s	
P**o**len		
Djurg**å**r(de)n		
Kir**u**na		
	Abkürzungen	
		(23) T**V** (tew**e**h) S**J** (ässj**i**)*
(24) TC**O** (tesseuh)	od.	TC**O** (tesse**u**h)
		(25) SMH**I** (ässemmho**i**)
	Zusammengesetzte Wörter	
		(26) jämställdhetsombudsm**a**n
		[jämst**ä**lld
		jämställdh**e**t
		omb**u**d
		man
		ombudsm**a**n

* **SJ** = *Statens Järnvägar* [Die schwedischen Staatseisenbahnen]

(1) Manche Nachsilben sperren den Akzent II: das Wort bekommt also den Akzent I. Es handelt sich um: **-iker, -isk(a), -elsk(a), -is** [siehe jedoch (2)], die Endung **-re** des Komparativs und die Endung **-st** des Superlativs, die Adjektivendungen **-er** und **-el**.

(2) Die Endung **-is,** die den Akzent II sperrt, ist diejenige, die in der Umgangssprache die (verniedlichende) Substantivierung von Adjektiven ermöglicht. Sie darf nicht mit der betonten Nachsilbe **-is** verwechselt werden, auf die man in Entlehnungen stößt (*polis, aktris*).

(3) Im Gegensatz zu den Komparativformen auf **-re** und zu den Superlativformen auf **-st** bekommen die Komparativformen auf **-are** und die Superlativformen auf **-ast** den Akzent II.

(4) *Säker, aber säkra, enkel,* aber *enkla* (bestimmte Singularform oder unbestimmte und bestimmte Pluralform dieser Adjektive: Akzent II).

(5) Die unbetonten Vorsilben **be-** und **för-** ziehen den Akzent I nach sich [vgl. im Deutschen be- und ver-].

(6) Die anderen Vorsilben sind gewöhnlich betont. Die Wörter, die sie einleiten, tragen also den Akzent II.

(7) Die Verben auf **-era** bekommen den Akzent I, der Akzent liegt auf dem **e** der Nachsilbe.

(8) Die Substantive auf **-essa, -inna** bekommen - dem angegebenen Musterbeispiel zufolge - den Akzent II. Merken Sie sich die Stellung des Hauptakzents.

(9) Manche Wörter (und darunter die gebräuchlichsten) bekommen den Akzent I, wo wir doch den Akzent II erwartet hätten. So geht es u. a. bei den Wörtern auf **-dag** (und somit bei den Wochentagen) und bei den meisten Wörtern auf **-gård.**

(10) Was die Personennamen und vor allem die Vornamen betrifft, ist der Sprachgebrauch allein ausschlaggebend. Es ist schwer, präzise Regeln aufzu-

stellen. Die folgenden Anmerkungen können Ihnen jedoch vielleicht behilflich sein.

(11) Allein die Praxis ermöglicht, mit Sicherheit zu wissen, wie ein Vorname betont wird. *Birgit* bekommt zum Beispiel den Akzent I, *Gittan* den Akzent II und *Birgitta* trägt nach dem Muster der Substantive auf -*inna* oder -*essa* (siehe oben (8)) den Akzent II. Vgl. auch *Margareta*, *Kristina*, *Gunilla* usw.

(12) Die Verkleinerungs- und Koseformen (*Lasse*, Koseform von *Lars*, *Maggan*, Koseform von *Margareta* usw.) bekommen im allgemeinen den Akzent II.

(13) In den männlichen Doppelnamen liegt im allgemeinen die Betonung auf dem zweiten Teil des Namens.

(14) In den weiblichen Doppelnamen liegt im allgemeinen der Hauptakzent auf dem ersten Teil und der Nebenakzent auf dem zweiten Teil des Namens.

(15) Die zweisilbigen Namen auf **-son** bekommen den Akzent I.

(16) Die Namen auf **-son** mit mehr als zwei Silben bekommen den Akzent II.

(17) Die Familiennamen auf **-man** bekommen den Akzent I (aber nicht die Bezeichnungen der Staatsangehörigkeit: *engelsman*, *fransman*, *norrman* [Engländer, Franzose, Norweger], usw.).

(18) In den Familiennamen auf **-in** trägt das **i** des auslautenden -*in* die Betonung.

(19) Der Akut des Französischen (é) auf einem Vokal gibt die Stellung des Akzents an.

(20) Wenn der Vor- und der Nachname zusammen gesprochen werden, wird gewöhnlich nur der Nachname betont.

(21) Viele Orts- und Ländernamen bekommen den Akzent I, wobei die Betonung auf der ersten Silbe liegt; dies ist besonders der Fall bei den Namen auf -**land,** außer wenn ein betonter Wortzusatz vor ihnen steht (21 bis).

(22) Manche Städtenamen bekommen den Akzent I, aber mit der Betonung auf der letzten Silbe.

(23) Abkürzungen, die aus zwei Buchstaben bestehen, bekommen den Akzent II.

(24) Abkürzungen, die aus drei Buchstaben bestehen, bekommen entweder den Akzent I (Betonung auf dem dritten Buchstaben) oder den Akzent II (Hauptakzent auf dem ersten, Nebenakzent auf dem dritten Buchstaben).

(25) Die Abkürzungen, die aus vier Buchstaben bestehen, bekommen meistens den Akzent II (Hauptakzent auf dem vorletzten, Nebenakzent auf dem letzten Buchstaben). In manchen Fällen wird nur der letzte Buchstabe betont (Akzent I).

(26) Bei den Zusammensetzungen (Akzent II) liegt der Hauptakzent auf dem ersten betonungsfähigen Teil, der Nebenakzent auf dem letzten betonungsfähigen Teil. Vergleichen Sie das angegebene Beispiel mit seinen Bestandteilen.

Zur Beachtung: Selbst wenn eine Zusammensetzung sehr lang ist, trägt sie nur zwei Akzente, einen Hauptakzent und einen Nebenakzent. Zwischen dem am stärksten betonten Teil und dem am zweitstärksten

betonten Teil werden die anderen Teile, die
normalerweise betont werden sollten, monoton aus-
gesprochen. Die Betonung verschwindet nicht ganz,
sie ist nur abgeschwächt. In Ihrem Schwedisch-
Studium brauchen Sie sich nicht darum zu küm-
mern; wenn Sie unsere Kassetten besitzen, werden
Sie sich durch Nachahmung eine perfekte Ausspra-
che aneignen.

VI.3 Betonte und unbetonte Wörter im Satz

Jeder Satz muß mindestens einen betonten Teil enthalten.

Teile, die oft betont sind	Teile, die normalerweise unbetont sind

Substantiv
Adjektiv
Zahlwort
Hauptverb
Sinnverändernder
    Verbzusatz (Partikel)
Demonstrativpronomen
	Artikel
	Präposition
	Konjunktion
	Hilfsverb
	Verb mit einer darauf-
	    folgenden betonten Partikel
	Andere Pronomen als die
	    Demonstrativpronomen

In manchen Verbindungen wird nur ein Wort betont:

klock*an*	tre	→	klockan tre
gaml*a*	stan	→	gamla stan
tjug*o*	fyr*a*	→	tjugofyra (Akzent I in der Zusammensetzung)
tre	kron*o*r	→	Tre kron*o*r [Eishockeymannschaft]
Ev*a*	Lindkv*i*st	→	Eva Lindqv*i*st usw.

WICHTIG!

1 *Die Betonung oder Nicht-Betonung verschiedener Satz-*
teile hängt weitgehend vom Sprecher ab (mehr oder
weniger flüchtigem Sprechen, neutraler Betonung oder
emphatischer Hervorhebung gewisser Teile usw.).

2 *Um der Klarheit willen haben wir die Lektionstexte Ihres „Schwedisch ohne Mühe", vor allem am Anfang, reichlich mit Akzenten versehen. Wir hielten es für unentbehrlich, Ihnen die „phonetische Visitenkarte" möglichst vieler Wörter zu geben. Selbstverständlich würden in einer ungezwungenen Unterhaltung nicht so viele Satzteile betont werden. Lassen Sie sich von unseren Aufnahmen führen, in denen Sie von einem langsamen, deutlich artikulierten Redefluß zu einer normaleren, gleichsam aus dem Leben gegriffenen Sprechweise übergehen werden.*

GRAMMATISCHER INDEX

Die arabischen Ziffern verweisen auf die Lektionen, wobei die zweite Ziffer die Anmerkung oder den Abschnitt angibt. Die Einleitungslektion wurde mit der Ziffer 0 bezeichnet. Die grammatischen Tabellen (am Ende des Buches) wurden in römischen Ziffern kenntlich gemacht.

Adjektiv Deklination 7.12, 28.4, Tabelle II.1
Steigerung 28.5, Tabelle II.2
Adjektiv + Substantiv in verschiedenen Verbindungen 63.6, Tabelle III
Adverb 91.6
Agent siehe **Passiv**, Tabelle V.1
Akkusativobjekt 21.3, Tabelle I.4
Akzent (Akut, Gravis) 0.5
Alphabet 0.1
Artikel 7.10, 7.11, Tabelle I.2
Att 13.1, 22.4, 63.3
Aussprache 0, Tabelle VI

Behöva 70.4
Betonung 0.5, Tabellen VI.1, VI.2
Bli 35.3, 49.4, 70.4
Borde 31.9, 59.3, Tabelle V.2
Bort/borta 91.6
Briefwechsel (Formeln) 11, 70.2
Bruka 70.4
Bör 70.4, Tabelle V.2

Dativobjekt 21.3, Tabelle I.4
-del 98.4
Demonstrativpronomen 56.5, Tabellen III.2, III.3
Den här (där), det här (där), de här (där) 56.5, Tabelle III.3
Den, det 1. siehe **Artikel;** 2. siehe *han, hon, den, det;* 3. (Demonstrativ) Tabelle III
Denna, detta, dessa 56.5, Tabelle III.2

Deponens 49.4
Deras siehe *Hans*
Dess 63.5, Tabelle IV
Du/ni 7.5, Tabelle IV
Där/dit 91.6
En, ens (Indefinitpronomen) siehe *Man*
Fram/framme 91.6
Futur 35.3, Tabelle V.1
Fa 10.1, 70.4
Genitiv 12.2, 15.7, 17.4, Tabelle I.3
Goddag/adjö 7.6
Ga (unpersönlicher Gebrauch) 77.4
Ha 35.3, 49.4, Tabelle V.1
Halv 98.4
Han, hon, den, det 14.5, Tabelle IV
Hans, hennes, deras 21.4, Tabelle IV
Hej, hej da 7.6
Hem/hemma 91.6
Hilfsverben 35.3, 49.4, 70.4, Tabelle V.1
Här/hit 91.6
Höflichkeit (Alltagsleben, gebräuchliche Formeln) 7.5, 7.6, 7.7, 28.1 (in Briefen: siehe **Briefwechsel**)
Imperativ 35.3, 49.4, Tabelle V.1
Imperfekt 35.3, 42.3, 48.3, 49.4, Tabelle V.1
In/inne 91.6
Indefinitpronomen 98.5
Indirekter Fragesatz 91.5
Inget/intet 98.5
Intonation 0.5
Irrealis siehe **Konjunktiv**
Kommer att siehe **Futur**
Komparativ, Superlativ des Adjektivs 28.5, Tabelle II.2, mancher Adverbien 91.6
Konjunktiv 24.10, Tabelle V.1
Konsonant 0.3, 0.4
Kunna 70.4, Tabelle V.2

Lata 70.4
Lär 61.2, 61.8, Tabelle V.2
Man/sin/en/ens 98.5
Modalverben 70.4, Tabelle V.2
Ma (Modalverb) 70.4, Tabelle V.2
Maste 70.4, Tabelle V.2
Ner/nere 91.6
Nagon, nagot, nagonting 98.5
Nagot som 70.3
Objekt (Akkusativ-, Dativ- und Präpositionalobjekt) 21.3, Tabelle I.4
Och (Verbindung zwischen zwei Verben) 77.4
Om 15.2, 24.5, 24.12
Orka 70.4

Passiv 49.4, Tabelle V.1
Perfekt 35.3, 42.3, 49.4, Tabelle V.1
Perfektpartizip 49.4, 56.4, Tabelle V.1
Personalpronomen 7.5, 14.5, Tabelle IV
Plusquamperfekt 35.3, 49.4, 68.4, Tabelle V.1
Possessivpronomen 14.4, 21.4, 63.5, Tabelle IV
Präpositionalobjekt 21.3, Tabelle I.4
Präsens 35.3, 42.3, Tabelle V.1
Präsenspartizip 56.4, Tabelle V.1
Pronomen (verschiedene) siehe **Demonstrativ-, Indefinit-, Possessiv-, Relativpronomen**

Rechtschreibung 63.4
Relativpronomen 70.3
Relativsatz siehe **Relativpronomen** und Tabelle III.3

Sin, sitt, sina 21.4, Tabelle IV
Ska(ll) 35.3, 50.1, 52.1, 70.4, Tabellen V.1, V.2
Skulle 24.10, 70.4, Tabellen V.1, V.2
Slippa 70.4
Som 22.6, 63.3, 70.3, 91.5
Starke Verben siehe **Unregelmäßige Verben**
Substantiv: Genus 7.9, Deklination 21.5, Tabelle I
Superlativ siehe **Komparativ**

Supinum   35.3, 49.4, Tabelle V.1
Tack   7.7, 28.1
-tal   98.4
Torde   90.3, Tabelle V.2
Tro   28.3
Tycka   28.3
Tänka   28.3, 70.4

Uhrzeit   21.2
Unregelmäßige Verben   Tabelle V.3 und WORTREGISTER
Upp/uppe   91.6
Ut/ute   91.6

Vad   70.3
Var/vart   91.6
Vara   35.3, 49.4, 70.4, Tabelle V.1
Varannan   68.11
Varenda   98.5
Varje   98.5
Var och en   98.5
Verb Konjugation   35.3, Tabelle V.1; Gebrauch der Zeiten 42.3, 49.4
Verb mit trennbarer Partikel   56.4, 77.5
Verteilung der Akzente   Tabelle VI.1
Vilja   70.4
Vilkas   70.3
Vilken, vilket, vilka   60.10, 65.8, 70.3
Vokale   0.2, 7.1

Wortstellung   12.6, 14.3, 23.3, 50.11, 61, 64.7, 67.2, 71.9, 88.5, 91.7

Zahlwörter   98.4
Zusammensetzungen und Ableitungen   77.5

SCHWEDISCH-DEUTSCHES WORTREGISTER

Die Wörter wurden nach dem schwedischen Alphabet geordnet, d. h., daß die Vokale **å, ä** und **ö** sich am Ende des Alphabets befinden.

In Anlehnung an den schwedischen Gebrauch wurden die wenigen Wörter, die mit **w** anfangen, unter dem Buchstaben **v** ins Register aufgenommen.

Die Deklination der Substantive wurde folgendermaßen angegeben: 1. unbestimmte Singularform; 2. Flexionsendung der bestimmten Singularform; 3. Flexionsendung der unbestimmten Pluralform. Beispiele:

gata-*n*-*or* =	gata gatan gator
gubbe-*n*-*ar*	gubbe gubben gubbar
rum-*met*- =	rum rummet rum
orden - = *ordnar*	orden orden ordnar
bageri-*[e]t*-*er*	bageri bageriet ou bagerit bagerier
hemland-*et* - ~ *länder*	hemland hemlandet hemländer usw.

Bei den Verben wurden die Stammzeitformen angegeben: 1. Infinitiv; 2. Imperfekt; 3. Supinum. Beispiele:

tala-*de*-*t* =	tala talade talat
sök/**a**-*te*-*t*	söka sökte sökt
fäst/**a**-*e* - =	fästa fäste fäst
klä-*dde*-*tt*	klä klädde klätt
missförstå - ~ *stod* - ~ *stått*	missförstå missförstod missförstått usw.

Zu einer Übersicht über
die Deklination der Substantive
die Deklination der Adjektive
die Konjugation der Verben
vergleichen Sie die Grammatik-Übersichtstabellen

Verwendete Abkürzungen: Adj. = Adjektiv, Adv. = Adverb, Art. = Artikel, Komp. = Komparativ, Konj. = Konjunktion, Int. = Interjektion, unv. = unveränderlich, Zahlw. = Zahlwort, Pl. = Plural, best. Pl. = bestimmte Pluralform, Präp. = Präposition, Präs. = Präsens, Imp. = Imperfekt, S. = Substantiv, Konjt. = Konjunktiv, Sup. = Superlativ, V. = Verb.

absolut absolut; durchaus
acceptabel annehmbar
acceptera-*de*-*t* annehmen
ack ach! oh!
ackompanjemang-*et* - = Begleitung
aderton achtzehn *de aderton* die Achtzehn [Mitglieder der Schwedischen Akademie]
adjunkt-*en*-*er* Gymnasiallehrer, Studienrat
adjö auf Wiedersehen!
adress-*en*-*er* Adresse
adressat-*en*-*er* Empfänger, Adressat
affisch-*en*-*er* Plakat, Anschlag
afton-*en aftnar* Abend; **aftonklänning**-*en*-*ar* Abendkleid
affär-*en*-*er* Geschäft, Laden; Geschäft(e) Handel; Angelegenheit, Affäre *(kärleksaffär);* **affärsman**-*nen* - ∼ *män* Geschäftsmann
aggressiv aggressiv
agrarland-*et* - ∼ *länder* Agrarland
akademi-*[e]n*-*er* Akademie; **akademisk** akademisch
akta-*de*-*t* achtgeben; **akta sig** sich hüten, aufpassen
aktie-*n*-*er* Aktie, Börsenpapier
aktivitet-*en*-*er* Tätigkeit
aktuell aktuell, gegenwärtig „*aktuellt*" Fernsehnachrichten (erstes schwedisches Fernsehen)
akut akut; **akutmottagning**-*en*-*ar* Unfallstation (im Krankenhaus)
album-*et* - = Album
aldrig niemals, nie
alibi-*t*-*n* Alibi
alkohol-*en* Alkohol
all *allt alla* alles, alle *alla helgons dag* Allerheiligen
alldeles ganz und gar, völlig
allesamman[s] alle miteinander, allesamt
allhelgonadagen oder **alla helgons dag** Allerheiligen
allihop[a] siehe **allesamman[s]**

allmän allgemein; **allmänhet**-*en* Allgemeinheit; Öffentlichkeit
allra aller- [zur Verstärkung eines Superlativs]
alls / *inte alls* gar nicht
alltefter je nach
alltid immer
allting alles
alltjämt immer noch
alltmer immer mehr
alltså also
allvar-*et* Ernst; **allvarlig** ernst, ernsthaft
almanacka-*n*-*or* Kalender, Almanach
alternativ 1 (Adj.) alternativ, abwechselnd; 2 (S.) *[-et - =]* Alternative
ambassad-*en*-*er* Botschaft; **ambassadör**-*en*-*er* Botschafter
Amerika Amerika; **amerikan**-*en*-*er* Amerikaner; **amerikansk** amerikanisch
amnesi-*n* Amnesie, Gedächtnisverlust
amortering-*en*-*ar* Ratenzahlung, Amortisation
ana-*de*-*t* ahnen, erraten
anda-*n* Atem; Geist
andas *andades andats* atmen; **andas in** einatmen; **andas ut** ausatmen
andra 1. zweite; 2. siehe **annan**
ange [angiva] - ~*gav* - ~*gett [*~*givit]* angeben; anzeigen
angenäm angenehm
anglosaxisk angelsächsisch
angrepp-*et* - = Angriff
angripa- ~*grep* - ~*gripit* angreifen
anhänger-*n* - = Anhänger, Verfechter
aning-*en*-*ar* Ahnung, Vorahnung, Vorgefühl, Idee
ankomst-*en*-*er* Ankunft
anlita-*de*-*t [någon]* sich [an jmdn] wenden, konsultieren
anländ/a-*e* - ~*länt* ankommen, eintreffen
anmäl/a-*de*-*t* **[sig]** [sich] anmelden; besprechen, rezensieren

anmärkning-*en*-*ar* Anmerkung, Bemerkung, Vermerk
annan annat andra anderer anderes andere; *annandag jul/påsk/pingst* zweiter Weihnachtstag/Ostermontag/Pfingstmontag
annars sonst, wenn nicht
annons-*en*-*er* Annonce, Inserat, Anzeige; **annonserade**-*t* inserieren
annorlunda andersartig, anders
anordna-*de*-*t* anordnen, veranstalten
anpassa-*de*-*t* anpassen
anse -~*såg* -~*sett* meinen, glauben
ansikte-*t*-*n* Gesicht
ansluta -~*slöt* -~*slutit* **[sig]** [sich] anschließen
anspråkslös anspruchslos
ansträng/a-*de*-*t* **[sig]** [sich] anstrengen
anställ/a-*de*-*t* einstellen; **anställning**-*en*-*ar* Anstellung, Stellung
anständig anständig
ansvar-*et* Verantwortung
ansökan *ansökan ansökningar* Gesuch, Antrag
anta[ga] -~*tog* -~*tagit* 1. anstellen, ernennen; 2. annehmen, vermuten
antal-*et*- = Anzahl, Zahl
anteckna-*de*-*t* aufschreiben, notieren
antingen ... eller entweder ... oder
använd/a-*e*~*vänt* anwenden, verwenden; **användning**-*en*-*ar* Anwendung, Verwendung, Gebrauch
apelsin-*en*-*er* Apfelsine
apotek-*et* - = Apotheke
apparat-*en*-*er* Gerät, Apparat
april April
apropås hinsichtlich, à propos
arbeta-*de*-*t* arbeiten; **arbetare**-*n* - = Arbeiter
arbetarklass-*en* Arbeiterklasse; **arbetarlitteratur**-*en* Arbeiterliteratur
arbete-*t*-*n* Arbeit

arbetsförmedling-*en*-*ar* Arbeitsamt; **arbetsgivare**-*n* - = Arbeitgeber; **arbetslös** arbeitslos; **arbetslöshet** Arbeitslosigkeit; **arbetstagare**-*n* - = Arbeitnehmer; **arbetstillstånd**-*et* - = Arbeitsgenehmigung

arg böse, ärgerlich, zornig; **argsint** = arg
arm-*en*-*ar* Arm
armé-*n*-*er* Armee
art-*en*-*er* Art, Sorte
artikel-*n artiklar* Artikel
artikulera-*de*-*t* artikulieren
artist-*en*-*er* Artist, Künstler
arton achtzehn; **artonde** achtzehnte
arv-*et* - = Erbe; Erbschaft; **arvinge**-*n* -*ar* Erbe
asch ach was!
asfalt-*en* Asphalt
ask-*en*-*ar* Schachtel, Dose
association-*en*-*er* Vereinigung, Bund
Atlantis Atlantis
atmosfär-*en*-*er* Atmosphäre, Stimmung
atombomb-*en*-*er* Atombombe
att 1. zu (in Verbindung mit dem Infinitiv); 2. daß (Konj.)
attraktiv attraktiv
attraktion-*en*-*er* Anziehung, Reiz
augusti August
automat-*en*-*er* Automat; **automatisk** automatisch
av 1. (Verbpartikel); 2. (Präp.) von, aus, durch usw.
avbeställ/a-*de*-*t* abbestellen
avbryta-~*bröt* -~*brutit* abbrechen, unterbrechen
avdelning-*en*-*ar* Abteilung
avdrag-*et* - = Abzug
avel-*n* Zucht
avgift-*en*-*er* Gebühr, Beitrag
avgång-*en*-*ar* Abgang, Abfahrt
avgörande entscheidend

avi-*n*-*er* Anzeige, Benachrichtigung
avkopplande entspannend
avlopp-*et* - = Abfluß, Ausguß
avlång länglich
avlägsen entfernt, entlegen
avråd/a-*de* -~*rått* abraten
avse -~*såg* -~*sett* beabsichtigen; sich beziehen auf
avsikt-*en*-*er* Absicht, Zweck
avskaffa-*de*-*t* abschaffen; **avskaffande**-*t*-*n* Abschaffung, Aufhebung
avsluta-*de*-*t* beenden, fertig machen, abschließen
avsnitt-*et* - = Abschnitt, Fortsetzung
avspänd entspannt
avstånd-*et* - = Abstand
avsändare-*n* - = Absender
avta[ga] -~*tog* -~*tagit* abnehmen, nachlassen
avtal-*et* - = Verabredung, Übereinkunft, Abrede, Abkommen

bad-*et* - = Bad
bada-*de*-*t* baden; **badort**-*en*-*er* Kurort; **badrum**-*met* - = Badezimmer
bagage-*t* Gepäck
bagare-*n* - = Bäcker; **bagari**-*[e]t*-*er* Bäckerei
baka-*de*-*t* backen
bakfram oder **bak och fram** verkehrt
bakgrund-*en* Hintergrund
baklänges rückwärts
bakom hinter
baksida-*n*-*or* Rückseite
balans-*en* Gleichgewicht
balett-*en*-*er* Ballett
balkong-*en*-*er* Balkon
bana-*n*-*or* Bahn
banan-*en*-*er* Banane

bandy-*n* Bandy (Eishockeyspiel)
bank-*en*-*er* Bank; **bankfack**-*et* - = Bankfach; **bankkonto**-*t*-*n* Bankkonto; **banklån**-*et* - = Bankanleihe
banta-*de*-*t* abnehmen, eine Schlankheitskur machen
bara nur
barn-*et* - = Kind; **barndom**-*en* Kindheit; **barnslig** kindlich; kindisch
barock barock; **barocken** das Barock
barometer-*n barometrar* Barometer
basker-*n baskrar* Baskenmütze
basket-*en* Basketball
be *bad bett* bitten
bedra - ~*drog* - ~*dragit* betrügen
bedriva - ~*drev* - ~*drivit* betreiben, treiben
bedöm/a-*de*-*t* beurteilen, schätzen
befatta-*de*-*t* sig *[med något]* sich [mit etwas] beschäftigen, befassen
befinna - ~*fann* - ~*funnit* **sig** sich befinden
befintlig befindlich, vorhanden
befogad befugt, berechtigt
befolka-*de*-*t* bevölkern; **befolkning**-*en*-*ar* Bevölkerung
befria-*de*-*t* befreien
begagnad-*de*-*t* gebrauchen, benutzen; **begagnad** Gebraucht-
begeistrad begeistert
begravning-*en*-*ar* Begräbnis
begrepp-*et* - = Begriff
begripa - ~*grep* - ~*gripit* begreifen; **begriplig** begreiflich
begrunda-*de*-*t* nachdenken, überdenken
begränsa-*de*-*t* begrenzen
behaglig angenehm, behaglich
behov-*et* Bedarf, Bedürfnis
behå-*n*-*er* oder **bh** Büstenhalter, BH
behålla - ~*höll* - ~*hållit* behalten

behärska-*de-t* beherrschen
behöv/a-*de-t* brauchen, nötig haben
bekant bekannt; **bekantskap**-*en-er* Bekanntschaft
bekväm bequem
bekymmer -~*kymret* -= Sorge, Kummer
bekämpa-*de-t* bekämpfen; **bekämpning**-*en* Bekämpfung [von Schädlingen]
belgare-*n* -= Belgier; **Belgien** Belgien
belägen gelegen
belöning-*en-ar* Belohnung
ben-*et* -= Bein
bensin-*en* Benzin
bered/a-*de berett* bereiten, vorbereiten
beredskapsarbete-*t-n* Notstandsarbeit, Überbrückungsarbeit
berg-*et* -= Berg
bero-*dde-tt [på något]* [auf etwas] ankommen, [von etwas] abhängen
beräkna-*de-t* berechnen, veranschlagen
berätta-*de-t* erzählen; **berättare**-*n* -= /**berätterska**-*n-or* Erzähler/in
berättelse-*n-r* Erzählung
berömma -~*römde* -~*römt* loben, preisen; **berömd** berühmt
berömmelse-*n* Ruhm
berör/a-*de-t* berühren; streifen; **berörd** berührt; **beröringspunkt**-*en-er* Berührungspunkt
beskriva -~*skrev* -~*skrivit* beschreiben; **beskrivning**-*en-ar* Beschreibung
beslut-*et* Entschluß, Beschluß; **besluta**-*de* (oder: *beslöt*)-*t* beschließen, bestimmen
bespruta-*de-t* bespritzen
bestick-*et* -= Besteck, Eßbesteck
bestå -~*stod* -~*stått [av något]* [in etwas] bestehen
beställ/a-*de-t* bestellen; **beställning**-*en-ar* Bestellung
bestämma -~*stämde* -~*stämt* bestimmen

bestämmelsestation-*en*-*er* Bestimmungsbahnhof
besvara-*de*-*t* beantworten
besviken enttäuscht
besvära-*de*-*t* belästigen; stören; **besvärlig** beschwerlich, lästig, mühsam
besök-*et*- -= Besuch; **besök/a**-*te*-*t* besuchen; **besökare**-*n* -= Besucher
betala-*de*-*t* bezahlen; **betalning**-*en*-*ar* Bezahlung
bete-*dde*-*tt* **sig** sich benehmen; **beteende**-*t*-*n* Betragen, Benehmen
betesmark-*en*-*er* Weide, Weideland
betong-*en* Beton
betrakta-*de*-*t* betrachten, ansehen
beträffa-*de*-*t* betreffen; **beträffande** bezüglich, hinsichtlich, betreffs, betreffend
betyd/a-*de* -~*tt* bedeuten; **betydelse**-*n*-*r* Bedeutung; **betydlig** beträchtlich, bedeutend
beundra-*de*-*t* bewundern
bevaka-*de*-*t* bewachen, beaufsichtigen
bevara-*de*-*t* bewahren, beschützen, behüten
bevis-*et*- -= Beweis; **bevisa**-*de*-*t* beweisen
B-film-*en*-*er* Film aus der B-Serie, Unterhaltungsfilm
bibel-*n*- ~*blar* Bibel
bibliotek-*et* -= Bibliothek
bidra -~*drog* -~*dragit* beitragen; **bidrag**-*et* -= Beitrag, Beihilfe, Zuschuß
biff-*en*-*ar* Filet, Steak
bifoga-*de*-*t* beifügen, beilegen
bil-*en*-*ar* Auto, Wagen; **bilist**-*en*-*er* Autofahrer
bild-*en*-*er* Bild, Photo; **bilda**-*de*-*t* bilden; **bildning**-*en* Bildung
biljett-*en*-*er* Eintrittskarte, Fahrkarte
billig billig
binda *band bundit* binden
bio-*n* oder **biograf**-*en*-*er* Kino
bit-*en*-*ar* Stück, Bruchstück

bita *bet bitit* beißen
bitti frühmorgens; **i morgon bitti** morgen früh
bjuda *bjöd bjudit* einladen; anbieten; **bjudning**-*en-ar* Einladung
björn-*en-ar* Bär
bl. a. = **bland annat/andra** u.a., unter anderem/anderen
bland unter, zwischen
blanda-*de-t* mischen; **blandning**-*en-ar* Mischung
blankett-*en-er* Vordruck, Formular
bli *blev blivit* werden; **bli till** entstehen, geboren werden
blid mild, zart
blinka-*de-t* blinken; zwinkern
blixt-*en-ar* Blitz; **blixtra**-*de-t* blitzen
block-*et* -= Block
blod-*et* Blut; **blodig** blutig, **blodtryck**-*et* Blutdruck; **blodprov**-*et* -= Blutprobe
blomkål-*en* Blumenkohl
blomma-*n-or* Blume; **blomster** *blomstret* -= Blume
blond blond
blus-*en-ar* Bluse
bly-*[e]t* Blei; **blyfri** bleifrei
blyg schüchtern; **blygsamhet**-*en* Bescheidenheit, Anspruchslosigkeit
blå blau
blås/a-*te-t* blasen, wehen; **blåsig** windig; **blåst**-*en* Wind
bläddra-*de-t* blättern
bo-*dde-tt* wohnen
bok-*en böcker* Buch
boka-*de-t* buchen
bokhylla-*n-or* Regal
bokstav-*en* -~*stäver* Buchstabe; *liten/stor bokstav* kleiner/großer Buchstabe
bolag-*et* -= Gesellschaft

bomb-*en*-*er* Bombe
bomull-*en* Baumwolle; Watte
bonde-*n bönder* Bauer
bord-*et* - = Tisch; **bordtennis**-*en* Tischtennis
borde siehe **böra**
Bore Boreas
borg-*en*-*ar* Burg
borgerlig bürgerlich
bort/a dort
bortse -~*såg* -~*sett* [von etwas] absehen; **bortsett från** abgesehen von
bortskämd verwöhnt
bostad-*en* -~*städer* Wohnung, Unterkunft, Wohnsitz
bosätta -~*satte* -~*satt* **sig** sich niederlassen, sich ansiedeln
bot-*en* Heilmittel; **bota**-*de*-*t* heilen
botanik-*en* Botanik
botten *bottnen bottnar* Boden, Grund; **bottenvåning**-*en*-*ar* Erdgeschoß
bra (unv. Adj. und Adv.) gut, vortrefflich
bragd-*en*-*er* Großtat
brand-*en bränder* Brand, Feuersbrunst; **brandkår**-*en*-*er* Feuerwehr
bransch-*en*-*er* Branche, Zweig [einer Industrie]
brant steil, jäh; **brant**-*en*-*er* Abhang, Absturz
bred breit **bredvid** neben
brev-*et* - = Brief; **brevbärare**-*n* - = Briefträger; **brevlåda**-*n*-*or* Briefkasten
brinna *brann brunnit* brennen
brist-*en*-*er* Mangel
bro-*n*-*ar* Brücke
broder oder **bror** *brodern bröder* Bruder
brons-*en* Bronze
bror siehe **broder**; **brorsdotter**-*n* -~*döttrar* Nichte; **brorson**-*en* -~*söner* Neffe
broschyr-*en*-*er* Broschüre

brott-*et* - = Bruch; Verbrechen, Verstoß, Vergehen
brud-*en*-*ar* Braut, Neuvermählte; **brudgum**-*men*-*mar* Bräutigam, Neuvermählter
bruk-*et* - = Gebrauch, Verwendung; Brauch; Werk
bruka-*de*-*t* benutzen, gebrauchen, verwenden; pflegen
brutalitet-*en*-*er* Brutalität
bry-*dde*-*tt sig [om något]* sich [um etwas] kümmern
brygga-*n*-*or* Brücke, Steg
Bryssel Brüssel; **brysselkål**-*en* Rosenkohl
bryta *bröt brutit* brechen; **bryta ut** ausbrechen
bråkdel-*en*-*ar* Bruchteil
brådska-*n* Eile, Hast; **brådskande** eilig, dringend
bråttom (Adv.) *ha bråttom* es eilig haben
bränsle-*t*-*n* Brennstoff
bröd-*et* - = Brot
bröllop-*et* - = Hochzeit
budskap-*et* - = Botschaft, Nachricht
bulle-*n*-*ar* Klößchen; Semmel, Brötchen
bunt-*en*-*ar* Bund, Bündel; *hela bunten* die ganze Bande
bur-*en*-*ar* Käfig
burk-*en*-*ar* Dose, Büchse, Einmachglas
buske-*n*-*ar* Busch; **buskis**-*en*-*ar* Schmiere
buss-*en*-*ar* Autobus
butelj-*en*-*er* Flasche
butik-*en*-*er* Boutique, Laden
by-*n*-*ar* Dorf; Bö
bygd-*en*-*er* Gegend
bygg/a-*de*-*t* bauen; **byggmästare**-*n* - = Baumeister
byggnad-*en*-*er* Bau, Gebäude; **byggnadsfirma**-*n*-*or* Baufirma
byrå-*n*-*er* Büro; **byråkrati**-*n*-*er* Bürokratie
byt/a-*te*-*t* tauschen, wechseln; **byta om** umtauschen; **byta ut** austauschen
byxor (**byxa**-*n*-*or*) Hosen
båda beide

både ... och sowohl ... als auch
båt-*en-ar* Boot
bälte-*t-n* Gurt, Gürtel
bära *bar burit* tragen
bärgare-*n* - = Abschlepp-; **bärgning**-*en-ar* Abschleppen
bäst/a beste/r/s
bättre besser
böra *borde bort* soll[t]en, müssen
börd-*en* Geburt, Herkunft, Abstammung
börja-*de-t* beginnen, anfangen; **början** (unv. S.) Beginn, Anfang
börs-*en-er* Börse

(c) = **centern** Zentrumspartei
c:a oder **ca** = **cirka** ungefähr, zirka
camping-*en* Camping
centern oder **centerpartiet** Zentrumspartei
central zentral; **centralen** = **centralstation**-*en-er* Hauptbahnhof
centrum-*et* - = Zentrum, Mitte [**centrum** *centret centra / center*]
champinjon-*en-er* Champignon
chans-*en-er* Chance
chark-*en-er* = **charkuteri**-*[e]t-er* Metzgerei, Fleischerei
charmera-*de-t* bezaubern, entzücken; **charmfull** bezaubernd, entzückend
charterbolag-*et* - = Charterfluggesellschaft; **charterflyg**-*et* - = Charterflugverkehr
chaufför-*en-er* Fahrer
check-*en-ar* (oder -*er*) Scheck
chef-*en-ar* Chef
Chile Chile; **chilenare**-*n* - = Chilene
chock-*en-er* Schock; **chockad** geschockt

chocklad-*en* Schokolade; **chockladkaka**-*n*-*or* Tafel Schokolade
cigarr-*en*-*er* Zigarre; **cigarrett**-*en*-*er* Zigarette
cirka ungefähr, zirka
cirkel-*n* -~*klar* Kreis, Zirkel
citera-*de*-*t* zitieren
civilingenjör-*en*-*er* Diplomingenieur
cykel-*n* -~*klar* Fahrrad
cykla-*de*-*t* Rad fahren

dag-*en*-*ar* Tag; **dagdröm**-*men*-*mar* Tagtraum; **daglig** täglich; **dagligen** täglich, alle Tage
dal-*en*-*ar* Tal; **Dalarna** Dalekarlien; **dal(a)mål**-*et* Dialekt von Dalekarlien; **dalmas**-*en*-*ar*/**dalkulla**-*n*-*or* Mann, Junge/Frau, Mädchen aus Dalekarlien
dam-*en*-*er* Dame
damm-*et* Staub; **damma**-*de*-*t* [*av*] Staub wischen; **dammsuga** -~*sög* -~*sugit* Staub saugen; **dammsugare**-*n* -= Staubsauger
Danmark Dänemark
dans-*en*-*er* Tanz; **dansa**-*de*-*t* tanzen
dansk dänisch; **dansk**-*en*-*ar* Däne; **danska**-*n*-*or* Dänin; **danska**-*n* Dänisch [Sprache]
dansör-*en*-*er* Tänzer; **dansös**-*en*-*er* Tänzerin
datamaskin-*en*-*er* Computer
dator-*n*-*er* Computer; **datorisera**-*de*-*t* auf Datenträger übertragen, computerisieren
datera-*de*-*t* datieren; **datum**-*et* -= (od. *data*) Datum
de siehe **den**
december Dezember
definitiv endgültig
deklaration-*en*-*er* Erklärung; **deklarera**-*de*-*t* erklären; verzollen
dekor-*en*-*er* Dekor; **dekorera** dekorieren, schmücken
del-*en*-*ar* Teil, Abschnitt

dela-*de*-*t* teilen; **dela ut** verteilen
delta[ga] -~*tog* -~*tagit* teilnehmen
delvis teilweise, zum Teil
dem siehe **den**
demokrati-*n*-*er* Demokratie; **demokratisering**-*en*-*ar* Demokratisierung; **demokratisk** demokratisch
demonstrera-*de*-*t* demonstrieren, kundgeben; zeigen, vorweisen
den *det de dem* der die das; er sie; dieser diese dieses; **den här/där,** *det här/där, de här/där* dieser diese dieses ... da [vgl. Grammatik]
denna *(denne) detta dessa* dieser diese dieses [vgl. Grammatik]
densamma *detsamma desamma* derselbe dieselbe/dasselbe dieselben; *meddetsamma* sofort
deppa-*de*-*t* niedergeschlagen sein; **deppad** od. **deprimerad** deprimiert, niedergeschlagen
depå-*n*-*er* Depot, Lager
deras ihr ihre [Genitiv Plural von *den*] [vgl. Grammatik]
dess sein seine [Genitiv Singular von *den* und *det*] [vgl. Grammatik]; *innan dess* bis dahin, vorher; *sedan dess* seitdem; *dessbättre* glücklicherweise; *dessvärre* unglücklicherweise
dessa siehe **denna**
dessutom außerdem, ferner
desto *ju ... desto* je ... desto
det siehe **den**
detalj-*en*-*er* Detail, Einzelheit
detektiv-*en*-*er* Detektiv; **detektivroman**-*en*-*er* Kriminalroman
detsamma siehe **densamma**
detta siehe **denna**
diagnos-*en*-*er* Diagnose
dialekt-*en*-*er* Dialekt
dig dich, dir
dike-*t*-*n* Graben

dikt-*en*-*er* Gedicht; **diktare**-*n* -= Dichter, Schriftsteller
din *ditt dina* dein, deine [vgl. Grammatik]
direkt direkt
direktör-*[e]n*-*er* Direktor, Vorsteher
disk-*en*-*ar* Theke; Aufwasch; **diska**-*de*-*t* abwaschen (Geschirr)
diskriminering-*en*-*ar* Diskriminierung
diskutabel diskutabel, fragwürdig
dit dahin, dorthin; **dittills** bis dahin
ditt siehe **din**
diverse (unv.) verschiedene
djup tief; **djupfryst** tiefgefroren
djur-*et* -= Tier; **djurpark**-*en*-*er* Tierpark
dock doch, jedoch, dennoch
doft-*en*-*er* Duft
doktor-*n*-*er* Doktor
dold versteckt, verborgen
dollar-*n* -= Dollar
domare-*n* -= Richter; Schiedsrichter; **domstol**-*en*-*ar* Gericht, Gerichtshof
dop-*et* -= Taufe
dopa-*de*-*t* dopen
doppa-*de*-*t* tauchen, eintauchen; tunken
dotter-*n döttrar* Tochter; **dotterdotter** Enkelin; **dotterson**-*en* -~*söner* Enkel
dra[ga] *drog dragit* ziehen; **dra[ga] av** abziehen, ausziehen
drabba-*de*-*t* treffen, betreffen
drag-*et* -= Zug, Charakterzug; Luftzug; **dragspel**-*et* -= Ziehharmonika; **dragningskraft**-*en*-*er* Anziehungskraft
drama-*t dramer* Drama; **dramatik**-*en* dramatische Dichtung; Dramatik; **dramatiker**-*n* -= Dramatiker; **dramatisk** dramatisch
drastisk drastisch

dricka *drack druckit* trinken
drink-*en*-*ar* Drink
driva-*n*-*or* Wehe, Düne
driva *drev drivit* treiben, betreiben; ausüben; *driva med någon* sich über jmdn lustig machen, jmdn aufziehen
drottning-*en*-*ar* Königin
drummel-*n drumlar* Lümmel, Tölpel
drygt gut, reichlich, voll; *drygt två kilometer* gut zwei Kilometer
dräkt-*en*-*er* Kostüm; Tracht
dröj/a-*de*-*t* dauern
dröm-*men*-*mar* Traum; **drömma** *drömde drömt* träumen
du du; Sie; **dua**-*de*-*t* duzen
dubbel doppelt; **dubbelrum**-*met* Doppelzimmer
duga *dög dugt* taugen, geeignet sein
dugg *inte ett dugg* überhaupt nicht, nicht die Spur
duglig tauglich, geschickt, tüchtig; **duglighet**-*en* Tauglichkeit, Tüchtigkeit
duk-*en*-*ar* Tuch; Decke; *vita duken, filmduk* Leinwand
duka-*de*-*t* den Tisch decken
duktig tüchtig
dum dumm; **dumhet**-*en*-*er* Dummheit
dun-*et* - = Daune
dundra-*de*-*t* donnern, krachen
dusch-*en*-*ar* Dusche; **duscha**-*de*-*t* duschen
dvs. = **det vill säga** das heißt, d. h.
dygn-*et* - = vierundzwanzig Stunden, Tag
dyka *dök dykt [ner]* tauchen; **dyka upp** auftauchen
dylik derartig, solcher, dergleichen
dynamisk dynamisch
dynamit-*en* Dynamit
dyr teuer
dyrka-*de*-*t* anbeten; **dyrkare**-*n* - = Anbeter, Verehrer
dyster düster

då 1 (Adv.) damals, 2 (Konj.) als; da
dålig schlecht
dåvarande damalig
däck-*et* - = Deck; Reifen
där da; **därav** davon, daraus; **därefter** danach, darauf; **däremot** dagegen; **därför** darum, daher, deshalb; **därför att** weil; **därifrån** davon; **därmed** damit; **därpå** darauf, danach, später
dö *dog dött* sterben; **dö ut** aussterben; **död** tot
dölja *dolde dolt* verbergen
döm/a-*de*-*t* urteilen, beurteilen; Schiedsrichter sein
döp/a-*te*-*t* taufen
döv taub

effektiv effektiv, wirkungsvoll; **effektivitet**-*en* Leistungsfähigkeit
efter nach
efterbliven zurückgeblieben; rückständig
efterkommande (Pl.) Nachkommen
eftermiddag-*en*-*ar* Nachmittag
efternamn-*et* - = Familien-, Nachname
efterrätt-*en*-*er* Nachtisch
eftersom da, da ja
eftersök/a-*te*-*t* suchen
efteråt nachher, später, nachträglich
egen *eget egna* eigen
egendomlig eigentümlich, seltsam
eggande anregend, anstachelnd
ej nicht
ekologi-*n* Ökologie
ekonomi-*n* Ökonomie, finanzielle Lage
el siehe **elektricitet**
elak boshaft
eld-*en*-*ar* Feuer
elegant elegant

elektricitet-*en* Elektrizität; **elektriker**-*n* - = Elektriker; **elektrisk** elektrisch
elektroingenjör-*[e]n*-*er* Elektroingenieur
elektronik-*en* Elektronik
element-*et* - = Element; Heizkörper
elev-*en*-*er* Schüler
elfte elfte
elit-*en*-*er* Elite; **elitidrottsman**-*nen* -~*män* Leistungssportler
eller oder, noch; **antingen ... eller** entweder ... oder; **eller hur?** nicht wahr?
elva elf
elände-*t*-*n* Elend
emellan zwischen
emellertid indessen
emigration-*en*-*er* Auswanderung
emot gegen; **mitt emot** gerade gegenüber
en ett ein, eine, ein; einer, eine, eines; eins
ena (der, die, das) eine; *den (det) ena ... den (det) andra* der (die, das) eine ... der (die, das) andere
enastående einmalig, einzigartig
enbart nur
enda einzig
energi-*n* Energie; **energikälla**-*n*-*or* Energiequelle; **energisk** energisch
engagemang-*et* - = Engagement; **engagera**-*de*-*t* engagieren
engelsk englisch; **engelska**-*n* Englisch [Sprache]; **engelska**-*n*-*or* Engländerin; **engelsman**-*men* -~*män* Engländer; **engelsktalande** englischsprachig
England England
enhet-*en*-*er* Einheit
enkel einfach; **enkelriktad** Einbahn-, **enkelriktad gata** Einbahnstraße; **enkelrum**-*met* - = Einzelzimmer

enkrona-*n*-*or* Einkronenstück
enligt gemäß, nach, zufolge
enorm enorm
ens *inte ens* nicht einmal
ensam einsam, allein; **ensamhet**-*en*-*er* Einsamkeit
enskild privat, persönlich
enspråkig einsprachig
entusiasm-*en* Begeisterung; **entusiastisk** begeistert, enthusiastisch
enögd einäugig
epos-*et* - = Epos
er ert era euer, eure, euer
erbjuda -~*bjöd* -~*bjudit* anbieten; **erbjudande**-*t*-*n* Angebot, Offerte
erkänna -~*kände* -~*känt* anerkennen; gestehen, zugeben; **erkännande**-*t*-*n* Anerkennung; Zugeständnis; Erkennung
erhålla -~*höll* -~*hållit* erhalten, bekommen
essä-*n*-*er* Essay
etikett-*en*-*er* Etikett, Etikette
ett siehe **en;** **etta**-*n*-*or* Einzimmerwohnung; **ettan** Erstes Fernsehprogramm
Europa Europa; **europeisk** europäisch
evangelium -~*liet* -~*lier* Evangelium
evig ewig; **evighet**-*en*-*er* Ewigkeit
exakt genau, exakt
examen - = *examina* Prüfung, Examen
exempel -~*plet* - = Beispiel; **exempelvis** beispielsweise
exercis-*en* Drill, Exerzieren
exklusive ausschließlich, mit Ausschluß von
exotisk exotisch
expansion-*en* Ausdehnung
expedit-*en*-*er* Verkäufer; **expediera**-*de*-*t* bedienen
expedition-*en*-*er* Büro, Geschäftsstelle; Abfertigung, Versendung; Expedition

export-*en*-*er*   Ausfuhr;   **exportera**-*de*-*t*   exportieren, ausführen
extra (unv.)   extra, zusätzlich, besonders;   **extrapris**-*et*-*er*   Sonderpreis, Minipreis
extrem   extrem, maßlos

fabrik-*en*-*er*   Fabrik
fack-*et* - =   Fach; Gewerkschaft
fackförening-*en*-*ar*   Gewerkschaft;   **facklig**   gewerkschaftlich
fader oder **far** *fadern fäder*   Vater
faktiskt   tatsächlich, in der Tat, wirklich
faktum-*et* (od. - =) - =   (od. *fakta*)   Tatsache
fall-*et* - =   Sturz, Sinken; Fall; *i alla fall*   auf jeden Fall, jedenfalls
falla *föll fallit*   fallen
falsk   falsch
familj-*en*-*er*   Familie;   **familjär**   familiär, vertraulich, wohlvertraut
fan (unv.)   Teufel [oft als Fluch verwendet]
fantasi-*n*-*er*   Phantasie; Einbildung, Spinnerei
fantastisk   phantastisch
fantisera-*de*-*t* [*om*]   phantasieren
far   siehe **fader**
fara-*n*-*or*   Gefahr;   **fara** *for farit*   fahren, reisen
farbror - ~ *brodern* - ~ *bröder*   Onkel;   **farfar** - ~ *fadern* - ~ *fäder*   Großvater
farlig   gefährlich
farmor - ~ *modern* - ~ *mödrar*   Großmutter
fartyg-*et* - =   Schiff
fas-*en*-*er*   Phase
fascinera-*de*-*t*   faszinieren;   **fascinerande**   faszinierend
fasett-*en*-*er*   Facette
fast   fest;   **fast[än]**   obwohl, obgleich
fasta-*n*-*or*   Fasten, Fastenzeit;   **fasta**-*de*-*t*   fasten

faster-*n* -~*trar* Tante
fastna-*de-t* haften, heften, hängen bleiben, kleben bleiben
fatta-*de-t* fassen, packen; begreifen, verstehen; **fattas** fehlen, mangeln; *fattas bara!* das fehlt auch noch!
fattig arm; **fattigdom**-*en* Armut
favorit-*en-er* Favorit, Günstling; **favoritbok** Lieblingsbuch
feber-*n* -~*brar* Fieber
februari Februar
fel-*et* -= Fehler, Schnitzer, Mißgriff [auch unv. Adj., Adv. und Vorsilbe]
fem fünf; **femkronor** Fünfkronenstück; **femma**-*n-or* Fünfzimmerwohnung; Fünfkronenschein
femininum Femininum [Grammatik]
feminist-*en-er* Frauenrechtler, Feminist
femte fünfte
femtio fünfzig; **femtiolapp**-*en-ar* Fünfzigkronenschein; **femtionde** fünfzigste
femton fünfzehn; **femtonde** fünfzehnte; **femti[o]öring**-*en-ar* Fünfzig-Öre-Stück, Fünfziger
fenomen-*et* -= Phänomen, Erscheinung
fest-*en-er* Fest; **festlig** lustig; festlich, feierlich
fet fett, dick; **fett**-*et-er* Fett
ficka-*n-or* Tasche
figur-*en-er* Figur
fil-*en-er* Reihe; Fahrspur
filé-*n-er* Filet
film-*en-er* Film; **filma**-*de-t* filmen; **filmklubb**-*en-ar* Filmklub
filt-*en-er* Decke
fin schön, gut, fein; fein, zierlich, sanft
finansminister-*n* -~*trar* Finanzminister
finess-*en-er* Feinheit, Finesse
finger-*n* -~*grar* Finger

finlandssvensk Finnlandschwede; **finlandssvenska-***n* Finnlandschwedisch [Sprache]
finna *fann funnit* finden; **finnas** *fanns funnits* sich befinden, existieren, sein; **det finns** es gibt
finsk finnisch; **finsktalande** finnischsprachig
fiol-*en-er* Geige
fira-*de-t* feiern; **firande**-*t-n* Feiern
firma-*n-or* Firma
fisk-*en-ar* Fisch; **fiska**-*de-t* fischen; **fiskare**-*n* - = Fischer
fjol *i fjol* voriges Jahr
fjorton vierzehn; **fjortonde** vierzehnte
fjäll-*et* - = Berg, Gebirge
fjärde vierte
fjärran (unv.) fern, entfernt, entlegen
flagga-*n-or* Flagge, Fahne
flamländska-*n* Flämisch [Sprache]
flaska-*n-or* Flasche
fler[a] mehr, zahlreicher; mehrere
flerspråkig mehrsprachig
flest[a] die meisten
flicka-*n-or* Mädchen
flintskallig kahlköpfig
florin-*en-er* Gulden
flott flott, elegant; verschwenderisch

flyg-*et* Fliegen; **flyga**-*flög-flugit* fliegen; **flygbuss**-*en-ar* Airport-City-Bus; **flygledare**-*n* - = Kontrollturmwärter; **flygplan**-*et* - = Flugzeug; **flygplats**-*en-er* Flughafen, Flugplatz; **flygpost**-*en* Luftpost; **flygvärdinna**-*n-or* Luftstewardeß

flykting-*en-ar* Flüchtling; Vertriebener
flyta *flöt flutit* fließen; **flytande** fließend
flytta-*de-t* anderswo stellen, setzen, legen, versetzen; umziehen; **flytta ihop** zusammenziehen; **flyttfågel**-*n*-~*glar* Zugvogel

fläkt-*en*-*ar* Lüftchen, Hauch, Luftzug; Ventilator, Gebläse
fläsk-*et* Schweinefleisch, Speck
f. n. = **för närvarande** gegenwärtig, im Augenblick, jetzt
fog (unv.) *med fog* mit Recht, mit Fug und Recht
folk-*et* - = Volk; Leute; **folkhögskola**-*n*-*or* Heimvolkshochschule
fonetisk phonetisch
fordra-*de*-*t* fordern
form-*en*-*er* Form; **formell** formal, förmlich, formell
formulera-*de*-*t* formulieren; **formulera sig** sich ausdrücken
forn altertümlich; **fornisländsk** altisländisch
forska-*de*-*t* forschen; **forskare**-*n* - = Forscher; **forskning**-*en*-*ar* Forschung
fort schnell
fortbilda-*de*-*t* **sig** sich fortbilden
fortfarande immer noch
fortsätta - ~ *satte* - ~ *satt* fortsetzen, fortfahren; **fortsättning**-*en*-*ar* Fortsetzung
fosterland-*et* - ~ *länder* Vaterland, Heimat
fotboll-*en* Fußball
foto-*t*-*n* oder **fotografi**-*et*-*er* Foto, Lichtbild
fotostat-*en* Fotokopie
foxterrier-*n* - = Foxterrier
(fp) = **folkpartiet** liberale Volkspartei
frack-*en*-*ar* Frack
fram/**framme** vorwärts, vorn, nach vorne/vorn, am Ziel
framför vor; voran, voraus
framför/**a** - ~ *de* - ~ *t* vorführen, vorzeigen; darlegen; **framförande**-*t*-*n* Vorführung; Aufführung
framgå - ~ *gick* - ~ *gått* hervorgehen
framgång-*en*-*ar* Erfolg
framkalla-*de*-*t* hervorrufen; entwickeln [Bild]

framsteg-*et* - = Fortschritt
framträda -~*trädde* -~*trätt* auftreten, erscheinen
framåt vorwärts
franc-*en* - = Franc, Frank
Frankrike Frankreich; **fransman**-*nen* -~*män* Franzose; **franska**-*n* Französisch [Sprache]; **fransktalande** französichsprechend; **fransyska**-*n*-*or* Französin
fred-*en*-*er* Frieden
fredag-*en*-*ar* Freitag
fredlig friedlich
fresta-*de*-*t* versuchen, in Versuchung führen; **frestelse**-*n*-*r* Versuchung
fri *fritt fria* frei; *i det fria* im Freien
frihet-*en*-*er* Freiheit; *frihetstiden* die Freiheitszeit; **friidrott**-*en* Leichtathletik; **frikyrka**-*n*-*or* Freikirche; **friluftsaktivitet**-*en*-*er* Tätigkeit im Freien; **friluftsmuseum** -~*seet* -~*seer* Freilichtmuseum
frimärke-*t*-*n* Briefmarke
frisk frisch; gesund; **friskhet**-*en* Frische; Gesundheit
frissa-*n*-*or* = **damfrisörska** Damenfriseuse
frisör-*en*-*er* Friseur; **frisörska**-*n*-*or* Friseuse
fritid-*en* Freizeit; **fritidsstuga**-*n*-*or* Hütte, Wochenendhäuschen
frodig blühend, üppig, wuchernd
fr.o.m. = **från och med** von ... an, ab
front-*en*-*er* Front
frossa-*de*-*t* schwelgen, schlemmen, schmausen
frost-*en* Frost
fru-*n*-*ar* Frau, Dame
frukost-*en*-*ar* Frühstück
frukt-*en*-*er* Obst, Frucht
fruntimmer -~*timret* - = Frauenzimmer, Weibsbild
frusen gefroren
frysa *frös frusit* frieren, erfrieren; **frysdisk**-*en*-*ar* Kühlvitrine

fråga-*n*-*or* Frage; **fråga**-*de*-*t* fragen; **fråga sig fram** sich durchfragen
från von, seit
frånvaro-*n* Abwesenheit
främja-*de*-*t* fördern, befördern, begünstigen
främmande fremd; **främmande**-*t* - = Gäste
främst an erster Stelle, voran; zuerst; *först och främst* vor allem
fräsch frisch, neu
fröken - = *fröknar* Fräulein; Frau Lehrerin
ful häßlich; *ful fisk* Gauner, dicker Fisch
full voll; betrunken, blau; **fullbelagt** *[hotell]* [Hotel] (voll) belegt
fullborda-*de*-*t* vollbringen, vollenden
fullständig vollständig, völlig, gänzlich
fulltecknad voll [Liste, Terminkalender usw.]
fungera-*de*-*t* funktionieren
funka-*de*-*t* = **fungera**
funktion-*en*-*er* Funktion
furste-*n*-*ar* Fürst
fyll/a-*de*-*t* füllen; **fylla i** ausfüllen; **fylla å** Geburtstag haben
fylleri-*et* Sauferei; „**fyllerifrågor**" Ergänzungsübung, Silbenrätsel
fyr-*en*-*ar* Leuchtturm
fyra vier
fyrtio vierzig; **fyrtionde** vierzigste
fysik-*en* Physik; **fysiker**-*n* - = Physiker
fysiologi-*n* Physiologie
få wenige
få *fick fått* bekommen; dürfen; müssen, gezwungen sein; **få fram** herausbekommen, hervorbringen
fågel-*n* -~*glar* Vogel
får-*et* - = Schaf
fåtalig wenig zahlreich
fåtölj-*en*-*er* Sessel

fängsla-*de*-*t* einsperren; fesseln; **fängslande** fesselnd
färd-*en*-*er* Fahrt, Reise
färdig fertig; **färdighet**-*en*-*er* Fertigkeit, Geschicklichkeit, Gewandtheit; Kenntnisse
färg-*en*-*er* Farbe
färja-*n*-*or* Fähre
färre weniger
Färöarna die Färöer
fäst/a-*e* - = befestigen, festmachen; **fäst vid** gebunden an
föd/a-*de fött* gebären; ernähren; **föd/as**-*des fötts* zur Welt kommen, geboren werden; **född** geboren; **födelse**-*n*-*r* Geburt; **födelsedag**-*en*-*ar* Geburtstag
föga wenig, gering
följ/a-*de*-*t* folgen; **följa med** mitkommen, begleiten; **följande** folgend
fönster -~*stret* - = Fenster
för (Präp.) für; **för** (Adv.) zu („mehr als"); **för** (Konj.) denn; **för att** um ... zu, damit
för/a-*de*-*t* führen, leiten; **föra med sig** mitbringen, mitführen; mit sich bringen, nach sich ziehen
förbannad verdammt, verflucht; sauer, stocksauer; **förbaskad** = verflixt
förbered/a-*de* -~*rett* vorbereiten; **förberedelse**-*n*-*r* Vorbereitung
förbi vorbei, vorüber; **förbigå** -~*gick* -~*gått* übergehen
förbindelse-*n*-*er* Verbindung, Beziehung
förbjuda -~*bjöd* -~*bjudit* verbieten; **förbjuden** verboten
förbli[va] -~*blev* -~*blivit* bleiben, verbleiben
förbruka-*de*-*t* verbrauchen
förbud-*et* - = Verbot
förbund-*et* - = Pakt, Bündnis, Verband
förbättra-*de*-*t* verbessern; **förbättring**-*en*-*ar* Verbesserung

fördela-*de-t* verteilen, austeilen
fördelaktig vorteilhaft
fördjupa-*de-t* vertiefen;   **fördjupning**-*en-ar* Vertiefung
fördriva -~*drev* -~*drivit [tiden]* [die Zeit] vertreiben, totschlagen
fördärva-*de-t* verderben
föredra -~*drog* -~*dragit* vorziehen, bevorzugen
förefalla -~*föll* -~*fallit* vorfallen, scheinen
förekomma -~*kom* -~*kommit* vorkommen, geschehen
förena-*de-t* vereinigen, verbinden, zusammenführen
förening-*en-ar* Verein
föreskriva -~*skrev* -~*skrivit* vorschreiben
föreslå -~*slog* -~*slagit* vorschlagen
föreställ/a-*de-t* vorstellen;   **föreställning**-*en-ar* Vorstellung
företag-*et* -= Unternehmen; **företagsam** unternehmungslustig; **företagsamhet**-*en* Unternehmungsgeist
företeelse-*n-r* Erscheinung
författa-*de-t* verfassen; **författare**-*n* -= Schriftsteller; **författarinna**-*n-or* Schriftstellerin
förfluten vergangen; **det förflutna** die Vergangenheit
förflytta-*de-t* versetzen, verrücken
förfoga-*de-t* *[över]* verfügen, zur Verfügung haben; **förfogande**-*t* Verfügung
förfranska-*de-t* französieren
förfäder (Pl.) Ahnen, Vorfahren
förgifta-*de-t* vergiften
förgrenad verzweigt
förgrund-*en* Vordergrund
förgäves vergebens, vergeblich, umsonst
förhandla-*de-t* verhandeln; **förhandling**-*en-ar* Verhandlung
förhoppning-*en-ar* Hoffnung;   **förhoppningsvis** hoffentlich

förhållande-*t*-*n*   Umstand; Verhältnis; Beziehung
förhållandevis   verhältnismäßig
förhöjning-*en*-*ar*   Erhöhung
förklara-*de*-*t*   erklären; **förklaring**-*en*-*ar*   Erklärung
förkortning-*en*-*ar*   Abkürzung
förkrossande   überwältigend
förkyld   erkältet; **förkylning**-*en*-*ar*   Erkältung
förkärlek-*en*   Vorliebe
förlora-*de*-*t*   verlieren; **förlorare**-*n* - =   Verlierer
förlova-*de*-*t*   **[sig]**   [sich]   verloben;   **förlovning**-*en*-*ar*   Verlobung
förlust-*en*-*er*   Verlust
förlåt (Int.)   Verzeihung, Entschuldigung; **förlåta** -~*lät* -~*låtit*   verzeihen
förläng/a-*de*-*t*   verlängern
förmiddag-*en*-*ar*   Vormittag
förmynderi-*et*   Vormundschaft; Bevormundung
förmå-*dde*-*tt*   vermögen, können; [zu etwas] bringen
förmåga-*n*-*or*   Vermögen, Kraft, Fähigkeit
förmån-*en*-*er*   Vorteil, Vorzug, Nutzen
förmögen   vermögend, wohlhabend; **förmögenhet**-*en*-*er*   Vermögen, Reichtum
förnamn-*et* - =   Vorname
förneka-*de*-*t*   verneinen
förnuft-*et*   Vernunft, Verstand
förnya-*de*-*t*   erneuern
förnämlig   vornehm, hervorragend
förorening-*en*-*ar*   Verschmutzung, Verunreinigung
förort-*en*-*er*   Vorort
förr   damals, einst, früher
förra   vorig
förresten oder **för resten**   übrigens, ferner
förrgår *i förrgår*   vorgestern
förråd-*et* - =   Vorrat, Lager
förrän   bevor [mit Verneinung]
förrätt-*en*-*er*   Vorspeise

församling-*en*-*ar*   Kirche, Gemeinde, Pfarrei; Versammlung
försena-*de*-*t*   verspäten; **försening**-*en*-*ar*   Verspätung
försiktig   vorsichtig
förslag-*et* - =   Vorschlag
först   zuerst; erst; *först och främst*   vor allem
första   erste/r/s
förstklassig   erstklassig
förstå -~*stod* -~*stått*   verstehen; **förståelse**-*en*   Verständnis
förstås   selbstverständlich
förstör/a-*de*-*t*   zerstören, vernichten
försvar-*et*   Verteidigung;   **försvara**-*de*-*t*   verteidigen; **försvarsminister**-*n* -~*trar*   Verteidigungsminister
försvenska-*de*-*t*   schwedisch machen, ins Schwedische übertragen
försvinna -~*svann* -~*svunnit*   verschwinden
försäkra-*de*-*t*   versichern; **försäkring**-*en*-*ar*   Versicherung
försändelse-*n*-*r*   Sendung
försök-*et* - =   Versuch; **försök/a**-*te*-*t*   versuchen
förteckning-*en*-*ar*   Verzeichnis
förtjusande   reizend, entzückend; **förtjust** *[i något]*   [von etwas] entzückt
förtjäna-*de*-*t*   verdienen
förtulla-*de*-*t*   verzollen
förtvivla-*de*-*t*   verzweifeln
förtyska-*de*-*t*   verdeutschen
förtär/a-*de*-*t*   verzehren
förut   vorher
förutsatt att   vorausgesetzt, daß
förvalta-*de*-*t*   verwalten; **förvaltning**-*en*-*ar*   Verwaltung
förvandla-*de*-*t*   verwandeln
förvåna-*de*-*t*   erstaunen, wundern; **förvåning**-*en*   Erstaunen, Verwunderung
förväg *i förväg*   im voraus

förvänta-*de-t* **sig**   erwarten
föråldrad   veraltet
förälder-*n* -~*drar*   Eltern
förälska-*de-t* **sig** *[i]*   sich verlieben; **förälskad**   verliebt
förändring-*en-ar*   Veränderung

gaffel-*n gafflar*   Gabel
galen   verrückt
gammal   alt
ganska   ziemlich, recht
garage-*t* - =   Garage
garanti-*n-er*   Garantie
garderob-*en-er*   Kleiderschrank; Garderobe
gardin-*en-er*   Gardine, Vorhang
gas-*en-er*   Gas; Gaze; **gasbinda**-*n-or*   Mullbinde
gaspedal-*en-er*   Gaspedal
gastronomi-*n*   Gastronomie; **gastronomisk**   gastronomisch
gata-*n-or*   Straße
ge [*giva*] *gav gett [givit]*   geben; **ge upp**   aufgeben; **ge sig iväg**   sich auf den Weg machen
gedigen   gediegen
gemensam   gemeinsam, gemeinschaftlich
genast   sofort, sogleich
general   General; **generalrepetition**-*en-er*   Generalprobe
generation-*en-er*   Generation; **generationsklyfta**-*n-or*   Generationsunterschied, Generationskluft
gengäld *i gengäld*   zum Ausgleich, als Entgeld
genom   durch; **genom att**   indem ...
genombrott-*et*   Durchbruch
genomsnitt-*et*   Querschnitt; Durchschnitt; *i genomsnitt*   im Durchschnitt, durchschnittlich

genomstekt durchgebraten
genomtänkt durchdacht, überlegt
genrep-*et* - = siehe **generalrepetition**
geografi-*n* Geographie, Erdkunde; **geografisk** geographisch
gest-*en*-*er* Geste, Gebärde
gestalt-*en*-*er* Gestalt; **gestalta**-*de*-*t* **sig** sich gestalten
gift verheiratet; **gift**-*en*-*er* Gift
gift/a-*e* - = **sig** heiraten; **gifta bort** verheiraten
giftermål-*et* - = Hochzeit
giftfri giftfrei
gilla-*de*-*t* billigen, gutheißen; gern haben
gissa-*de*-*t* raten, vermuten
givetvis natürlich, selbstverständlich
glad heiter, froh, fröhlich
glas-*et* - = Glas
glass-*en*-*ar* Speiseeis
glasögon (Pl.) Brille
gles licht, schütter, dünn
glimt-*en*-*ar* Schimmer
glittrande glitzernd, glänzend
glo-*dde*-*tt* glotzen

glädja *gladde glatt* **[sig]** [sich] freuen; **glädjas åt [något]** sich über, auf, an etwas freuen
glädje-*n* Freude
glögg-*en* Glühwein
glömma *glömde glömt* vergessen
gnida *gned gnidit* reiben
gnistrande funkelnd, sprühend
god *gott goda* gut
goddag oder **god dag** guten Tag
godis-*et* Bonbons, Süßigkeiten
godkänna -~*kände* -~*känt* gutheißen, genehmigen, billigen, durchkommen lassen; **bli godkänd** [eine Prüfung] bestehen

gods-*et* - = Güter; Gut, Eigentum
golf-*en* Golf
golv-*et* - = Fußboden, Boden
gotländsk gotländisch
gott siehe **god** *gott om* eine Menge [von], viel
grabb-*en*-*ar* Junge, Bursche
grad-*en*-*er* Grad
grammofon-*en*-*er* Plattenspieler
gran-*en*-*ar* Fichte
grand-*et* - = Splitter, Körnchen; *lite[t] grand* ein bißchen
granne-*n*-*ar* Nachbar; **grannland**-*et* -~*länder* Nachbarland
grattis (Int.) [ich] gratuliere; **gratulation**-*en*-*er* Glückwunsch; **gratulera**-*de*-*t* gratulieren, beglückwünschen
grej-*en*-*or* (oder *er*) Ding, Zeug, Dings
grek-*en*-*er* Grieche; **Grekland** Griechenland
gren-*en*-*ar* Zweig, Ast
grepp-*et* - = Griff
grinig griesgrämig, mürrisch
gripa *grep gripit* greifen, ergreifen; **gripande** ergreifend, rührend
gris-*en*-*ar* Schwein
grubbel *grubblet* Grübeln, Grübelei
grubbla-*de*-*t* grübeln, brüten
grund-*en*-*er* Grund, Grundlage; **grunda**-*de*-*t* gründen, begründen; **grundlag**-*en*-*ar* Grundgesetz, Verfassung; **grundlig** gründlich; **grundskola**-*n*-*or* Grundschule
grupp-*en*-*er* Gruppe
gryning-*en*-*ar* Morgendämmerung
gryta-*n*-*or* Topf, Kochtopf; Eintopf
grå grau
gråt-*en* Weinen; **gråta** *grät grätit* weinen
grädde-*n* Sahne

gräl-*et* - = Zank, Streit; **gräla**-*de*-*t* streiten; **grälsjuk** streitsüchtig, zänkisch
gränd-*en*-*er* Gasse
gräns-*en*-*er* Grenze
gräs-*et* - = Gras; **gräsklippare**-*n* - = Rasenmäher; **gräsmatta**-*n*-*or* Rasen
gräv/a-*de*-*t* graben
grön grün; **Grönland** Grönland
grönsak-*en*-*er* Gemüse
grönska-*n* Grün
gröt-*en* Brei, Grütze
gubbe-*n*-*ar* Greis, alter Mann; Alte(r)
gud-*en*-*ar* Gott
guida-*de*-*t* führen; **guide**-*n*-*r* Guide, Fremdenführer
gul gelb
gumma-*n*-*or* altes Weibchen, alte Frau
gunga-*de*-*t* schaukeln
gutniska-*n* Gotländisch [Sprache]
gymnasium -∼*siet* -∼*sier* Gymnasium, Oberschule
gymnastik-*en* Turnen, Gymnastik; **gympa**-*n* = **gymnastik**
gynna-*de*-*t* begünstigen, unterstützen, fördern; **gynnsam** günstig
gå *gick gått* gehen; **gå bort** weggehen, ausgehen; sterben, verscheiden; **gå igenom** durchgehen; **gå in** hereingehen, hineingehen; **gå med på** zustimmen; **gå ner** heruntergehen, hinuntergehen; **gå omkring** umhergehen; **gå till** zugehen; **gå tillbaka** zurückgehen, umkehren; **gå upp** hinaufgehen, aufstehen; **gå upp mot** gegen (etwas) aufkommen; **gå över** hinübergehen, übergehen
gång-*en* Gang, Gangart; Lauf, Fortgang, Verlauf; *sätta igång* oder *i gång* in Betrieb setzen, anfangen, losschießen
gång-*en*-*er* Mal; *en gång till* noch einmal
går *igår* oder *i går* gestern; **gårdagen** der gestrige Tag

gård-*en*-*ar* Hof; Bauernhof, Gut
gädda-*n*-*or* Hecht
gäll/a-*de*-*t* gelten; gültig sein, im Umlauf sein
gärna gern
gäst-*en*-*er* Gast, Besucher
göra *gjorde gjort* machen, tun; **göra bort sig** sich blamieren, einen Schnitzer machen

ha [hava] *hade haft* haben
hagel -~*glet* Hagel; **hagla**-*de*-*t* hageln
hake-*n*-*ar* Haken
hal glatt, glitschig
hallå (Int.) hallo! (anstelle von **hej**)
hals-*en*-*ar* Hals; **halsduk**-*en*-*ar* Halstuch, Schal
halv halb
hammare-*n* -= Hammer
hamn-*en*-*ar* Hafen
hamna-*de*-*t* landen
han er
hand-*en* *händer* Hand; **handboll**-*en* Handball; **handbok**-*en* -~*böcker* Handbuch; **handduk**-*en*-*ar* Handtuch
handel-*n* Handel; **handelsbalans**-*en* Handelsbilanz
handla-*de*-*t* handeln; einkaufen; **handla om [något]** sich um (etwas) handeln
handlare-*n* -= Händler
handling-*en*-*ar* Handlung; Akte, Dokument
handske-*n*-*ar* Handschuh; **handskfack**-*et* Handschuhfach
handväska-*n*-*or* Handtasche
hantera-*de*-*t* hantieren, handhaben, behandeln
hans sein, seine [vgl. Grammatik]
hantverk-*et* -= Handwerk; **hantverkare**-*n* -= Handwerker

harem-*et* - = Harem
hastighet-*en*-*er* Geschwindigkeit
hat-*et* Haß; **hatisk** haßerfüllt, gehässig
hatt-*en*-*ar* Hut
hav-*et* - = Meer
havre-*n* Hafer
heder-*n* Ehre; **hederlig** ehrlich, ehrbar; **hedersplats**-*en*-*er* Ehrenplatz
hednisk heidnisch
hej hallo, Tag!; **hej då** tschüs
hejda-*de*-*t* zurückhalten, aufhalten
hekto-*t* - = 100 Gramm, Hektogramm
hel ganz, voll
helg-*en*-*er* Fest; **helgdag**-*en*-*ar* Feiertag
helgon-*et* - = Heiliger(r); **helgonförklara**-*de*-*t* heiligsprechen
helig heilig
helikopter-*n* - ~*trar* Hubschrauber
heller *inte* ... *heller* auch nicht
hellre lieber, eher, vielmehr; **helst** am liebsten; *vem som helst* jedermann, jeder beliebige; *vad som helst* was auch immer
hem nach Hause; **hemma** zu Hause
hem-*met* - = Heim, Haus; **hembiträde**-*t*-*n* Hausgehilfin, Dienstmädchen; **hemland**-*et* - ~*länder* Heimat, Heimatland
hemlig geheim, heimlich; **hemlighet**-*en*-*er* Geheimnis
hemma siehe **hem**
hemsk unheimlich, schauderhaft; **hemskt** ungeheuer; sehr
hemslöjd-*en* heimatliches Kunstgewerbe; **hemspråk**-*et* - = Muttersprache [des Einwanderers]
henne sie; **hennes** ihr [vgl. Grammatik]
herr Herr; **herre** *herrn herrar* Herr; **herregud** um Gottes willen; **herrgård**-*en*-*ar* Gut, Herrenhof
het heiß

het/a-*te-at* heißen
himmel *himlen himlar* Himmel
hindra-*de-t* hindern
hinna *hann hunnit* [zeitlich] schaffen, Zeit haben
hiss-*en-ar* Aufzug
hissa-*de-t* hissen, hochziehen
historia *historien historier* Geschichte; **historielärare**-*n* - = Geschichtslehrer; **historisk** historisch, geschichtlich
hit hierher
hitta-*de-t* finden; **hitta på** erfinden, ausdenken; **hittelön**-*en-er* Finderlohn
hittills bis jetzt, bisher
hjälp-*en* Hilfe; **hjälp/a**-*te-t* helfen
hjälte-*n-ar* Held
hjärna-*n-or* Gehirn, Hirn
hjärta-*t-n* Herz; **hjärtlig** herzlich
Holland Holland; **holländsk** holländisch
homogen homogen
hon sie
honom ihn, ihm [vgl. Grammatik]
hoppa-*de-t* springen, hopsen; **hoppas** -~*ades* -~*ats*- hoffen;
hopplös hoffnungslos, verzweifelt
hoppsan (Int.) hoppla
horn-*et* - = Horn, Geweih
horoskop-*et* - = Horoskop
hos bei
hota-*de-t* drohen
hotell-*et* - = Hotel; **hotellgäst**-*en-er* Hotelgast
hov-*et* - = Hof; **hovmästare**-*n* - = Oberkellner; Haushofmeister
humanitär humanitär
humor-*n* Humor
humör-*et* Laune, Stimmung, Gemütsart
hund-*en-ar* Hund

hundra hundert; **hundrade** hunderste; **hundralapp-en**-*ar* Hundertkronenschein; **hundratals** Hunderte
hungrig hungrig
hur wie; **eller hur** nicht wahr, oder
hurra (Int.) hurra; **hurra**-*de-t* hurra rufen, hoch rufen
hus-*et* - = Haus
husse-*n-ar* Herrchen
hustru-*n-r* Ehefrau
huvud-*et* - = Kopf; **huvudperson**-*en-er* Hauptperson; Hauptdarsteller; **huvudsakligen** hauptsächlich; **huvudstad**-*en* -~*städer* Hauptstadt
hydrologisk hydrologisch
hyfsad anständig; wohlerzogen
hylla-*de-t* huldigen; **hyllning**-*en-ar* Huldigung
hyperboreisk hyperboreisch
hyr/a-*de-t* mieten; **hyra ut** vermieten; **hyresgäst**-*en-er* Mieter
hytt-*en-er* Kabine
håla-*n-or* Loch, Kaff, Nest; Bau
håll-*et* - = Richtung; Abstand, Entfernung
hålla *höll hållit* halten; behalten; **hålla med** zustimmen, beistehen; **hålla på** *(med något)* bei etwas sein, dabei sein zu; *han höll på att skriva* er war dabei zu schreiben; *han höll på att bli sjuk* er wäre beinah krank geworden
hår-*et* - = Haar
hård hart; **hårdna**-*de-t* hart werden
hårstrå-*t-n* Haar; **hårvård**-*en* Haarpflege
häftig heftig, ungestüm
hälft-*en-er* Hälfte
hälsa-*n* Gesundheit
hälsa-*de-t* grüßen, begrüßen; guten Tag wünschen; **hälsa på** besuchen; **hälsning**-*en-ar* Gruß
hämta-*de-t* holen; **hämtning**-*en* Müllabfuhr, Abholen
händ/a-*e hänt* geschehen, sich ereignen; **händelse**-*n-r* Ereignis

händig gewandt, geschickt
häng/a-*de-t* hängen; **hänga med** mitkönnen, mitkommen, mitmachen
hängiven ergeben
hänsyn-*en* - = Rücksicht
här hier; **härifrån** von hier
härlig herrlich
härmed hiermit
häromdagen vor kurzem, neulich
häst-*en-ar* Pferd
hävda-*de-t* behaupten; **hävda sig** sich behaupten
hö-*[e]t* Heu
hög hoch; **högaktningsfullt** hochachtungsvoll
höger rechts; **höger**-*n* [die] Rechte
högre högst Komp. und Sup. von **hög**
högskola-*n-or* Hochschule
högsommar-*[e]n* -~*somrar* Hochsommer
högstadium -~*diet* Oberstufe
högtid-*en-er* Fest, Feier; **högtidlig** feierlich; **högtidlighet**-*en-er* Feierlichkeit; **högtidsdräkt**-*en-er* Abendkleid, Abendanzug
högtryck-*et* - = Hochdruck, Hoch
höjdpunkt-*en-er* Höhepunkt, Gipfel
höns (Pl.) Hühner, Huhn, Federvieh
hör/a-*de-t* hören; **höra till** gehören, angehören
hörförståelse-*n* Hörverständnis
hörn-*et* - = Ecke; Winkel
hörsel-*n* Gehör
höst-*en-ar* Herbst; *i höstas* vorigen Herbst

i 1. (Verbpartikel); 2. (Präp.) in, an, bei usw.
ibland manchmal
icke = **inte** nicht
idag oder **i dag** heute
ide-*t-n* Winterlager; *gå i ide* Winterschlaf halten

idé-*n*-*er* Idee
idealist-*en*-*er* Idealist
identifiera-*de*-*t* identifizieren; **identisk** identisch; **identitet**-*en*-*er* Identität
idiot-*en*-*er* Idiot, Schwachkopf; **idiotisk** idiotisch, schwachsinnig
idka-*de*-*t* betreiben, ausüben; **idkare**-*n* - = -treibende(r)
ID-kort-*et* - = **identitetskort** Personalausweis
idrott-*en*-*er* Sport; **idrotta**-*de*-*t* Sport treiben; **idrottsman**-*nen* - ~ *män* Sportler; **idrottsrörelse**-*n*-*r* Sportbewegung
idyllisk idyllisch
ifall wenn, falls
ifjol oder **i fjol** voriges Jahr
ifrån = **från** von, seit
igen wieder; **igenom** = **genom** durch
igensnöad durch Schnee versperrt, zugeschneit
igång oder **i gång** in Gang
ihop zusammen
ihåg *komma ihåg* sich erinnern
iland an Land; **i-land**-*et* - ~ *länder* = **industriland** Industriestaat
illa schlecht, schlimm, böse, übel
ilska-*n* Wut; **ilsken** wütend
immigrant-*en*-*er* Einwanderer
imponera-*de*-*t* imponieren
impopularitet-*en* Unbeliebtheit
import-*en* Einfuhr, Import; **importera**-*de*-*t* einführen, importieren
in/inne herein, hinein/drinnen
inbilla-*de*-*t* einbilden, vormachen; **inbilla sig** sich [etwas] einbilden; **inbillning**-*en*-*ar* Einbildung
inbjuda - ~ *bjöd* - ~ *bjudit* einladen; **inbjudan** - = *inbjudningar* Einladung
indignation-*en* Entrüstung, Empörung

individ-*en*-*er* Individuum
industri-*n*-*er* Industrie; **industriearbetare**-*n* - = Industriearbeiter
industriell industriell
inflation-*en* Inflation
influensa-*n*-*or* Grippe, Influenza
inflytande-*t*-*n* Einfluß
inflyttning-*en*-*ar* Einwanderung, Einzug
information-*en*-*er* Auskunft, Information
inför vor, angesichts
inför/a-*de*-*t* einführen, eintragen
ingalunda keineswegs, auf keinen Fall
ingen *inget inga* kein, keine, kein, niemand
ingenjör-*[e]n*-*er* Ingenieur
ingenting nichts
ingå -~*gick* -~*gått* gehören, einbeziehen; eingehen, schließen
ingång-*en*-*ar* Eingang, Zutritt
inhemsk einheimisch, bodenständig
inklusive einschließlich
inkompetens-*en* Unfähigkeit, Inkompetenz
inköp-*et* - = Einkauf
inland-*et* Binnenland
innan bevor
innanför innerhalb
innebära -~*bar* -~*burit* beinhalten, zur Folge haben
innefatta-*de*-*t* schließen, einbegreifen, umfassen
innehålla -~*höll* -~*hallit* enthalten
innerlig innig, heiß, inbrünstig
innerstad-*en* Innenstadt
inom in, innerhalb, binnen; **inomhus** im Hause
inre (unv.) inner, innerlich, Innen-
insats-*en*-*er* Einsatz, Beitrag; **insatslägenhet**-*en*-*er* Wohnung mit Dauerwohnrecht, Wohnrechtswohnung

inse -~såg -~sett einsehen
insegel -~glet -= Siegel; *det sjunde inseglet* das siebente Siegel
insjukna-*de*-*t* erkranken
inslag-*et* -= Einschlag, Strich, Zug
inspirera-*de*-*t* inspirieren
installera-*de*-*t* installieren
institution-*en*-*er* Institution; Institut
instruera-*de*-*t* informieren, instruieren, Anweisungen geben; **instruktör**-*en*-*er* Lehrer, Ausbilder
instrument-*et* -= Instrument
inta[ga] -~tog -~tagit einnehmen
inte nicht
intellektuell intellektuell
intelligent intelligent
intensiv intensiv
internationell international, zwischenstaatlich
intervju-*n*-*er* Interview
intill bis auf, bis in, bis zu; nebenan, nebenbei, anstoßend an
intressant interessant; **intressera**-*de*-*t* interessieren
intryck-*et* -= Eindruck
inträffa-*de*-*t* sich ereignen, geschehen, vorfallen, eintreffen
intyg-*et* -= Schein, Zeugnis, Attest; **intyga**-*de*-*t* bescheinigen, bezeugen
invandra-*de*-*t* einwandern; **invandrare**-*n* -= Einwanderer; **invandrarverket** das (schwedische) Staatliche Einwandereramt; **invandring**-*en*-*ar* Einwanderung
invånare-*en* -= Einwohner, Bewohner
invänd/a-*e* -~vänt einwenden
inåtriktad introvertiert
Iran Iran; **iranier**-*n* -= Iraner
is-*en* Eis; **isbrytare**-*n* -= Eisbrecher; **ishavet** das nördliche Eismeer; **ishockey**-*n* Eishockey

Island Island; **isländsk** isländisch; **isländska**-*n* Isländisch [Sprache]
isolera-*de*-*t* isolieren, absondern; **isolering**-*en* Absonderung, Isolierung, Isolation
Italien Italien; **italiensk** italienisch; **italienska**-*n* Italienisch [Sprache]
itu entzwei, auseinander; *ta itu med något* etwas in Angriff nehmen, sich an etwas heranmachen
ivra-*de*-*t* *(för något)* sich (für etwas) ereifern, eifrig (um etwas) bemüht sein; **ivrig** eifrig, erpicht

ja ja
jacka-*n*-*or* Jacke
jag ich; **jag**-*et* (das) Ich
jaha = **ja**
jakt-*en*-*er* Jagd
jamen ja doch
januari Januar
jaså ach so! wirklich?
jeans-*en*-*er* Jeans
jo doch; **jodå** ja doch
jobb-*et* - = Arbeit; **jobba**-*de*-*t* arbeiten; **jobbig** mühsam, lästig
jord-*en* Erde; **jordbruk**-*et* Landwirtschaft, Ackerbau; **jordfästning**-*en*-*ar* Trauerfeier
jour-*en*-*er* Dienst; **à jour** auf dem laufenden
journal-*en*-*er* Journal, Tagebuch; Nachrichten (Radio, Fernsehen)
journalist-*en*-*er* Journalist
ju (Adv.) ja, freilich; *ju ... desto* je ... desto (umso)
jugoslav-*en*-*er* Jugoslawe; **Jugoslavien** Jugoslawien
juice-*n*-*r* Juice, Fruchtsaft, Saft
jul-*en*-*ar* Weihnachen; **julafton**-*en* -~*aftnar* Weihnachtsabend, heiliger Abend; **juldag**-*en*-*ar* erster Weihnachtsfeiertag; **julgran**-*en*-*ar* Weihnachts-

baum; **julklapp**-*en*-*ar* Weihnachtsgeschenk; **jul-tomte**-*n*-*ar* Weihnachtsmann
juli Juli
jungfru-*n*-*r* Jungfrau
juni Juni
juridik-*en* Jura; **juridisk** juristisch, Gerichts-
just gerecht, korrekt; gerade, eben
jägare-*n* -= Jäger
jämför/a-*de*-*t* vergleichen; **jämförelse**-*n*-*r* Vergleich
jämlikhet Gleichheit
jämn eben, gerade, waagerecht, gleichformig
jämnställdhet-*en* Gleichberechtigung, Gleichstellung (von Mann und Frau); **jämnställdhetsombudsman**-*nen* oder **JämO** Gleichstellungsombudsmann
jämt immerzu, fortwährend, unaufhörlich
jämte zusammen mit, nebst, samt
järn-*et* Eisen; **järnmalm**-*en*-*er* Eisenerz; **järnväg**-*en*-*ar* Eisenbahn
järv-*en*-*ar* Vielfraß
jätte-*n*-*ar* Riese; **jättelik** riesenhaft, riesig

kafé-*(e)t*-*er* Café, Kaffeehaus
kaffe-*t* Kaffee
kaka-*n*-*or* Kuchen; **chokladkaka** Tafel Schokolade
kalkyl-*en*-*er* Berechnung
kall kalt
kalla-*de*-*t* nennen, heißen; rufen; **kalla in** zu sich rufen, hereinrufen
kalsonger (Pl.) Unterhosen
kalv-*en*-*ar* Kalb
kamera-*n*-*or* Fotoapparat, Kamera
kamp-*en*-*er* Kampf, Gefecht
kan siehe **kunna**
Kanada Kanada
kanal-*en*-*er* Kanal

Kanarieöarna die Kanarischen Inseln
kant-*en*-*er* Kante, Rand
kanske vielleicht
kantor-*n*-*er* Kantor, Vorsänger
kaos-*et* Chaos; **kaotisk** chaotisch
kapital-*et* - = Kapital; **kapitalvara**-*n*-*or* dauerhafte Konsumgüter, Gebrauchsgüter
kappa-*n*-*or* (Frauen-) Mantel
kapten-*en*-*er* Kapitän
karaktär-*en*-*er* Charakter
karamell-*en*-*er* Bonbon
karl-*(e)n*-*ar* Mann, Kerl
karriär-*en*-*er* Karriere, Laufbahn
karta-*n*-*or* Karte; **kartlägga** -∼*lade* -∼*lagt* kartographisch darstellen; eine Bestandsaufnahme machen
kartong-*en*-*er* Karton, Pappe, Pappschachtel
kassa-*n*-*or* Kasse; **kassör**-*en*-*er* Kassierer; **kassörska**-*n*-*or* Kassiererin
kasta-*de*-*t* werfen
katalog-*en*-*er* Katalog, Verzeichnis
katolsk katholisch
katt-*en*-*er* Katze
kavaj-*en*-*er* Jacke, Sakko, Jackett
(kds) = kristen demokratisk samling Christlich Demokratische Sammlungsbewegung
kemi-*(e)n* Chemie; **kemikalier** (Pl.) Chemikalien; **kemist**-*en*-*er* Chemiker
keramik-*en* Keramik
kille-*n*-*ar* Junge, Bursche, Kerl
kilo-*t(-n)* Kilo; **kilometer**-*n* - = Kilometer
Kina China
kiosk-*en*-*er* Kiosk; (Telefon-) Zelle
kjol-*en*-*ar* Rock
klaga-*de*-*t* klagen
klapp siehe **julklapp**
klar klar; fertig, bereit

klara-*de-t* klären; fertigbringen, erledigen; **klara sig** es schaffen, davonkommen
klass-*en-er* Klasse
klassiker-*n* - = Klassiker; **klassisk** klassisch
klimat-*et* - = Klima
klipp/a-*te-t* schneiden; **klippning**-*en-ar* Schneiden, Schnitt
Klippiga bergen das Felsengebirge
klocka-*n-or* Uhr; Glocke; **klockan två** (um) zwei Uhr; **klockradio**-*n* Radiowecker
klok klug, gescheit, vernünftig
kloster- ~*tret* - = Kloster; **klosterorden** - = - ~*ordnar* Klosterorden
klubb-*en-ar* Klub
klyfta-*n-or* Kluft; Spalte
klä-*dde-tt* **[sig]** (sich) anziehen
kläder (Pl.) Kleider; **klädsel**-*n* - ~*slar* Kleidung
klämma *klämde klämt* drücken, pressen, zwicken, quetschen, klemmen
klänning-*en-ar* Kleid
knacka-*de-t* klopfen
knapp knapp, dürftig; **knappast** kaum
kniv-*en-ar* Messer
knopp-*en-ar* Knospe; Knopf
knut-*en-ar* Knoten; Ecke
ko-*n-r* Kuh
koka-*de-t* kochen
kokvrå-*n-r* Kochnische
kolla-*de-t* kontrollieren, nachprüfen
kollega-*n-or* Kollege
kollektiv kollektiv; **kollektivavtal**-*et* - = Tarifvertrag
kolossal riesenhaft, riesig, gewaltig, kolossal
komma *kom kommit* kommen; **komma fram** hervorkommen, vorwärtskommen; **komma ihåg** sich erinnern; **komma in** hineinkommen; **komma ut** hinauskommen; **komma överens** sich einigen

kommentator-*(e)n*-*er* Kommentator
kommersialism-*en* Kommerzialismus
kommun-*en*-*er* Gemeinde, Kommune; **kommunal** Gemeinde-, kommunal; **kommunalfullmäktige** (unv.) Gemeinderat
kommunikation-*en*-*er* Verbindung; Verkehr; Kommunikation
kommunist-*en*-*er* Kommunist
kompis-*en*-*ar* Kamerad, Freund, Kumpel
komplicerad kompliziert, verwickelt
komplimang-*en*-*er* Kompliment
komponera-*de*-*t* komponieren; **komponist**-*en*-*er* Komponist
kompositör-*en*-*er* - = Komponist
kompromiss-*en*-*er* Kompromiß
kondition-*en* Form
konditori-*(e)t* Konditorei
konduktör-*(e)n*-*er* Schaffner
konfektion-*en* Fertigkleidung, Konfektion
konferens-*en*-*er* Konferenz, Tagung
konfirmation-*en*-*er* Konfirmation
kongress-*en*-*er* Kongreß
konjunktur-*en*-*er* Konjunktur
konkurrens-*en* Konkurrenz, Wettbewerb
konkurs-*en*-*er* Konkurs, Pleite
konsert-*en*-*er* Konzert
konst-*en*-*er* Kunst
konstig komisch, seltsam, merkwürdig
konstitutionell verfassungsmäßig, konstitutionell
konstnär-*en*-*er* Künstler; **konstnärlig** künstlerisch
konsument-*en*-*er* Verbraucher
kontakt-*en*-*er* Kontakt, Verbindung; **kontakta**-*de*-*t* Kontakt nehmen, sich in Verbindung setzen
kontinent-*en*-*er* Kontinent; **kontinental** kontinental
konto-*t*-*n* Konto
kontor-*et* - = Büro; **kontorist**-*en*-*er* Büroangestellte(r)

kontrollera-*de*-*t*   kontrollieren
konung-*en*-*ar*   König
konvention-*en*-*er*   Brauch, Konvention
konversation-*en*-*er*   Gespräch, Unterhaltung; **konversera**-*de*-*t*   sich unterhalten
kopia-*n*-*or*   Kopie
kopp-*en*-*ar*   Tasse
koppla-*de*-*t*   schalten, kuppeln; **koppla av**   ausspannen
korn-*et* - =   Korn; Gerste
korpidrott-*en* oder **Korpen**   Betriebssport
korrespondens-*en*   Korrespondenz
korridor-*en*-*er*   Korridor, Gang
kors *kors och tvärs*   kreuz und quer
korsning-*en*-*ar*   Kreuzung
kort   kurz; **kort**-*et* - =   Karte
korv-*en*-*ar*   Wurst, Würstchen
kosmopolitisk   kosmopolitisch, weltbürgerlich
kost-*en*   Kost; **kostvana**-*n*-*or*   Eßgewohnheit
kosta-*de*-*t*   kosten
kostnad-*en*-*er*   Kosten; **kostnadsfri**   kostenlos
kostym-*en*-*er*   Anzug
kotlett-*en*-*er*   Kotelett
kraft-*en*-*er*   Kraft; **kraftig**   kräftig
kram-*en*-*ar*   Umarmung
krascha-*de*-*t*   abstürzen
krav-*et* - =   Forderung
kredit-*en*-*er*   Kredit, Darlehen; **kreditkort**-*et* - =   Kreditkarte
krig-*et* - =   Krieg; **krigare**-*n* - =   Krieger; **krigsveteran**-*en*-*er*   Veteran
kring   um, um herum, ringsherum
kris-*en*-*er*   Krise
kristall-*en*-*er*   Kristall
kristen   christlich
Kristihimmelsfärd-*en*   Christi Himmelfahrt

kritik-*en* Kritik; **kritisera**-*de*-*t* kritisieren; **kritisk** kritisch
krock-*en*-*ar* Zusammenstoß, Kollision; **krocka**-*de*-*t* zusammenstoßen, kollidieren
krog-*en*-*ar* Gaststätte, Lokal, Kneipe
krona-*n*-*or* Krone
kronisk chronisch
kronofogde-*n*-*ar* Gerichtsvollzieher
kropp-*en*-*ar* Körper
krut-*et* Pulver
kry gesund, rüstig
krydda-*n*-*or* Gewürz
krympa-*de*-*t* eingehen, einlaufen, schrumpfen
kryss-*et* - = Kreuz
kryssning-*en*-*ar* Kreuzfahrt, Vergnügungsfahrt
krångel - ~*glet* Schererei, Schwierigkeit(en); **krångla**-*de*-*t* nicht in Ordnung sein, nicht funktionieren; Schwierigkeiten machen, viel Aufhebens machen; **krånglig** lästig, beschwerlich, verwickelt
kräfta-*n*-*or* Krebs
kräm-*en*-*er* Creme
kränk/**a**-*te*-*t* verletzen, beleidigen, kränken, übertreten
kräv/**a**-*de*-*t* fordern, verlangen
krök *spola kröken* laß(t) das Saufen!; **kröka**-*de*-*t* saufen
kubikmeter-*n* - = Kubikmeter
kul angenehm, lustig, toll
kuling-*en*-*ar* steifer, starker Wind
kulle-*n*-*ar* Hügel, Anhöhe
kulmen (unv.) Höhepunkt, Gipfel
kultur-*en*-*er* Kultur; **kulturell** kulturell
kund-*en*-*er* Kunde, Gast
kunde siehe **kunna**
kung-*en*-*ar* König; **kungafamilj**-*en*-*er* die königliche Familie; **kunglig** königlich
kunna *kunde kunnat* (Präs. *kan*) können
kunskap-*en*-*er* Kenntnis, Wissen

kur-*en*-*er* Kur
kurs-*en*-*er* Kurs, Kursus; Richtung, Kurs
kusin-*en*-*er* Vetter, Cousin, Base, Cousine
kust-*en*-*er* Küste; **kustland**-*et* Küstengebiet
kuvert-*et* - = Briefumschlag
kvadratmeter-*n* - = Quadratmeter
kval-*et* - = Qualifikation; Qual, Leiden, Pein
kvalificera-*de*-*t* **sig** sich qualifizieren
kvalitet-*en*-*er* Qualität
kvar übrig
kvart-*en*-*er* (oder - =) Viertel; Viertelstunde; *tre kvart* dreiviertel
kvarter-*et* - = Häuserblock, Viertel
kvick flink, prompt; geistreich
kvinna-*n*-*or* Frau; **kvinnlig** weiblich; **kvinnorörelse**-*n*-*r* Frauenbewegung
kvittera-*de*-*t* quittieren, (den Empfang) bestätigen
kvitto-*t*-*n* Quittung
kväll-*en*-*ar* Abend
kyckling-*en*-*ar* Küken, Hähnchen
kyla-*n* Kälte, Kühle; **kylig** kühl
kyrka-*n*-*or* Kirche; **kyrkobokförd** polizeilich angemeldet; **kyrkogård**-*en*-*ar* Friedhof; **kyrkoherde**-*n*-*ar* Pfarrer, Pastor
kål-*en* Kohl
källa-*n*-*or* Quelle
källare-*n* - = Keller
kämpa-*de*-*t* kämpfen, sich schlagen
känd bekannt
känna *kände känt* fühlen, empfinden; [persönlich] kennen; **känna igen** erkennen; **känna till** kennen; **kännas** sich anfühlen; scheinen
kännetecken-~*tecknet* - = Kennzeichen, Erkennungszeichen
känsel-*n* Gefühl (Sinn)
känsla-*n*-*or* Gefühl; **känslig** empfindlich

kär lieb; *kär i* verliebt in
kärlek-*en* Liebe; **kärleksaffär**-*en*-*er* Liebschaft, Affärchen
kärna-*n*-*or* Kern
kärra-*n*-*or* Karren, Karre
kärv rauh, herb, scharf
kö-*n*-*er* Schlange, Reihe; *sta i kö* anstehen
kök-*et* - = Küche
kön-*et* - = Geschlecht; **könsdiskriminering**-*en* Diskriminierung des Geschlechts
köp-*et* - = Kauf; **köp/a**-*te*-*t* kaufen
Köpenhamn Kopenhagen
köpkraft-*en* Kaufkraft
kör/a-*de*-*t* fahren; **köra igenom** durchfahren; **körkort**-*en* - = Führerschein
körsång-*en* Chorgesang
kött-*et* Fleisch; **köttbulle**-*n*-*ar* Frikadelle, Fleischklößchen; **köttfärs**-*en* Hackfleisch, Gehacktes

lag-*en*-*ar* Gesetz; **laglig** gesetzlich
lag-*et* - = Mannschaft, Team, Gruppe; Lage; Stadium
laga-*de*-*t* zubereiten, kochen; ausbessern, flicken
lagom gerade, genügend, nicht zu groß und nicht zu klein, mäßig
lagstifta-*de*-*t* Gesetze verabschieden
land-*et länder* Land; *på landet* auf dem Lande, aufs Land
landa-*de*-*t* landen; **landningsbana**-*n*-*or* Piste, Rollbahn, Startbahn
landsbygd-*en*-*er* Provinz
landskamp-*en*-*er* Länderkampf
landskap-*et* - = Landschaft; Provinz
landslag-*et* - = Nationalmannschaft
landsting-*et* - = Provinziallandtag

lantbruk-*et* Landwirtschaft; **lantbrukare**-*n* - = Landwirt, Bauer

lapp-*en*-*ar* Papierzettel, Stückchen; Lappen; [Hundert- oder Tausendkronen-] Schein; Lappe

Lappland Lappland

lapplisa-*n*-*or* Politesse [Umgangssprache]

lapska-*n* Lappisch [Sprache]

lat faul, lässig; **lata**-*de*-*t* **sig** faulenzen

latin-*et* Latein [Sprache]

le *log lett* lächeln

ledamot-*en* -~ *möter* Mitglied

led/a-*de lett* führen, leiten; **ledare**-*[e]n* - = Leiter, Führer

ledig frei, ledig

legitimation-*en*-*er* Ausweis, Legitimation; **legitimera**-*de*-*t* **sig** sich ausweisen

lejon-*et* - = Löwe

lek-*en*-*ar* Spiel; **lek/a**-*te*-*t* spielen

lektion-*en*-*er* Lektion

lektor-*n*-*er* Oberstudienrat

leta-*de*-*t* [*efter*] suchen

lev/a-*de*-*t* leben; *leve* (Konjt. des Verbs **leva**) es lebe!

leve-*t*-*n* Hoch

levnad-*en* Leben; **levnadsstandard**-*en* Lebensstandard; **levnadssätt**-*et* Lebensart

lida *led lidit* leiden; vergehen

ligga *låg legat* liegen; *ligga bra/illa/till* gut/schlecht angeschrieben sein, gut/schlecht im Rennen liegen

lik gleich, ähnlich

lika gleich; ebenso; *lika ... som* gerade ... wie, ebenso ... wie

likaså ebenso

likna-*de*-*t* gleichen, ähneln; **liknande** ähnlich, entsprechend

liksom ebenso wie; gleichsam, so zu sagen

lila lila(farben)

lilla siehe **liten**
limpa-*n*-*or* Stange [Zigaretten]; Brot
lingon-*et* - = Preiselbeere
linje-*n*-*r* Linie
linneansk Linnésch
lire-*n* - = Lira
list-*en*-*er* List; **lista**-*de*-*t* ut herausbekommen
liten *litet lille/lilla små* klein, kleine; **lite[t]** ein bißchen
liter-*n* - = Liter
litteratur-*en*-*er* Literatur; **litterär** literarisch

liv-*et* - = Leben; **livsmedel** -∼*medlet* - = Lebensmittel; **livsstil**-*en*-*ar* Lebensstil; **livsåskådning**-*en*-*ar* Lebensanschauung
ljus hell; blond; **ljus**-*et* - = Licht; Kerze; **ljussignal**-*en*-*er* Lichtsignal; **ljusstake**-*n*-*ar* Leuchter, Kerzenhalter
ljuvlig lieblich
locka-*de*-*t* locken, verführen, verleiten; **lockande** (ver)lockend, verleitend, anziehend

lockout-*en*-*er* Aussperrung
lodjur-*et* - = Luchs
logi-*[e]t*-*er* Logis, Unterkunft
logik-*en* Logik; **logisk** logisch
lokal lokal; **lokal**-*en*-*er* Lokal, Raum, Saal
London London
lopp-*et* - = Rennen, Wettlauf; Lauf

lott-*en*-*er* Los; Anteil, Parzelle; Schicksal, Los; **lotta**-*de*-*t* das Los werfen, losen; **lottad** verlost, ausgelost; gestellt
lotto Lotto
lov-*et* - = Schulferien; Erlaubnis; Lob, Preis
lova-*de*-*t* versprechen
lucia-*n*-*or* junges Mädchen, das am 13. Dezember das Lucia-Fest feiert
lucka-*n*-*or* Schalter, Öffnung; Lücke

luff-*en* Landstreicherei, Umherstreifen; **luffare**-*n* - = Vagabund, Landstreicher
luft-*en* Luft
lugn ruhig; **lugna**-*de-t* beruhigen
lukt-*en* Geruch; **lukta**-*de-t* riechen
lumpen (unv.) Militärdienst, Kommiß; *ligga i lumpen* beim Kommiß sein
lunch-*en-er* Mittagessen
lund-*en-ar* Hain, Wäldchen
lur-*en-ar* (Telefon) Hörer; Schläfchen
lura-*de-t* täuschen, überlisten; lauern
lussa-*de-t* Lucia feiern
lust-*en* Lust; **lustgården** Lustgarten, Garten Eden
lustig lustig; **lustighet**-*en-er* Witz, Spaß
lutfisk-*en* eingelaugter Stockfisch
lutheran-*en-er* Lutheraner
lycka-*n* Glück; *lycka till!* viel Glück!; **lyckad** geglückt, gelungen
lyckas *lyckades lyckats* gelingen, glücken
lycklig glücklich
lyckönska-*de-t* beglückwünschen
lyft/a-*e lyft* heben, anheben, hochheben
lys/a-*te-t* leuchten, strahlen, glänzen; **lysande** leuchtend, strahlend, glänzend, ausgezeichnet
lyssna-*de-t* zuhören
lyx-*en* Luxus; **lyxig** üppig, luxuriös
låda-*n-or* Kasten, Kiste, Schublade
låg niedrig; **lågstadium** -∼*stadiet* Unterstufe; **lågtryck**-*et* - = Tief
lån-*et* - = Anleihe, Darlehen; **låna**-*de-t* leihen; **låna ut** aus-, verleihen
lång lang; groß; **långfredag**-*en-ar* Karfreitag; **långsam** langsam; **långtifrån** durchaus nicht, bei weitem nicht; **långtradare**-*n* - = Lastwagen, Fernlastzug, Laster; **långtradarchaufför**-*en-er* LKW-Fahrer; **långtråkig** langweilig

låta *lät latit* lauten, klingen; vorkommen, klingen; lassen; **låta bli något** etwas lassen
läcker lecker
läge-*t*-*n* Lage
lägenhet-*en*-*er* Wohnung
lägga *lade lagt* legen; **lägga bort** beiseitelegen; **lägga sig** sich hinlegen; **lägga sig i** sich einmischen; **lägga undan** beiseitelegen; **lägga upp** anlegen, aufstellen
lägre lägst Komp. und Sup. von **låg**
läkare-*n* -= Arzt; **läkarmottagning**-*en*-*ar* Sprechzimmer; Sprechstunde
lämna-*de*-*t* lassen, verlassen, aufgeben
lämplig geeignet, passend, zweckmäßig, angebracht
länge lange; **längre** länger, weiter, ferner, größer
längs längs, entlang
längta-*de*-*t* sich sehnen; **längtan** (unv.) Sehnsucht, Trachten
lär *det lär* es scheint, dürfte, soll (angeblich)
lär/a-*de*-*t* lernen, studieren; **lära sig** lernen; **lära ut** unterrichten
lärare-*n* -= Lehrer; **lärarinna**-*n*-*or* Lehrerin
lärd gelehrt, belesen; **lärdom**-*en*-*ar* Gelehrtheit, Gelehrsamkeit
läs/a-*te*-*t* lesen, studieren; **läsare**-*n* -= Leser
läsk-*en* oder **läskedryck**-*en*-*er* erfrischendes Getränk, Limonade
läsning-*en* Lektüre
lätt leicht, einfach; **lättöl**-*et* Dünnbier
löjlig lächerlich
lök-*en*-*ar* Zwiebel
lön-*en*-*er* Lohn, Gehalt
löna-*de*-*t* **sig** sich lohnen, rentabel, einträglich sein
löneförhandling-*en*-*ar* Tarifverhandlungen; **löneförhöjning**-*en*-*ar* Lohn-, Gehaltserhöhung; **löntagare**-*n* -= Lohn-, Gehaltsempfänger
lördag-*en*-*ar* Sonnabend

lösning-*en*-*ar*   Lösung
löv-*et* - =   Blatt, Laub

(m) = Moderata samlingspartiet   die gemäßigt-konservative Partei
madrass-*en*-*er*   Matratze
mage-*n*-*ar*   Bauch; Magen; *ha mage till/att*   die Stirn haben
magi-*n*   Magie; **magisk**   magisch
magister-*n* -∼*trar*   Lehrer [mit Staatsexamen]
maj   Mai
majs-*en*   Mais
maka-*n*-*or*   Gattin
makaroner (Pl.)   Nudeln
make-*n*-*ar*   Gatte; Gegenstück
makt-*en*-*er*   Macht, Gewalt, Herrschaft
malm-*en*-*er*   Erz
mamma   Mutti; **mamma**-*n*-*or*   Mama, Mutti
man   man
man *mannen män*   Mann
mandat-*et* - =   Mandat; **mandatsperiod**-*en*-*er*   Amtsdauer
mandel-*n* -∼*dlar*   Mandel
mannekäng-*en*-*er*   Mannequin
manus-*et* - =   oder **manuskript**-*et* - =   Manuskript
mardröm-*men*-*mar*   Alptraum
margarin-*et*   Margarine
marginal-*en*-*er*   Rand; **marginalväljare**-*n* - =   Wechselwähler
marinblå   marineblau
mark-*en* - =   Mark
mark-*en*-*er*   Boden, Erde; Ackerboden, Ackererde
marknad-*en*-*er*   Markt
mars   März
marsch-*en*-*er*   Marsch

marskalk-*en*-*ar* Brautführer; Marschall
maskin-*en*-*er* Maschine; **maskineri**-*[e]t*-*er* Maschinerie, Getriebe
massa-*n*-*or* Masse, Menge, Unmenge; Papiermasse
massaker-*n* -~*krer* Gemetzel
massmedium -~*diet* -~*dia* Massenmedium
mat-*en* Essen, Lebensmittel
match-*en*-*er* Match
matcha-*de*-*t* passen, abgestimmt sein
matematik-*en* Mathematik
matlagning-*en* Kochen, Zubereiten; **maträtt**-*en*-*er* Gericht; **matsedel**-*n* -~*dlar* Speisekarte; **matsmältningen** Verdauung; **matställe**-*t*-*n* Gaststätte, Gastwirtschaft
matta-*n*-*or* Teppich
matte-*n* = **matematik**
matte-*n*-*ar* Herrin, Frauchen
max = **maximum** Höchst-, maximal
MBL = **medbestämmandelagen** Mitbestimmungsgesetz
med mit; auch
medan während; während dagegen, wogegen
medbestämmandelagen siehe **MBL**
medborgare-*n* - = Staatsbürger; **medborgerskapet** Staatsbürgerschaft, Staatsangehörigkeit
meddetsamma oder **med detsamma** sofort, auf der Stelle
medel *medlet* - = Mittel; **medelklass**-*en*-*er* Mittelstand; **medelpunkt**-*en*-*er* Mittelpunkt; „Medelsvensson" Durchschnittsschwede
medfölja -~*följde* -~*följt* begleiten; beiliegen
medför/a-*de*-*t* mitbringen, mitnehmen; verursachen
medge [**medgiva**] -~*gav* -~*gett [givit]* gestehen, zugeben; gewähren, bewilligen
medicin-*en*-*er* Medizin; Medikament, Arznei; **medicinlåda**-*n*-*or* Arzneikasten
medta[ga] -~*tog* -~*tagit* mitnehmen, mitbringen
medveten bewußt

mejeri-*[e]t-er* Molkerei; **mejeriprodukt**-*en-er* Molkereierzeugnis
mekaniker-*n* - = Mechaniker
melankolisk melancholisch
mellan zwischen; unter
mellanrum-*met* - = Zwischenraum, Abstand
mellanstadium-~*diet* Mittelstufe (4., 5. und 6. Schuljahr)
melodi-*n-er* Melodie, Weise
men aber
mena-*de-t* meinen
mening-*en-ar* Meinung; Bedeutung; Absicht, Zweck; Satz; **meningslös** sinnlos, unsinnig
meny-*n-er* Speisekarte, Menü
mer mehr; **mera** = **mer**
merit-*en-er* Verdienst, Qualifikation; **meritförteckning**-*en-ar* Verdienstverzeichnis, Bewerbungsunterlagen
mest am meisten; *för det mesta* meistens, zumeist; **mestadels** meistenteils, meistens
metall-*en-er* Metall; **metallindustri**-*n-er* Metallindustrie
meteorologisk meteorologisch
meter-*n* - = (oder **metrar**) Meter
metod-*en-er* Methode
middag-*en-ar* Abendessen; Mittag
midnatt-*en* Mitternacht; **midnattssol**-*en* Mitternachtssonne
midsommar-*[e]n* Johannisfest, Mittsommer
mig mich, mir
mil-*en* - = schwedische Meile, zehn Kilometer
mild mild
militär militärisch; **militär**-*en-er* Militär; **militärtjänst**-*en* Militärdienst
miljard-*en-e* Milliarde
miljon-*en-er* Million
miljö-*n-er* Umwelt, Umgebung

min *mitt mina* mein, meine; der, die, das meine, die meinen

mindre kleiner, minder; weniger

minister-*n* -~*trar* Minister

minnas *mindes mints* sich erinnern

minne-*t*-*n* Erinnerung; Gedächtnis; **minnesförlust-en** Gedächtnisverlust

minoritet-*en*-*er* Minderheit

minsann wirklich! nanu!

minska-*de*-*t* vermindern, verringern

minst kleinst, geringst, wenigstens

minut-*en*-*er* Minute

miss-*en*-*ar* Fehlschlag, Fehlschuß, Versager; **missa**-*de*-*t* verpassen, fehlschlagen

missförstå -~*stod* -~*stätt* mißverstehen; **missförstånd**-*et* - = Mißverständnis

mission-*en*-*er* Mission, Auftrag

missta[ga] -~*tog* -~*tagit* **sig** sich irren, sich täuschen; **misstag**-*et* - = Irrtum, Fehler

mitt siehe **min**

mitt (Adv.) mitten; *mitt emot* gerade gegenüber; **mitten** Mitte

mjuk weich, sanft

mjölk-*en* Milch

m.m. = **med mera** usw., und so weiter und so fort

mobilisera-*de*-*t* mobilisieren; **mobilisering**-*en*-*ar* Mobilisierung

mode-*t*-*n* Mode

modell-*en*-*er* Modell

moder oder **mor** *modern mödrar* Mutter; **modersmål-et** Muttersprache

moderat mäßig, gemäßigt; **Moderata samlingspartiet** siehe **(m)**

modern modern

mogen reif

mollusk-*en*-*er* Molluske

moln-*et* - = Wolke
monarki-*[e]n-er* Monarchie
monument-*et* - = Monument, Denkmal
mor siehe **moder** **morbror** - ~*brodern* - ~*bröder* Onkel; **morfar** - ~*fadern* Großvater; **morföräldrar** (Pl.) Großeltern; **mormor** - ~*modern* Großmutter
morgon-*en* *morgnar* Morgen; *i morgon* morgen; *morgonpigg* Frühaufsteher; *morgontrött* morgens verschlafen
morot-*en* - ~*rötter* Karotte, Möhre; Köder
morse *i morse* heute morgen; *i går morse* gestern früh
mossa-*n-or* Moos
moster-*n* - ~*trar* Tante
mot gegen; zu, nach
motförslag-*et* - = Gegenvorschlag, Gegenentwurf
motion-*en* Bewegung; **motionera**-*de-t* sich bewegen; **motionär**-*en-er* Trimmer
motor-*n-er* Motor
motsats-*en-er* Gegensatz, Gegenteil
motsvara-*de-t* entsprechen
motsättning-*en-ar* Gegensatz, gegensätzliches Verhältnis
mottagande-*t-n* Empfang, Entgegennahme
mottagning-*en-ar* Empfang; Empfangszimmer
mousserande Schaum-; *mousserande vin* Schaumwein
mulen bewölkt, bedeckt
mullig mollig; *mullig mansgris* „Chauvi", „Macho"
mun-*nen-nar* Mund
mur-*en-ar* Mauer
mura-*de-t* mauern; **murare**-*n* - = Maurer
museum - ~*seet* - ~*seer* Museum
musik-*en* Musik; **musiker**-*n* - = Musiker
muskel-*n* - ~*kler* Muskel
mycket viel; sehr
mygga-*n-or* Mücke; **myggsalva**-*n-or* Mittel [Creme] gegen Mücken

myndighet-*en*-*er* Behörde; Autorität
mynt-*et* - = Münze, Geldstück
myra-*n*-*or* Ameise
mysig gemütlich, behaglich, kuschelig
myt-*en*-*er* Mythus; **mytisk** mythisch; **mytologi**-*[e]n*-*er* Mythologie
må *måtte* mögen; können; „möge"
må-*dde*-*tt* sich fühlen; *hur mår du?* Wie geht es dir?
måfå *på måfå* aufs Geratewohl, auf gut Glück
mål-*et* - = Ziel; [Rechts-]Sache, Prozeß; Mahlzeit; Mundart, Dialekt
måla-*de*-*t* malen; **målare**-*n* - = Maler
måltid-*en*-*er* Mahlzeit
mån (Adj.) achtsam, vorsichtig, bedacht; **mån** (unv. S.) Umfang, Grad; *i viss mån* in gewissem Umfang, zu einem gewissen Grad
månad-*en*-*er* Monat
måndag-*en*-*ar* Montag
många viele; **mångtalig** zahlreich
måste *måste måst* müssen; *ett måste* ein „Muß"
måtte siehe **må**
mäktig mächtig
mängd-*en*-*er* Menge, Unmenge, Unzahl
människa-*n*-*or* Mensch; **mänsklig** menschlich; **mänsklighet**-*en* Menschheit
märk/a-*te*-*t* merken; **märklig** bemerkenswert, merkwürdig; **märkvärdig** merkwürdig, sonderbar, erstaunlich
mästare-*n* - = Meister; **mästerverk**-*et* - = Meisterwerk
mät/a-*te*-*t* messen; **mätning**-*en*-*ar* Messung, Vermessung
möbel-*n* - ~ *bler* Möbel; **möblera**-*de*-*t* möblieren
möda-*n*-*or* Plackerei, schwere Arbeit; Mühe, Mühsal
möjlig möglich; **möjligen** = **möjligtvis**; **möjlighet**-*en*-*er* Möglichkeit; **möjligtvis** möglicherweise
mönster - ~ *tret* - = Muster, Vorbild

mörk dunkel, finster
mörker -~*kret* Dunkelheit, Finsternis
möt/a-*te*-*t* begegnen; **möte**-*t*-*n* Begegnen, Zusammentreffen

nalkas *nalkades nalkats* nahen, heranrücken
namn-*et* - = Name, **namnteckning**-*en*-*ar* Unterschrift
nappa-*de*-*t* anbeißen
nation-*en*-*er* Nation; **nationaldag**-*en*-*ar* Nationalfeiertag; **nationalekonomi**-*n* Nationalökonomie; **nationalekonomisk** volkswirtschaftlich, nationalökonomisch; **nationalsång**-*en*-*er* Nationalhymne
natt-*en nätter* Nacht; **nattlinne**-*t*-*n* Nachthemd
natur-*en* Natur
natura *in natura* in natura, in Naturalien
naturlig natürlich; **naturligtvis** natürlich, gewiß
naturvård-*en* Naturschutz
ned nieder; **nedre** untere, niedere
nej nein
ner = ned; **nere** (Adv.) unten; **nere** (unv. Adj.) niedergeschlagen
nerv-*en*-*er* Nerv; **nervös** nervös
neutrum -~*tret* -~*trer* (oder -~*tra*) Neutrum
ni ihr, Sie
nio neun; **nionde** neunte
nittio neunzig; **nittionde** neunzigste
nitton neunzehn; **nittonde** neunzehnte
nja tja
njuta *njöt njutit* genießen
nobelpris-*et* - = Nobelpreis; **nobelpristagare**-*n* - = Nobelpreisträger
nog genug; wohl
noga (unv. Adj.) genau, exakt; **noga** (Adv.) genau, richtig, gut; **noggrann** genau, sorgfältig, eingehend, umständlich

noll null
nomad-*en-er* Nomade
nord-*en* Norden; *Norden* der Norden, die nordischen Länder; **nordbo**-*n-r* Nordländer; **nordisk** nordisch; *Nordkalotten* die Nordkalotte; *Nordkap* das Nordkap; **Nordsjön** die Nordsee
Norge Norwegen
normal normal
norr Norden, Nord; nördlich
norrsken-*et* - = Nordlicht
norrut nach Norden, nordwärts
norsk norwegisch; **norska**-*n* Norwegisch [Sprache]
nos-*en-ar* Schnauze
nota-*n-or* Rechnung
novell-*en-er* Novelle
november November
nu jetzt, nun; **numera** heutzutage, jetzt
nummer *numret* - = Nummer
numrering-*en-ar* Numerierung
nuvarande gegenwärtig, jetzig, heutig
ny neu; **nybyggare**-*n* - = Siedler
nyckel-*n* - ~*klar* Schlüssel
nyfiken neugierig
nyhet-*en-er* Neuheit, Nachricht
nykter nüchtern
nyligen neulich, kürzlich
nyss soeben, gerade, vor kurzem
nytta-*n* Nutzen
nyår-*et* Neujahr; **nyårsafton**-*en* Silvester, Silvesterabend; **nyårsdag**-*en* Neujahrstag
nå (Int.) na
nå-*dde-tt* erreichen
någon (nån) *något (nåt) några* irgend einer, eine, eines, welche; jemand
någonsin (nånsin) jemals
någonstans (nånstans) irgendwo

nä = **nej**
nämligen nämlich
nämn/a-*de-t* erwähnen, nennen, benennen
när als; wenn; wann
nära (unv. Adj.) nahe, eng; **nära** (Adv.) nahe, dicht an
närhet-*en* Nähe
näring-*en-ar* Nahrung; Gewerbe; **näringsliv**-*et* Wirtschaft
närliggande naheliegend
närmare näher; genauer
närmast nächst, am nächsten; am nächsten bei
närvaro-*n* Anwesenheit
näsa-*n-or* Nase
näst nächst-, zweit-; *näst efter* gleich nach
nästa nächste/r
nästan fast
nöd-*en* Not; **nödsituation**-*en-er* Notlage
nödvändig notwendig
nöj/a-*de-t* **sig** *[med något]* sich [mit etwas] begnügen, [mit etwas] vorliebnehmen
nöjd zufrieden
nöje-*t-n* Vergnügen, Freude; Unterhaltung

oartig unhöflich
obefogad unbefugt, unberechtigt
obegränsad unbegrenzt, grenzenlos
obehaglig unbehaglich, unangenehm
obehörig unzuständig, inkompetent, unbefugt; *obehöriga äger ej tillträde* Unbefugten ist der Eintritt verboten, unbefugtes Betreten bei Strafe verboten
oberoende unabhängig
obesprutad ungespritzt, „biologisch"
obetydlig unbedeutend, unerheblich
obildad ungebildet
objekt-*et* - = Objekt, Gegenstand

oblid unfreundlich; *se med obliga ögon* mit scheelen Blicken betrachten
obligation-*en*-*er* Obligation, Pfandbrief
observera-*de*-*t* beobachten
och und; *och så vidare* und so weiter
också auch
Oden Odin, Wotan
odjur-*et* - = Untier, Ungeheuer
odla-*de*-*t* bebauen, bestellen, züchten
odramatisk undramatisch
oerhörd unerhört
ofattbar unfaßbar, unbegreiflich
offentlig öffentlich
officiell offiziell
ofta oft
ogift unverheiratet, ledig
ogräs-*et* Unkraut
ogynnsam ungünstig
ohälsa-*n* Kränklichkeit
oj o weh! au!
okey oder **OK** O.K.
okritisk unkritisch
oktober Oktober
okänd unbekannt
olaglig ungesetzlich, widerrechtlich
olik ungleich, unähnlich
olika (unv. Adj.) verschieden, **olika** (Adv.) verschieden, anders
olja-*n*-*or* Öl; **oljekris**-*en* Erdölrise
oljud-*et* - = Lärm
ologisk unlogisch
olycka-*n*-*or* Unglück; Unfall; **olycklig** unglücklich
om 1. (Verbpartikel); 2. (Präp.) um, herum, über; an, bei im usw. 3. (Konj.) wenn
ombord an Bord

ombud-*et* - = Vertreter, Bevollmächtigter, **ombudsman**-*en* -~*män* Beauftragter
omdiskuterad umstritten, vielerörtert
omelett-*en-er* Omelett
omfatta-*de-t* umfassen; **omfattande** umfassend, umfangreich
omgivning-*en-ar* Umgebung, Umwelt
omhänderta -~*tog* -~*tagit* übernehmen, betreuen
omkring um; etwa, ungefähr; herum, umher
område-*t-n* Gebiet, Gegend, Bereich
omröstning-*en-ar* Abstimmung
omslag-*et* - = Verpackung; Umschlag
omstörtande umstürzlerisch, subversiv
omväxlande abwechselnd, abwechlungsreich
omöblerad unmöbliert
omöjlig unmöglich; **omöjlighet**-*en-er* Unmöglichkeit
ond schlecht, boshaft; wund, schmerzend; *ha ont* Schmerzen haben
onekligen unleugbar, unzweifelhaft
onsdag-*en-ar* Mittwoch
ont siehe **ond**
onödan *i onödan* unnötigerweise; **onödig** unnötig
oordning-*en* Unordnung
opera-*n-or* Oper
opinion-*en-er* Meinung; **opinionsmätning**-*en-ar* Meinungsumfrage
opposition-*en-er* Opposition
ord-*et* - = Wort
orden - = *ordnar* Orden
ordentlig ordentlich; anständig, gründlich
ordna-*de-t* ordnen, in Ordnung bringen; veranstalten, erledigen; **ordning**-*en-ar* Ordnung
ordspråk-*et* - = Sprichwort
organ-*et* - = Organ
organisation-*en-er* Organisation; **organisera**-*de-t* organisieren

orgel-*n* -~*glar* Orgel
orientering-*en*-*ar* Orientierung; Orientierungslauf
original-*et* - =   Original; **originell** original
orka-*de*-*t* können, vermögen, schaffen, die Kraft haben
orkester-*n* -~*trar* Orchester; **orkestersvit**-*en*-*er* Orchestersuite
oro-*n* Unruhe; **orolig** unruhig; **oroväckande** beunruhigend
orsak-*en*-*er* Ursache, Grund
ort-*en*-*er* Ort, Ortschaft; **ortnamn**-*et* - =   Ortsname
orättvis ungerecht
orörd unberührt
osams (unv.) uneins
osanning-*en*-*ar* Unwahrheit
oss uns; *oss emellan* unter uns
ost oder **öst** Osten; **osten** der Ost
ost-*en*-*ar* Käse
ostadig wackelig, unbeständig
osv. = **och så vidare** und so weiter
otrolig unglaublich
otta-*n*-*or* Morgengrauen; **julotta** Christmette
otur-*en* Unglück, Pech
ovanlig ungewöhnlich
overklig unwirklich
ovetande unwissentlich, ohne zu wissen
oviss ungewiß, unsicher
ovän-*nen*-*ner* Feind
oväntad unerwartet
oxe-*n*-*ar* Ochse; Stier; **oxfilé**-*n*-*er* Rinderfilet
oändlig unendlich, endlos; **oändlighet**-*en*-*er* Unendlichkeit, Ewigkeit

packa-*de*-*t* packen
paket-*et* - =   Paket; **paketresa**-*n*-*or* Pauschalreise
palmträd-*et* - =   Palme

pank pleite
pappa Vati, Papa; **pappa**-*n-or* Vater
papper-*et* - = *[*best. Pl.: *papperen* oder *papperna]* Papier; **papersexercis**-*en* Papierkrieg; **pappersmassa**-*n* Papiermasse
par-*et* - = Paar; paar, einige
paradis-*et* - = Paradies
parentes-*en-er* Klammer; *inom parentes* in Klammern
parfym-*en-er* Parfüm; **parfümaffär**-*en-er* Parfümgeschäft
parisare-*n* - = Pariser
park-*en-er* Park; **parkera**-*de-t* parken; **parkeringsplats**-*en-er* Parkplatz
paroll-*en-er* Parole, Schlagwort
part-*en-er* Teil; Partei
partaj-*et* - = Party, Fete
parti -*[e]t-er* Partie; (politische) Partei
partitur-*et* - = Partitur
pass (unv.) *så pass* so, so sehr, so viel; **pass**-*et* - = Paß
passa-*de-t* passen; **passa på** die Gelegenheit wahrnehmen; aufpassen
passagerare-*n* - = Reisende(r), Passagier
passera-*de-t* vorübergehen, vergehen usw.
passion-*en-er* Leidenschaft
pastor-*n-er* Pastor; **pastorsexpedition**-*en-er* kirchliche Geschäftsstelle, Pfarramt
patent-*et* - = Patent
patient-*en-er* Patient
patriot-*en-er* Vaterlandsfreund, Patriot; **patriotisk** vaterländisch, patriotisch
pedagogisk pädagogisch
peka-*de-t* zeigen, weisen; hinweisen; **pekpinne**-*n-ar* Zeigestock
pengar (Pl.) Geld
penna-*n-or* Feder, Bleistift, Kugelschreiber
penning-*en-ar* Geld; Geldstück, Münze

pension-*en*-*er* Rente, Pension; **pensionera**-*de*-*t* **sig** in den Ruhestand treten; **pensionär**-*en*-*er* Rentner
peppar-*n* Pfeffer; **pepparkaka**-*n*-*or* Lebkuchen, Pfefferkuchen; **pepparrot**-*en* Meerrettich
perfekt perfekt, vollendet; **perfekt** oder **perfektum** Perfekt [Tempus]
period-*en*-*er* Periode
permanentering-*en*-*ar* Dauerwelle
person-*en*-*er* Person
personal-*en* Personal, Belegschaft
personbevis-*et* - = Personalbescheinigung, Personenstandsurkunde
personlig persönlich; **personlighet**-*en*-*er* Persönlichkeit
personnummer -∼*numret* - = Personenkennzahl
p.g.a. = **på grund av** aufgrund, wegen
pigg flink, munter, gesund; **pigga**-*de*-*t* **upp** ermuntern, anregen
pil-*en*-*ar* Pfeil
pilgrim-*en*-*er* Pilger; **pilgrimsfärd**-*en*-*er* Pilgerfahrt
pilot-*en*-*er* Flugzeugführer, Pilot
pingis-*en* Pingpong (Tischtennis)
pingst-*en* Pfingsten
pinne-*n*-*ar* Stock, Holzstück
pionjär-*en*-*er* Pionier
pittoresk malerisch
pjäs-*en*-*er* Stück
placering-*en*-*ar* Placierung
plan-*en*-*er* Plan; Platz, Spielfeld; **plan**-*et* - = Ebene, Niveau, Stufe; Flugzeug
plast-*en*-*er* Kunststoff, Plast, Plastik
plats-*en*-*er* Platz, Stelle, Ort; Anstellung, Stellung, Posten
plocka-*de*-*t* pflücken, sammeln
plog-*en*-*ar* Pflug; **snöplog** Schneepflug
plugga-*de*-*t* pauken, büffeln

pluralis oder **plural** *pluralen pluraler* Plural
plus plus, mit; *ett plus* ein Plus, ein Vorteil
plånbok-*en* -~*böcker* Brieftasche
plåster -~*tret* -= Pflaster
plötslig plötzlich, jäh; **plötsligt** plötzlich
poet-*en*-*er* Poet, Dichter; **poetisk** poetisch
pojke-*n*-*ar* Junge
pol-*en*-*er* Pol; **polcirkel**-*n* Polarkreis
polack-*en*-*er* Pole; **Polen** Polen
polis-*en*-*er* Polizist; Polizei
politik-*en* Politik; **politiker**-*n* -= Politiker; **politisk** politisch
popularitet-*en* Beliebtheit, Popularität; **populär** beliebt, populär
porslin-*et* Porzellan; Geschirr
port-*en*-*ar* Torweg, Einfahrt, Pforte, Tor
porto-*t*-*n* Porto, Postgebühr
portvin-*et* Portwein
Portugal Portugal; **portugisisk** portugiesisch
post-*en* Postamt; Post; **posta**-*de*-*t* aufgeben, in den Briefkasten stecken; **postanvisning**-*en*-*ar* Postanweisung; **postförskott**-*et* -= per Nachnahme; **postgiro**-*t*-*n* Postscheckkonto; **postkassör**-*en*-*er* Postbeamter; **postkassörska**-*n*-*or* Postbeamtin; **postkontor**-*et* -= Postamt; **postnummer** -~*numret* -= Postleitzahl
postskriptum Postskriptum
postverk-*et* die Postverwaltung
potatis-*en*-*ar* Kartoffel
prakt-*en* Pracht, Glanz, Herrlichkeit
praktik-*en* Praxis; *i praktiken* in der Praxis; **praktisera**-*de*-*t* praktizieren, ein Praktikum machen; **praktisk** praktisch
prat-*et* Gerede, Geschwätz; **struntprat** Stuß, Quatsch, dummes Gerede
prata-*de*-*t* reden, sprechen, plaudern; **pratsam** ge-

sprächig, redselig; **pratsjuk** = **pratsam**
precis   genau, gerade, präzis
premiär-*en*-*er*   Premiere, Uraufführung
present-*en*-*er*   Geschenk
presentera-*de*-*t*   vorstellen
press-*en*   Presse; **Pressbyrån**   Pressestelle; Zeitungskioskkette
pressa-*de*-*t*   drücken, pressen; bügeln
prick (Adv.)   genau; *prick kl. 6*   Punkt 6 Uhr; *prick-en-ar*   Punkt; **pricken**   das Schwarze
pricka-*de*-*t*   ankreuzen; einen Verweis erteilen
princip-*en*-*er*   Prinzip
prins-*en*-*ar*   Prinz; **princessa**-*n*-*or*   Prinzessin
pris-*et* - = (oder **priser**)   Preis
prisa-*de*-*t*   preisen, loben
prisklass-*en*-*er*   Preisklasse; **prislista**-*n*-*or*   Preisliste; **pristagare**-*n* - =   Preisträger
privat   privat; **privatdetektiv**-*en*-*er*   Privatdetektiv
problem-*et* - =   Problem; **problematisk**   problematisch
procent-*en*-*er*   Prozent; Prozentsatz
process-*en*-*er*   Prozeß; Verlauf, Vorgang
producera-*de*-*t*   produzieren; **produkt**-*en*-*er*   Produkt; **produktion**-*en*-*er*   Produktion; **produktiv**   produktiv, schöpferisch
professor-*n*-*er*   Professor
profet-*en*-*er*   Prophet
prognos-*en*-*er*   Vorhersage; Prognose
program-*met* - =   Programm
projektor-*n*-*er*   Projektor
proletär-*en*-*er*   Proletarier
promenad-*en*-*er*   Spaziergang; **promenera**-*de*-*t*   spazierengehen
prov-*et* - =   Versuch, Probe; Muster, Beispiel
prova-*de*-*t*   probieren, prüfen, versuchen
pryl-*en*-*ar*   Zeug, Dings, Kram
prägel-*n* -~*glar*   Stempel, Prägung, Gepräge

präst-*en*-*er* Geistlicher, Pastor, Pfarrer; **prästgård**-*en*-*ar* Pfarrhaus
pröva-*de*-*t* prüfen, testen, probieren
psalm-*en*-*er* Psalm
publik-*en* Publikum
pund-*et* -= Pfund; *engelska pund* englische Pfund
punkt-*en*-*er* Punkt; **punktlig** pünktlich
puss-*en*-*ar* Kuß, Küßchen
pyjamas-*en*-*er* Pyjama
på 1. (Verbpartikel); 2. (Präp.) auf; an, in, zu usw.
pågå -~*gick* -~*gått* im Gange sein
påminna -~*minde* -~*mint* erinnern
påpeka-*de*-*t* hinweisen, aufmerksam machen, hervorheben
påse-*n*-*ar* Tüte
påsk-*en*-*ar* Ostern
påskynda-*de*-*t* beschleunigen, antreiben
påstå -~*stod* -~*stått* behaupten
påve-*n*-*ar* Papst
påverka-*de*-*t* beeinflussen
päls-*en*-*ar* Pelz
päron-*et* -= Birne

rabatt-*en*-*er* Rabatt
rad-*en*-*er* Reihe, Rang; Zeile, Absatz
radio-*n* Radio, Rundfunk
raffig oder **raffinerad** raffiniert
rak gerade; direkt
raka-*de*-*t* rasieren; **raka sig** sich rasieren; **rakning**-*en*-*ar* Rasieren
ramla-*de*-*t* umfallen, stürzen
rand-*en*-*ränder* Rand; Streifen
rang-*en*-*er* Rang, Stellung
ransonera-*de*-*t* rationieren; **ransonering**-*en*-*ar* Rationierung

rar lieb, nett
reagera-*de-t* reagieren; **reaktion**-*en-er* Reaktion
realism-*en* Realismus
recept-*et* - = Rezept; **receptfri**-*tt* rezeptfrei
reda-*n* Ordnung; **red/a**-*de-tt* ins Reine bringen, ordnen
redaktör-*[e]n-er* Redakteur
redan schon, bereits
redskap-*et* - = Gerät, Werkzeug
reducera-*de-t* reduzieren
regel-*n* - ~*gler* Regel
regering-*en-ar* Regierung
regi-*n* Regie
regional regional
regissera-*de-t* inszenieren; **regissör**-*[e]n-er* Regisseur
register - ~*tret* - = Verzeichnis, Register; **registrera**-*de-t* verzeichnen, eintragen, registrieren
regn-*et* Regen; **regna**-*de-t* regnen; **regnkappa**-*n-or* Regenmantel [für Frauen]; **regnrock**-*en-ar* Regenmantel [für Herren]
rejäl zuverlässig, anständig, verläßlich, kräftig
rek oder **rekommenderad** eingeschrieben [Brief, Paket usw.]
reklam-*en* Werbung
rekommendera-*de-t* empfehlen; einschreiben
rektor-*n-er* Rektor
relativ verhältnismäßig, relativ
religion-*en-er* Religion; **religiös** religiös
ren rein; sauber; pur
ren-*en-ar* Ren, Rentier
rening-*en* Reinigung, Säuberung
renodla-*de-t* reinzüchten; **renodla** in Reinkultur, absolut
renovera-*de-t* renovieren; **renovering**-*en-ar* Renovation, Renovierung
renskötsel-*n* Rentierzucht

reparation-*en-er* Reparation, Ausbesserung
repetition-*en-er* Wiederholung; Probe [Theater]
representant-*en-er* Vertreter; **representativ** repräsentativ; **representera**-*de-t* vertreten, darstellen; repräsentieren
republik-*en-er* Republik
resa-*n-or* Reise; **res/a**-*te-t* reisen; aufrichten; **resa sig** aufstehen, sich aufrichten; **resebyrå**-*n-er* Reisebüro; **resecheck**-*en-ar* Reisescheck; **resenär**-*en-er* Reisende(r)
reservera-*de-t* reservieren, bestellen, zurücklegen
resmål-*et* - = Reiseziel
respekt-*en* Respekt
rest-*en-er* Rest; **förresten** oder **för resten** übrigens
restaurang-*en-er* Restaurant
resultat-*et* - = Resultat, Ergebnis
resurs-*en-er* Hilfsmittel, Ressource
reta-*de-t* reizen, anregen; erregen; **reta sig på** sich ärgern über
retur-*en-er* Rücksendung; *resa tur och retur* Reise hin und zurück
revben-*et* - = Rippe
revolution-*en-er* Revolution
rida *red ridit* reiten; **ridning**-*en* Reiten
rik reich
rike-*t-n* Reich
riksdag-*en-ar* Parlament, Reichstag; **riksdagsman**-*nen* -~*män* Reichtagsabgeordneter; **riksdagsval**-*et* - = Reichtagswahl
rikspolitik-*en* Landespolitik, Politik auf Landesebene; **rikssvenska**-*n* schwedische Hochsprache, Hochschwedisch
riktig richtig
ringa (unv. Adj.) gering, geringfügig
ring/a-*de-t* klingeln; anrufen; **ringa in** durchrufen; **ringa på** an der Tür klingeln

ris-*et* Reis; **risgrynsgröt**-*en* Reisbrei, Milchreis
risk-*en*-*er* Risiko, Gefahr; **riskera**-*de*-*t* riskieren
rita-*de*-*t* zeichnen
ritual-*en*-*er* Ritual
ro-*n* Ruhe, Stille
roa-*de*-*t* amüsieren, unterhalten; gefallen, interessieren;
   roa sig sich amüsieren, sich vergnügen
rock-*en*-*ar* Herrenmantel; **morgonrock** Schlafrock
rodna-*de*-*t* erröten
rogivande beruhigend
rolig lustig, amüsant, erfreulich
roll-*en*-*er* Rolle
Rom Rom
roman-*en*-*er* Roman; **romansvit**-*en*-*er* Romanzyklus
romantik Romantik
ros-*en*-*or* Rose
rosa rosafarben
rot-*en* *rötter* Wurzel
rubba-*de*-*t* rücken; aus der Fassung bringen, ins Wanken bringen
rubrik-*en*-*er* Rubrik, Überschrift
ruinera-*de*-*t* ruinieren
rulla-*de*-*t* rollen
rulltrappa-*n*-*or* Rolltreppe
rum *äga rum* stattfinden
rum-*met* - = Zimmer, Raum; Platz
rund rund; rundlich; **runt** rund, rund herum
rusa-*de*-*t* stürzen, stürmen
ruta-*n*-*or* Viereck; Scheibe; Feld; **TV-ruta** Fernsehschirm
rutin-*en*-*er* Routine, Gewandtheit
rygg-*en*-*ar* Rücken; **ryggskott**-*et* - = Hexenschuß;
   ryggsäck-*en*-*ar* Rucksack
rymma *rymde* *rymt* entfliehen, ausreißen, durchbrennen; fassen, enthalten
ryska-*n* Russich [Sprache]

rå roh; **råvara**-*n*-*or* Rohstoff
rå-*dde*-*tt* **på** überlegen sein, fertig werden mit
råd-*et* - = Rat; Mittel
råd/a-*de rått* raten; herrschen
råg-*en* Roggen
råka-*de*-*t* treffen, begegnen; geraten; **råka illa ut** sich Unannehmlichkeiten zuziehen
rån-*et* - = Raub; **råna**-*de*-*t* rauben
räck/a-*te*-*t* reichen; ausreichen, genügen; sich strecken, dauern
räckhåll *inom/utom räckhåll* in/außer/Reichweite
rädd ängstlich; *vara rädd* Angst haben; *rädd om* besorgt, behutsam
rädsla-*n* Furcht, Angst
räka-*n*-*or* Krabbe
räkna-*de*-*t* rechnen; **räkna in** einschließen, einbegreifen; **räkning**-*en*-*ar* Rechnung
räls-*en* Schiene; **rälsbuss**-*en*-*ar* Schienenbus
ränta-*n*-*or* Zins
rätt (Adj.) recht, richtig, wahr, korrekt; **rätt** (Adv.) recht, ziemlich, ganz; gerade
rätt-*en*-*er* Gericht; Recht; Gerechtigkeit
rätta-*de*-*t* verbessern, berichtigen; **rätta sig efter** sich richten nach, sich anpassen
rättighet-*en*-*er* Recht, Anrecht, Vorrecht; *de manskliga rättigheterna* die Menschenrechte
röd rot; **rödvin**-*et*-*er* Rotwein
röjning-*en*-*ar* Rodung, Aufräumung
rök/a-*te*-*t* rauchen; **rökning**-*en* Rauchen; *ej rökning* oder *rökning förbjuden* Rauchen verboten
rör-*et* - = Rohr, Leitung
rör/a-*de*-*t* berühren, anrühren; rühren; **röra sig** sich bewegen, regen, rühren; sich handeln
rörande (Präp.) betreffend; **rörande** (Adj.) rührend, ergreifend

rörelse-*n*-*r*   Bewegung; Geschäft, Gewerbe; Gemütsbewegung, Rührung
rörlig   beweglich
rörmokare-*n* - =   Klempner
röst-*en*-*er*   Stimme; **rösta**-*de*-*t* stimmen, abstimmen; **röstberättigad** stimmberechtigt; **rösträtt**-*en* Stimmrecht, Wahlrecht

(s) = **Socialdemokratiska arbetarpartiet**   die Sozialdemokratische Partei
SAF = **Svenska arbetsgivarföreningen**   Zentralverband der schwedischen Arbeitgeber
saftig   saftig
saga-*n*-*or*   Märchen; Saga
sak-*en*-*er*   Sache, Angelegenheit
saklig   sachlich
sallad-*en*-*er*   Salat
salong-*en*-*er*   Salon; Zuschauerraum
salt   salzig, gesalzen; **salt**-*et*   Salz
salutorg-*et*   Markt, Marktplatz
salva-*n*-*or*   Salbe; Salve
samarbeta-*de*-*t*   zusammenarbeiten; **samarbete**-*t* Zusammenarbeit
samband-*et* - =   Zusammenhang, Verbindung
sambo-*n*-*r*   Partner, Hausgenosse, Mitbewohner
same-*n*-*r*   Same
samförstånd-*et*   Einvernehmen, Verständigung
samhälle-*t*-*n*   Gesellschaft; Ortschaft
samiska-*n*   Samisch [Sprache]
samla-*de*-*t*   sammeln; **samling**-*en*-*ar*   Sammlung, Versammlung
samma   gleich, gleichartig, dasselbe
samman   zusammen
sammanboende   zusammenlebend, zusammenwohnend, „in papierloser Ehe" lebend

sammanhang-*et* - =   Zusammenhang
sammanlagt   insgesamt
sammanträde-*t*-*n*   Sitzung, Tagung, Versammlung
sams (unv.)   einig, auf gutem Fuß
samspel-*et*   Zusammenspiel; Wechselwirkung
samsändning-*en*-*ar*   gemeinsame Übertragung, Gemeinschaftssendung
samt   und, sowie
samtal-*et* - =   Gespräch, Unterhaltung
samtidig   gleichzeitig; **samtidigt**   zu gleicher Zeit, gleichzeitig
samtliga (Pl.)   sämtliche
samåk/a-*te*-*t*   zusammenfahren, mitfahren
sankt   Sankt
sann   wahr; *inte sant?*   nicht wahr?; **sanning**-*en*-*ar*   Wahrheit
sardin-*en*-*er*   Sardine
satsa-*de*-*t*   setzen
scen-*en*-*er*   Szene; Bühne
schack-*et*   Schach
schema-*t*-*n*   Stundenplan; Schema
Schweiz   Schweiz
se *såg sett*   sehen; **se fram emot**   entgegensehen; **se till**   zusehen; **se ut**   aussehen; **ses** *sågs setts*   sich sehen; **vi ses**   bis bald!
sed-*en*-*er*   Sitte, Brauch
sedan oder **sen**   dann; seit, seitdem
sedel-*n* - ~*dlar*   Banknote, Geldschein; Schein
segla-*de*-*t*   segeln
sekel - ~*klet* - = (oder - ~*kler*)   Jahrhundert; **sekelskifte**-*t*-*n*   Jahrhundertwende
sekund-*en*-*er*   Sekunde
semester-*n* - ~*trar*   Urlaub, Ferien
sen   1. siehe **sedan**; 2. spät
senap-*en*   Senf
senare   später; **senast**   spätest; spätestens

seniorpass-*et* - = Seniorenpaß
september September
serie-*n*-*er* Serie; Comic Strips, Reihe, Folge
servett-*en*-*er* Serviette
sevärdhet-*en*-*er* Sehenswürdigkeit
sex sechs; **sex**-*et* Sex
sextio sechzig; **sextionde** sechzigste
sexton sechzehn; **sextonde** sechzehnte
sida-*n*-*or* Seite; *a ena sidan ... a andra sidan* einerseits ... andererseits
siden-*et* Seide
siffra-*n*-*or* Ziffer, Zahl
sig sich [vgl. Grammatik]
sightseeing-*en* Sightseeing
signal-*en*-*er* Signal; **ljussignal** Ampel; Lichtsignal; *sla en signal* kurz anrufen
sikt-*en* Sicht; **sikta**-*de*-*t* zielen
sill-*en*-*ar* Hering
silver - ~ *vret* Silber
sin *sitt sina* sein, seine, ihr, ihre usw. [vgl. Grammatik]
sinne-*t*-*n* Sinn; Gemüt, Art
sinsemellan unter sich, untereinander
sist zuletzt; **sistnämnd** letztgenannt, letzterwähnt
sista (unv. Adj.) letzt
sits-*en*-*ar* Sitz
sitta *satt suttit* sitzen; **sittplats**-*en*-*er* Sitzplatz
situation-*en*-*er* Situation, Lage
sju sieben
sjuk krank, **sjukdom**-*en*-*mar* Krankheit; **sjuksköterska**-*n*-*or* Krankenschwester
sjunde siebte, siebente
sjunga *sjöng sjungit* singen
sjuttio siebzig; **sjuttionde** siebzigste
sjutton siebzehn; zum Kuckuck! um Gottes willen!; **sjuttonde** siebzehnte
själ-*en*-*ar* Seele, Geist

själv selbst, selber; **självbiografisk** autobiographisch; **självfallet självklart** selbstverständlich; **självlärd** Autodidakt; autodidaktisch; **självmedveten** selbstbewußt; **självständig** selbständig
sjätte sechste
sjö-*n*-*ar* See; Meer; **sjöfart**-*en* Seeschiffahrt; **sjömanen** -~*män* Seemann; **sjösjuk** seekrank
s.k. = **så kallad/kallat/kallade** sog., sogenannte,r,s
ska siehe **skola**
skada-*n*-*or* Schaden; **skada**-*de*-*t* schaden, verletzen
skald-*en*-*er* Dichter
skall siehe **skola**
skaffa-*de*-*t* schaffen, anschaffen, verschaffen, besorgen
skaft-*et* - = Stiel
skandinav-*en*-*er* Skandinavier; **Skandinavien** Skandinavien; **skandinavisk** skandinavisch
skans-*en*-*ar* Schanze, Feste; **Skansen** Freilichtmuseum in Stockholm
skapa-*de*-*t* schaffen, hervorbringen; **skapare**-*n* - = Schöpfer; **skapelse**-*n*-*r* Schöpfung, Erschaffung
skatt-*en*-*er* Steuer, Schatz; **skattebetalare**-*n* - = Steuerzahler; **skattemyndighet**-*en*-*er* Finanzamt, Steuerbehörde

ske-*dde*-*tt* geschehen, sich ereignen; *Gud ske lov* Gott sei Dank

sked-*en*-*ar* Löffel
skede-*t*-*n* Zeitabschnitt, Stadium, Stufe
sken-*et* - = Schein; Schimmer; Anschein
skepp-*et* - = Schiff
skick-*et* - = Zustand; Benehmen, Art
skicka-*de*-*t* schicken, senden
skicklig geschickt; **skicklighet**-*en* Geschicklichkeit

skida-*n*-*or* Ski; **skidsport**-*en* Skilaufen; Skisport; **skidåkare**-*n* - = *Skifahrer*

skifta-*de*-*t* wechseln, sich verändern; **skiftande** abwechselnd, wechselnd
skifte-*t*-*n* Wechsel, Wandel
skild verschieden, unterschiedlich; geschieden
skildra-*de*-*t* schildern; **skildring**-*en*-*ar* Schilderung, Bericht
skilja *skilde skilt* trennen; **skiljas** sich trennen; sich scheiden lassen
skillnad-*en*-*er* Unterschied
skilsmässa-*n*-*or* Scheidung
skina *sken skinit* scheinen, strahlen, glänzen
skinka-*n*-*or* Schinken; Hinterbacke
skinn-*et* - = Haut, Pelz, Fell; Leder
skiva-*n*-*or* Schallplatte; Scheibe; Fest
skjorta-*n*-*or* Hemd
skjul-*et* - = Schuppen
skjuta *sköt skjutit* schießen
sko-*n*-*r* Schuh
skog-*en*-*ar* Wald; **skogsbruk**-*et* Fortwirtschaft
skoj-*et* Spaß, Scherz; Schwindel, Betrug
skola-*n*-*or* Schule; **skolgång**-*en* Schulbesuch; **skolväsende**-*t* Schulwesen
skola (Hilfs- und Modalverb) 1. Zur Bildung des Futurs (**skall** oder **ska**) und des Irrealis (**skulle**); 2. Als Modalverb entspricht müssen, sollen, wollen usw. [vgl. Grammatik]
skorpion-*en*-*er* Skorpion
skotta-*de*-*t* schaufeln; *skotta snö* Schnee schaufeln
skrift-*en*-*er* Schrift; *Strindbergs samlade skrifter* die gesammelten Werke von Strindberg
skriva *skrev skrivit* schreiben; *skriva ut recept* ein Rezept ausstellen, schreiben
skrivbord-*et* - = Schreibtisch
skuld-*en*-*er* Schuld
skull *för ... skull* wegen, um ... willen
skulle siehe **skola**

skulptör-*en*-*er* Bildhauer
skvaller *skvallret* Klatsch, Tratsch, Gerede; **skvallra**-*de-t* klatschen, tratschen; angeben, verpetzen
sky-*n-ar* Wolke
skydd-*et* = Schutz; **skydda**-*de-t* schützen
skyhög himmelhoch, turmhoch
skyldig schuldig; verpflichtet
skylt-*en-ar* Schild; Werbeplakat; **skyltfönster** -~*tret* - = Schaufenster
skymning-*en-ar* Dämmerung
skynda-*de-t* **sig** sich beeilen
skytt-*en-ar* Schütze; **skytten** der Schütze
skådespel-*et* - = Schauspiel; **skådespelare**-*n* - = Schauspieler; **skådespelerska**-*n-or* Schauspielerin
skål zum Wohl!; **skål**-*en-ar* Schüssel, Schale, Napf
Skåne Schonen; **skåning**-*en-ar* „Schoning"; **skånsk** von Schonen
skåp-*et* - = Schrank
skägg-*et* - = Bart
skäl-*et* - = Grund, Ursache
skämt-*et* - = Scherz, Spaß; *skämt åsido* Spaß beiseite!; **skämta**-*de-t* scherzen
skärgård-*en-ar* Schären, Schärengarten
skön schön; nett; **skönhet**-*en* Schönheit; **skönhetsvård**-*en* Schönheitspflege
skörd-*en-ar* Ernte; **skörda**-*de-t* ernten
sköt/a-*te-t* pflegen, betreuen; führen, bewirtschaften; **skötsel**-*n* Pflege, Unterhalt; Bewirtschaftung; Zucht
slag-*et* - = Art, Schlag, Typ; Schlag, Hieb; Schlacht; *alla slags ...* alle Arten von ...
slang-*en* Slang, Jargon; **slanguttryck**-*et* - = Slangausdruck
slank schlank
slant-*en-ar* Geldstück, Münze; *för hela slanten* mit allen Kräften

slav-*en*-*ar* Sklave; **slaveri**-*[e]t* Sklaverei
slippa *slapp sluppit* entgehen; **slippa undan** davonkommen
slips-*en*-*ar* Schlips
slitstark haltbar, dauerhaft, strapazierfähig, verschleißfest
slott-*et* - = Schloß
sluss-*en*-*ar* Schleuse
slut (unv. Adj.) aus, zu Ende, alle; **slut**-*et* - = Schluß, Ende; **sluta**-*de*-*t* schließen, abschließen, beenden
sluta *slöt slutit* **sig** *[till]* sich anschließen
slå *slog slagit* schlagen; **slå igenom** Erfolg haben; **slå sig ner** sich hinsetzen; sich niederlassen; **slå till** einen Schlag versetzen, schlagen; zugreifen; **slå ut** ausschlagen, bersten; **slå vad** wetten
släck/a-*te*-*t* ausschalten, ausmachen
släkt-*en*-*er* Verwandtschaft; **släkting**-*en*-*ar* Verwandte(r)
släpa-*de*-*t* schleppen
slöjd-*en*-*er* Werkunterricht
smak-*en*-*er* Geschmack; **smaka**-*de*-*t* schmecken, kosten; **smakfull** geschmackvoll; **smaklös** geschmacklos; **smaklig** schmackhaft
smek/a-*te*-*t* streicheln, liebkosen; **smekmånad**-*en*-*er* Flitterwochen; **smeknamn**-*et* - = Kosename
SMHI = **Sveriges meteorologiska och hydrologiska institut** schwedisches meteorologisches und hydrologisches Institut
smuggla-*de*-*t* schmuggeln
smycka-*de*-*t* schmücken, verzieren, zieren; **smycke**-*t*-*n* Schmuckstück, Schmuck
små siehe **liten; småhus**-*et* - = Einfamilienhaus; **smålänning**-*en*-*ar* Småländer; **småparti**-*[e]t*-*er* kleinere Partei [im Parlament nicht vertreten], Splitterpartei; **småstad**-*en* - ~ *städer* Kleinstadt
småningom *så småningom* nach und nach, allmählich

smärta-*n-or* Schmerz; **smärtstillande** schmerzstillend
smör-*et* Butter; **smörgås**-*en-ar* Butterbrot, belegtes Brot; **smörgåsbord**-*et* - = schwedisches Büfett [kalte und warme Gerichte], Schwedenplatte
snabb schnell, rasch; **snabbköp**-*et* - = Selbstbedienungsladen
snack-*et* Geplauder; **snacka**-*de-t* plaudern
snaps-*en-ar* Schnaps
snar schleunig, geschwind, baldig; **snarare** eher; lieber, vielmehr; **snarast** so bald wie möglich, baldigst, schleunigst; am ehesten; **snart** bald
snatta-*de-t* mausen, stibitzen, „klauen"
snille-*t-n* Genie
snobb-*en-ar* Snob, Geck; **snobbig** snobistisch, geckenhaft; **snobba**-*de-t* **upp sig** großtuerisch auftreten, sich herausputzen
snudda-*de-t* *[vid]* streifen, leicht berühren, kurz erwähnen
snygg hübsch; nett, sauber
snål geizig; **snålblåst**-*en* schneidender Wind
snäll nett; **snälltåg**-*et* - = D-Zug, Schnellzug
snö-*n* Schnee; **snöa**-*de-t* schneien; **snöby**-*n-ar* Schneeschauer; **snödriva**-*n-or* Schneewehe; **snöplog**-*en-ar* Schneepflug; **snöröjning**-*en* Schneeräumen; **snöskyffel**-*n* -~*skyfflar* Schneeschaufel; **snöstorm**-*en-ar* Schneesturm; **snöyra**-*n* Schneegestöber, Schneetreiben
social sozial; **socialdemokrati**-*[e]n* Sozialdemokratie; **socialdemokratisk** sozialdemokratisch
socialism-*en* Sozialismus; **socialistisk** sozialistisch
socialstyrelsen die Oberste Sozialbehörde
sociologi-*n* Soziologie
socker -~*kret* Zucker
soffa-*n-or* Sofa; **soffliggare**-*n* - = Nichtwähler
sol-*en-ar* Sonne; **soldyrkare**-*n* - = Sonnenanbeter; **solenergi**-*n* Sonnenenergie

solid *solitt solida* solide, gediegen, gründlich
solidarisk solidarisch; **solidaritet**-*en* Solidarität
solig sonnig, sonnenhell, heiter; **solnedgång**-*en*-*ar* Sonnenuntergang; **solsting**-*et* Sonnenstich
som wie; der, die, das, usw. [vgl. Grammatik]
somliga (Pl.) manche, einige, etliche
sommar-*[e]n somrar* Sommer; *i somras* im vorigen Sommer
son-*en söner* Sohn; **sondotter**-*n* -~*döttrar* Enkelin; **sonson** Enkel
sophämtning-*en* Müllabfuhr; **sopor** (Pl.) Müll
soppa-*n*-*or* Suppe
sorg-*en*-*er* Sorge, Kummer
sort-*en*-*er* Sorte, Art; **sortera**-*de*-*t* sortieren
sortiment-*et* -= Sortiment, Auswahl
sova *sov sovit* schlafen
Sovjet[unionen] die Sowjetunion, die UdSSR
sovvagn-*en*-*ar* Schlafwagen
spalt-*en*-*er* Spalte
Spanien Spanien
spaning-*en*-*ar* Nachforschung, Erkundung, Fahndung
spannmål-*en* Getreide
spara-*de*-*t* sparen
sparka-*de*-*t* mit dem Fuß treten, einen Fußtritt geben; vor die Tür setzen, hinausschmeißen
sparris-*en* Spargel
sparv-*en*-*ar* Spatz, Sperling
specialisera-*de*-*t* **sig** sich spezialisieren
speciell speziell, besonders
specifik spezifisch
spegel-*n* -~*glar* Spiegel; **spegla**-*de*-*t* spiegeln
spel-*et* -= Spiel; **spela**-*de*-*t* spielen; **spelare**-*n* -= Spieler
spelman-*nen* -~*män* Spielmann, Musikant; **spelmansmusik**-*en* Geigenmusik, Spielmannsmusik
spenat-*en* Spinat

spets-*en*-*ar*   Spitze; Spitzen
spis-*en*-*ar*   Herd, Küchenherd; Kamin
splittra-*de*-*t*   zersplittern; **splittring**-*en*   Zersplitterung, Spaltung
spola-*de*-*t*   spülen, schwemmen; abtun, weglassen
sport-*en*-*er*   Sport; **sporta**-*de*-*t*   Sport treiben, sporteln; **sportgren**-*en*-*ar*   Sportart
spotta-*de*-*t*   spucken
spottstyver *för en spottstyver*   für ein Spottgeld
sprida *spred spridit*   ausbreiten, verbreiten; **spridning** -*en*-*ar*   Verbreitung; Streuung
springa *sprang sprungit*   laufen, rennen
sprit-*en*   geistige Getränke, Alkohol
språk-*et* - =   Sprache; **språklig**   sprachlich
spräng/a-*de*-*t*   sprengen; **sprängämne**-*t*-*n*   Sprengstoff
spå-*dde*-*tt*   wahrsagen, prophezeien
spår-*et* - =   Spur, Merkmal; Gleis; **spårvagn**-*en*-*ar*   Straßenbahn
spänna *spände spänt*   spannen; anschnallen; **spännande**   spannend; **spänning**-*en*-*ar*   Spannung
spärr-*en*-*ar*   Sperre
spöka-*de*-*t*   umgehen, spuken; **spöke**-*t*-*n*   Gespenst, Geist
stabilitet-*en*   Stabilität, Dauerhaftigkeit
stackare-*n* - =   Arme(r), armer Tropf; **stackars** (unv. Adj.)   arm
stad-*en* (oder **stan***) städer*   Stadt; **stadsbo**-*n*-*r*   Stadtbewohner, Städter; **stadshus**-*et* - =   Stadt-, Rathaus
standard-*en*-*er*   Standard
stanna-*de*-*t*   bleiben; halten, anhalten
stark   stark; **starkvin**-*et*-*er*   schwerer Wein; **starköl**-*et*   Starkbier
start-*en*-*er*   Start, Abflug, Abfahrt; **starta**-*de*-*t*   starten, anfangen
stat-*en*-*er*   Staat
statare-*n* - =   Tagelöhner, Instmann

station-*en*-*er* Bahnhof
statistik-*en*-*er* Statistik; **statistiker**-*n* - = Statistiker; **statistisk** statistisch
statschef-*en*-*er* Staatsoberhaupt, Staatschef; **statsminister**-*n* -~*trar* Ministerpräsident; **statsråd**-*et* - = Minister; **statsvetare**-*n* - = Staatswissenschaftler
staty-*n*-*er* Statue, Standbild
stearin-*et* (oder -*en*) Stearin; **stearinljus**-*et* - = Kerze, Stearinkerze
stek-*en*-*ar* Braten; **stek/a**-*te*-*t* braten, rösten
stel steif, starr; **stelhet**-*en* Steifheit
sten-*en*-*ar* Stein
stenbock-*en*-*ar* Steinbock
stift-*et* - = Bistum
stiga *steg stigit* steigen; **stiga av** ab-, aussteigen; **stiga in** hinein-, hereinkommen; **stiga på** eintreten; einsteigen; **stiga upp** sich erheben, aufsteigen; aufstehen
stil-*en*-*ar* Stil; Handschrift, Schrift
stilig schick, fesch
stilla (unv. Adj. und Adv.) still, ruhig
stjärna-*n*-*or* Stern; **stjärnskott**-*et* - = Sternschnuppe; Aufsteiger, Entdeckung; **stjärntecken** -~*tecknet* - = Sternbild, Zeichen
stockholmare-*n* - = Stockholmer
stoff-*et* - = Stoff
stol-*en*-*ar* Stuhl
stolt stolz
stopp-*et* - = Stillstand; Panne; **stopp!** halt! stopp!; **stoppa**-*de*-*t* aufhalten, stoppen
stor groß; **storebror** -~*brodern* großer Bruder; **storhandla**-*de*-*t* groß einkaufen; **storhet**-*en*-*er* Größe; **storhetsvansinne**-*t* Größenwahn
storlek-*en*-*ar* Größe, Umfang, Inhalt
storm-*en*-*ar* Sturm
stormakt-*en*-*er* Großmacht; **stormaktstiden** die Großmachtzeit

storstad-*en* - ~ *städer* Großstadt; **storstockholm** Groß-Stockholm
storting-*et* Storting, norwegisches Parlament
strand-*en städer* Strand, Ufer, Gestade
strapats-*en*-*er* Strapaze
strax gleich, sofort
strejk-*en*-*er* Streik; **strejka**-*de*-*t* streiken
stress-*en* Streß
strid-*en*-*er* Kampf, Gefecht, Streit
strikt strikt, streng
strumpa-*n*-*or* Strumpf, Socke; **strumpbyxa**-*n*-*or* Strumpfhose; **strumphållare**-*n* - = Strumpfhalter
strunt-*en* (oder -*et*) Plunder; Quatsch; **struntprat**-*et* Quatsch, dummes Gerede; **strunta**-*de*-*t* [*i något*] sich nichts [aus etwas] machen, [auf etwas] pfeifen
stryka *strök strukit* streichen; bügeln
strålande strahlend; leuchtend
sträcka-*n*-*or* Strecke; **sträck/a**-*te*-*t* strecken
sträng streng
ström-*men*-*mar* Strom, Strömung; **strömma**-*de*-*t* strömen; **strömma till** herbeiströmen, zusammenströmen
student-*en*-*er* Student; Abiturient; **studentexamen** - = Abitur
studera-*de*-*t* studieren; **studerande**-*n* - = Student
studie-*n*-*r* Studie, Skizze; **studiecirkel**-*n* - ~ *klar* Studienkreis; **studieförbund**-*et* - = Bildungsverband; **studieplan**-*en*-*er* Studienplan, Lehrplan
studio-*n*-*r* Studio
stuga-*n*-*or* Häuschen, Kleinhaus, Hütte, Bude
stum stumm; **stumfilm**-*en*-*er* Stummfilm
stund-*en*-*er* Weile, Moment, Augenblick
styck (unv.) Stück; *en krona styck* eine Krone das Stück
stycke-*t*-*n* Stück
styrelse-*n*-*r* Leitung, Direktion, Aufsichtsrat, Verwaltungsrat

styrka-*n*-*or*   Stärke
styv   steif
stå *stod stått*   stehen; bestehen; **stå emot**   gegenüberstehen; widerstehen; **stå för** *[något]*   für [etwas] verantwortlich sein, stehen; **stå på**   sich ereignen, lossein; **stå till**   sich fühlen; *hur står det till?*   wie geht es dir/Ihnen?; **stå ut** *[med något]*   [etwas] dulden, ertragen
ståhej-*et*   Lärm, Aufregung
stål-*et* -=   Stahl; **stålindusdtrie**-*n*   Stahlindustrie; **stålverk**-*et* -=   Stahlwerk, Stahlhütte
stång-*en stänger*   Stange, Stab, Maibaum
ståt-*en*   Staat, Aufwand, Prunk
städa-*de*-*t*   saubermachen, aufräumen; **städning**-*en*   Aufräumen, Reinemachen
ställ/a-*de*-*t*   stellen; richten; **ställa upp**   teilnehmen, sich als Kandidaten aufstellen lassen, sich zur Verfügung stellen
ställe-*t*-*n*   Stelle, Platz, Ort; *i stället för*   statt
ställning-*en*-*ar*   Stellung
stämma *stämde stämt*   stimmen; verklagen, vor Gericht laden
stämning-*en*-*ar*   Stimmung; Klage, Vorladung
ständig   ständig, beständig, dauernd
stäng/a-*de*-*t*   schließen, zumachen; *stänga av TVn*   den Fernseher ausmachen
stärkande   stärkend
större   größer; **störst**   größt, am größten
stövel-*n* -~*vlar*   Stiefel
suck-*en*-*ar*   Seufzer
summa-*n*-*or*   Summe
sund   gesund; **sund**-*et* -=   Sund; **Sundet**   der Sund
supa *söp supit*   trinken, saufen
sur   sauer; mürrisch, griesgrämig
svan-*en*-*ar*   Schwan
svar-*et* -=   Antwort; **svara**-*de*-*t*   antworten; **svara för** *[något]*   für [etwas] bürgen, aufkommen

svart schwarz; **svartjobba**-*de*-*t* schwarzarbeiten; **svartjobbare**-*n* - = Schwarzarbeiter

svensk schwedisch, **svensk**-*en*-*ar* Schwede; **svenskan** Schwedisch [Sprache]; **svenska**-*n*-*or* Schwedin; **svenskamerikan**-*en*-*er* Schwedischamerikaner; **Svenska akademien** die Schwedische Akademie; **svensktalande** schwedischsprechend, schwedischsprachig

Sverige Schweden

svin-*et* - = Schwein

svit-*en*-*er* Suite, Folge

svår schwer, schwierig; **svårbegriplig** schwerverständlich; **svårighet**-*en*-*er* Schwierigkeit

svälja *svalde svalt* schlucken; einstecken

sväng/a-*de*-*t* schwingen, schwenken; sich drehen; abbiegen

svärmor - ~ *modern* Schwiegermutter

syd Süden; **sydlig** südlich

syfta-*de*-*t* zielen, sich beziehen, anspielen, streben; **syfte**-*t*-*n* Zweck, Ziel

sylt-*en*-*er* Eingemachtes

symbol-*en*-*er* Symbol

sympati-*n*-*er* Sympathie

syn-*en*-*er* Gesicht, Gesichtssinn; Sehen; Anschauungsweise, Auffassung; Anblick; Traumbild, Erscheinung

synas *syntes synts* zu sehen sein, sichtbar sein, erscheinen; scheinen; *till synes* anscheinend, scheinbar

synd-*en*-*er* Sünde, Schuld; Schade, Jammer; *det är synd* es ist schade; *det är synd om honom* er tut einem leid; **syndig** sündig

synnerhet *i synnerhet* besonders, insbesondere, **synnerligen** besonders, äußerst

sysselsättning-*en*-*ar* Beschäftigung, Tätigkeit, Arbeit

syssla-*de*-*t [med något]* sich [mit etwas] beschäftigen, abgeben, befassen

system-*et* - = System; **Systembolaget** oder **Systemet** staatliche Monopolgesellschaft zum Verkauf von alkoholischen Getränken; **systematisk** systematisch
syster-*n* -~*trar* Schwester; **systerdotter**-*n* -~*döttrar* Nichte; **systerson**-*en* -~*söner* Neffe
så so; **så [att]** so daß
sådan oder **san** solche(r), so ein
såg siehe **se**
såga-*de*-*t* sägen; **sågverk**-*et* - = Sägewerk
sålunda so, folgendermaßen
sång-*en*-*er* Gesang
sås-*en*-*er* Soße
säck-*en*-*ar* Sack
säga *sa[de] sagt* sagen
säker sicher; **säkerhet**-*en*-*er* Sicherheit, Gewißheit
säkra-*de*-*t* sichern, sicherstellen
säl-*en*-*ar* Robbe
sälja *sålde sålt* verkaufen
sällan selten
sällskap-*et* - = Gesellschaft; Gemeinschaft, Verein; **sällskapsresa**-*n*-*or* Gesellschaftsreise
sällsynt selten
sämre schlimmer, schlechter; **sämst** schlimmst, schlechtest; am schlimmsten, am schlechtesten
sänd/a-*e sänt* senden; durch Fernsehen übertragen; **sändning**-*en*-*ar* Sendung, Übertragung
säng-*en*-*ar* Bett; **sängkläder** (Pl.) Bettzeug
sänk/a-*te*-*t* senken, herabsetzen; versenken
särskild besonder, speziell; **särskilt** besonders
säte-*t*-*n* Sitz
sätt-*et* - = Art, Weise
sätta *satte satt* setzen, stellen, legen; **sätta i** einlegen; **sätta i sig** gierig verschlingen; **sätta igång** in Betrieb setzen, anfangen, losschießen; **sätta in** einsetzen; einzahlen; **sätta på** anziehen; **sätta sig** sich setzen; **sätta**

upp stellen, aufstellen, aufhängen, anbringen, organisieren
söder Süden; **söderut** nach dem Süden, südwärts
sök/a-*te-t* suchen; **sökande**-*n* - = Bewerber, Antragsteller
söndag-*en-ar* Sonntag
söt süß; süß, hübsch, nett; **sötnos** Süße, Herzchen

ta[ga] *tog tagit* nehmen; **ta emot** entgegennehmen, annehmen, empfangen; **ta fram** hervornehmen, hervorholen, entwickeln, produzieren; **ta hand om** betreuen; **ta itu med** *[något]* [etwas] in Angriff nehmen; **ta med** mitnehmen, mitbringen; **ta upp** anschneiden; **ta ut** abheben; geltend machen, sich [Recht] verschaffen; **ta vara på** *[något]* sich [einer Sache] annehmen; gut ausnutzen
tabell-*en-er* Tabelle; **tidtabell** Kursbuch, Fahrplan
tablett-*en-er* Tablette; Pastille
tablå-*n-er* Tableau, Übersicht, Zusammenstellung
tack-*et* - = Dank; **tacka**-*de-t* danken; **tacka ja** dankend annehmen; **tacka nej** dankend ablehnen; **tacksam** dankbar; **tack vare** dank
tag-*et* - = Griff; *få tag på/i [någon]* [jemanden] erreichen, zu fassen kriegen
tak-*et* - = Dach; Decke
takt-*en-er* Takt, Tempo
tal-*et* - = Wort; Rede; Zahl; *1600-talet* das 17. Jahrhundert; *1880-talet* das Jahrzehnt 1880-1890
tala-*de-t* sprechen, reden
tallrik-*en-ar* Teller
talman-*nen* -~ *män* Reichtagspräsident
tam zahm
tand-*en tänder* Zahn; **tandborste**-*n-ar* Zahnbürste; **tandkräm**-*en* Zahnpasta; **tandläkare**-*n* - = Zahnarzt; **tandlös** zahnlos
tank-*en-ar* Tank; **tanka**-*de-t* tanken

tanke-*n*-*ar* Gedanke; **tankspridd** geistesabwesend, zerstreut
tant-*en*-*er* Tante
tapet-*en*-*er* Tapete, Wandteppich; **tapetsera**-*de*-*t* tapezieren
tapper tapfer, beherzt
tappning-*en*-*ar* Zapfen, Abzapfung; Fassung
tavla-*n*-*or* Bild, Gemälde; Tafel
taxa-*n*-*or* Taxe, Gebühr; Fahrpreis; Tarif
TCO = Tjänstemännens centralorganisation Zentralorganisation der Beamten und Angestellten
te-*[e]t*-*er* Tee
te-*dde*-*tt* **sig** erscheinen, den Anschein haben
teater-*n* -~*trar* Theater; **teaterföreställning**-*en*-*ar* Theatervorstellung
tecken *tecknet* - = Zeichen
teckna-*de*-*t* zeichnen; **teckning**-*en*-*ar* Zeichnung
teknik-*en* Technik; **tekniker**-*n* - = Techniker; **teknisk** technisch
teknolog-*en*-*er* Technologe; **teknologi**-*n* Technologie
telefon-*en*-*er* Telefon; **telefonhytt**-*en*-*er* Telefonzelle; **telefonist**-*en*-*er* Telefonist; **telefonkatalog**-*en*-*er* Telefonbuch; **telefonkiosk**-*en*-*er* Telefonzelle; **telefonnummer** -~*numret* - = Telefonnummer
telegram-*met* - = Telegramm
television-*en* oder **TV**-*n* Fernsehen
tema-*t*-*n* Thema
temp-*en* oder **temperatur**-*en* Temperatur; *ta tempen* das Fieber messen
tennis-*en* Tennis
teori-*n*-*er* Theorie
testamente-*t*-*n* Testament
t. ex. = till exempel zum Beispiel
text-*en*-*er* Text
textil-*en* Textil; **textilier** (Pl.) Textilwaren; **textilindustri**-*n*-*er* Textilindustrie

tia-*n*-*or* Zehnkronenschein
tid-*en*-*er* Zeit
tidig früh
tidning-*en*-*ar* Zeitung
tidsbegränsad zeitlich begrenzt; **tidtabell**-*en*-*er* Kursbuch, Fahrplan
tiger-*n* -~*grar* Tiger
till dazu; nach, zu bis; auf, für ...; **till och med** oder **t.o.m.** einschließlich, sogar
tillbaka zurück, rückwärts
tillbehör-*et* - = Zubehör
tillbringa-*de*-*t* verbringen
tillfalla -~*föll* -~*fallit* anheimfallen, zufallen
tillfriskna-*de*-*t* gesund werden, genesen
tillfälle-*t*-*n* Gelegenheit; **tillfällig** gelegentlich, zufällig; zeitweilig, vorübergehend; **tillfällighet**-*en*-*er* Zufall, Zufälligkeit
tillgiven ergeben; anhänglich, treu
tillgripa -~*grep* -~*gripit* [*något*] zu [etwas] greifen, [etwas] ergreifen, anwenden, entwenden
tillgång-*en*-*ar* Zugang; Gewinn, Vermögen; **tillgänglig** zugänglich, erreichbar
tillhör/a-*de*-*t* gehören, angehören
tillkomma -~*kom* -~*kommit* hinzukommen, extra sein; entstehen; zukommen
tillräcklig genug, genügend
tills bis, bis daß
tillsammans zusammen
tillstånd-*et* - = Zustand; Genehmigung, Erlaubnis
tilltagande zunehmend
tillträd/a-*de*-*t* -~*trätt* antreten, übernehmen; **tillträde**-*t* Antritt, Dienstantritt, Zutritt
tillverka-*de*-*t* herstellen, erzeugen; **tillverkning**-*en*-*ar* Herstellung, Erzeugung
tillåta -~*lät* -~*låtit* erlauben, gestatten; **tillåtelse**-*n*-*r* Erlaubnis, Genehmigung

tillägg-*et* - = Zusatz, Nachtrag; **tillägga** -~*lade* -~*lagt* hinzufügen, nachtragen
timme-*n timmar* Stunde
tio zehn; **tionde** zehnte; **tioöring**-*en-ar* Zehnörestück, Zehner
tips-*et* - = Tip; Fußballtoto; **tipsa**-*de-t* einen Tip geben; beim Toto spielen
tisdag-*en-ar* Dienstag
titel-*n* -~*tlar* Titel
titta-*de-t* sehen, schauen, gucken
tivoli-*t-n* Vergnügungspark, Rummelplatz
tjej-*en-er* Mädchen
tjock dick
tjugo zwanzig; **tjugonde** zwanzigste
tjur-*en-ar* Stier
tjusig reizend, entzückend, bezaubernd
tjänst-*en-er* Dienst; Planstelle, Posten, Stellung; **tjänstefolk**-*et* Dienstleute, Dienerschaft; **tjänsteman**-*nen* -~*män* Angestellte(r); Beamte(r); **tjänstledig** dienstfrei, beurlaubt; **tjänstledighet**-*en-er* (unbezahlter) Urlaub
toalett-*en-er* Toilette, Klo
tobak-*en* Tabak
toffel-*n tofflor* Pantoffel; **toffelhjäte**-*n-ar* Pantoffelheld
tok *på tok* schief; **tokig** verrückt, toll
tolfte zwölfte; **tolv** zwölf
tom leer; **t.o.m.** siehe **till och med**
tomte-*n-ar* Heinzelmännchen, Kobold; **jultomte** Weihnachtsmann
ton-*en-er* Ton; **tonsätta** -~*satte* -~*satt* vertonen; **tonsättare**-*n* - = Tonsetzer
tonår-*en* (Pl.) *i tonåren* zwischen 13 und 19 Jahren; **tonåring**-*en-ar* Teenager
topp-*en-ar* Gipfel, Spitze, Höhepunkt; **toppen** (unv. Adj.) dufte, prima, Klasse, super

Tor Thor
torde siehe **tör**
torg-*et* - = Platz, Markt, Marktplatz
tork *på tork* zum Trocknen; **torka**-*de*-*t* trocknen
torsdag-*en*-*ar* Donnerstag
tradition-*er*-*er* Tradition; **traditionell** traditionell
trafik-*en* Verkehr; **trafikant**-*en*-*er* Verkehrsteilnehmer; Reisende(r); **trafikera**-*de*-*t* befahren
trakt-*en*-*er* Gegend
trampa-*de*-*t* treten
trams-*et* Quatsch, Unsinn, dummes Zeug
trana-*n*-*or* Kranich; **tranedans**-*en* Spielen der Kraniche
transport-*en*-*er* Transport; **transportera**-*de*-*t* transportieren
trappa-*n*-*or* Treppe; **rulltrappa** Rolltreppe
trasa-*n*-*or* Fetzen, Lumpen
tre drei; **tredje** dritte
trend-*en*-*er* Trend
trettio dreißig; **trettionde** dreißigste
tretton dreizehn; **tretton** dreizehnte
trevlig nett, angenehm, erfreulich
trist fad, langweilig, düster
trivas *trivdes trivts* sich wohl fühlen
tro-*n* Glaube; **tro**-*dde*-*tt* glauben
trolig wahrscheinlich, glaublich, glaubwürdig; **troligen** wahrscheinlich, vermutlich
troll-*et* - = Troll
trona-*de*-*t* thronen
tropisk tropisch
trosor (Pl.) Slip, Schlüpfer
trots trotz; **trots att** obwohl
tryck-*et* - = Druck; **tryck/a**-*te*-*t* drücken, pressen; drucken
trygg geborgen, sicher; **trygghet**-*en* Geborgenheit
tråkig langweilig

trång eng, schmal
trä-[e]t-n Holz
träd-et - = Baum
trädgård-en-ar Garten; **trädgårdsskötsel**-n Gartenbau
träffa-de-t treffen; **träffas** sich treffen; **träffpunkt**-en-er Treffpunkt
träna-de-t trainieren, sich üben, üben; **träning**-en Training
trög träge; stumpf, flau, schwach
tröja-n-or Pullover, Unterhemd
tröst-en Trost; **trösta**-de-t trösten
trött müde; **trötthet**-en Müdigkeit; **tröttna**-de-t müde werden, ermüden, die Lust verlieren
tuff hart, naßforsch, kühn, keck; **tuffhet**-en Härte, Naßforsche, Kühnheit
tull-en-ar Zoll; **tulltjänsteman**-nen -~män Zollbeamte(r)
tunnelbana-n-or Untergrundbahn
tupp-en-ar Hahn; **tupplur**-en-ar Schläfchen, Nickerchen
tur-en Glück; **tur**-en-er Fahrt, Tour; *tur och retur* hin und zurück
turism-en Tourismus; **turist**-en-er Tourist; **turistbyrå**-n-er Fremdenverkehrsbüro
turk-en-ar Türke; **Turkiet** Türkei
tusen tausend; **tusende** tausendste; **tusenlapp**-en-ar Tausendkronenschein, Tausender
TV siehe **television**
tveka-de-t zögern; **tvekan** (unv.) Zögern, Unschlüssigkeit
tvilling-en-ar Zwilling
tvinga-de (oder **tvang**)-t (oder **tvungit**) zwingen
tvivla-de-t *[på något]* [an etwas] zweifeln
två zwei
tvål-en-ar Seife; **tvålopera**-n-or Fernsehserie ohne Ende, Seifenoper

tvåspråkig zweisprachig
tvärgata-*n*-*or* Querstraße
tvärs quer; *kors och tvärs* kreuz und quer
tvärtemot entgegen
tvärtom umgekehrt, im Gegenteil
tvätta-*de*-*t* waschen; **tvättstuga**-*n*-*or* Waschküche
tyck/a-*te*-*t* meinen, denken, finden; **tycka om** mögen, gern haben; **tyckas** scheinen
tydlig deutlich; **tydligen** offenbar, anscheinend
typ-*en*-*er* Typ; **typisk** typisch
tysk deutsch; **tysk**-*en*-*ar* Deutscher; **tyska**-*n* Deutsch [Sprache]; **tyska**-*n*-*or* Deutsche; **tysktalande** deutschsprachig
tyst schweigend, stumm, ruhig; **tystnad**-*en* Stille, Schweigen
tyvärr leider
tåg-*et* - = Zug; **tågluffarkort**-*et* - = Interrailkarte
tål/a-*de tålt* ertragen, dulden; **tålamod**-*et* Geduld
täck/a-*te*-*t* decken
tält-*et* - = Zelt; **tälta**-*de*-*t* zelten, sein Zelt aufschlagen
tänd/a-*e tänt* anzünden, anmachen
tänk/a-*te*-*t* denken; **tänka efter** nachdenken
tät dicht; *tätt intill* nahe daran
tävling-*en*-*ar* Wettbewerb, Wettkampf, Wettspiel
tömma *tömde tömt* leeren
tör (Präs.) *torde* (Imp.) können, dürfen, dürften
töras (Präs. *törs*) *tordes torts* wagen, sich trauen
törstig durstig

u-land-*et* -~*länder* = **utvecklingsland** Entwicklungsland
umgänge-*t*-*n* Umgang, Verkehr
undan beiseite; weg von, ent-
under unter; während; **under** -~*dret* - = Wunder
underbar wunderbar

underhållning-*en*-*ar* Unterhaltung
underkläder (Pl.) Unterwäsche
underkänna -~*kände* -~*känt* nicht anerkennen, nicht gutheißen, durchfallen lassen
underlig sonderbar, wunderlich
underlätta-*de*-*t* erleichtern
undersök/a-*te*-*t* untersuchen; **undersökning**-*en*-*ar* Untersuchung
underteckna-*de*-*t* unterzeichnen
undervisa-*de*-*t* unterrichten; **undervisning**-*en*-*ar* Unterricht
undra-*de*-*t* sich fragen
undvika -~*vek* -~*vikit* vermeiden, meiden, ausweichen
ung jung; **ungdom**-*en* Jugend; **ungdomar** (Pl.) Jugendliche; **ungdomlig** jugendlich; **unge**-*n*-*ar* Kind, Gör
ungefär ungefähr
universitet-*et* -= Universität
unna-*de*-*t* gönnen; **unna sig** sich gönnen
upp auf, hinauf, herauf; **uppe** auf, oben
uppdrag-*et* -= Auftrag, Aufgabe
uppehåll-*et* -= Unterbrechung, Pause; Aufenthalt; **uppehållstillstånd**-*et* -= Aufenthaltsgenehmigung
uppenbar offenbar, offensichtlich; **uppenbarligen** offensichtlich, anscheinend
uppfatta-*de*-*t* auffassen, erfassen, verstehen; **uppfattning**-*en*-*ar* Auffassung, Vorstellung
uppfinna -~*fann* -~*funnit* erfinden; **uppfinnare**-*n* -= Erfinder; **uppfinning**-*en*-*ar* Erfindung
uppför/a-*de*-*t* aufführen, errichten; **uppföra sig** sich benehmen; **uppförande**-*t*-*n* Aufführung; Errichtung, Aufbau; Benehmen, Betragen
uppge -~*gav* -~*gett* (oder -~*givit*) angeben; aufgeben
uppgift-*en*-*er* Auskunft, Angabe; Aufgabe, Auftrag
upplev/a-*de*-*t* erleben; **upplevelse**-*n*-*r* Erlebnis

upplys/a-*te-t* erhellen, erleuchten, aufklären; **upplysning**-*en-ar* Auskunft
uppmaning-*en-ar* Aufforderung
uppmärksam aufmerksam; **uppmärksamhet**-*en* Aufmerksamkeit; **uppmärksamma**-*de-t* bemerken, beobachten
uppnå-*dde-tt* erreichen
upprepa-*de-t* wiederholen
uppriktig aufrichtig, offen
upprör/a-*de-t* erschüttern; aufregen, empören
uppsatt *högt uppsatt* hochgestellt
uppskatta-*de-t* schätzen
uppstå -~*stod* -~*stått* entstehen, sich erheben
upptagen besetzt, beschäftigt
uppträd/a-*de* -~*trätt* auftreten, sich benehmen
upptäck/a-*te-t* entdecken; **upptäckt**-*en-er* Entdeckung
uppvakta-*de-t* besuchen, seine Aufwartung machen; den Hof machen
uppåt aufwärts, nach oben
ur aus
urarta-*de-t* entarten
urbefolkning-*en-ar* Urbevölkerung
ursprung-*et* -= Ursprung; **ursprunglig** ursprünglich; **ursprungligen** ursprünglich, anfangs
urspråk-*et* Ursprache
ursäkt-*en-er* Entschuldigung; **ursäkta**-*de-t* entschuldigen, verzeihen
usel jämmerlich
ut hinaus, heraus; **ute** draußen; *gå på ett ut* aufs gleiche hinauskommen
utan ohne; sondern
utbetala-*de-t* auszahlen; **utbetalning**-*en-ar* Auszahlung
utbilda-*de-t* ausbilden; **utbildning**-*en-ar* Ausbildung
utbredd verbreitet

utbrista -~*brast* -~*brustit* ausrufen
utbud-*et* -= Angebot
utdela-*de*-*t* austeilen, verteilen, verleihen
utdö -~*dog* -~*dött* aussterben
utflykt-*en*-*er* Ausflug
utforska-*de*-*t* ausforschen
utför/a-*de*-*t* ausführen
utgå -~*gick* -~*gått* ausgehen; ablaufen; **utgång**-*en*-*ar* Ausgang; Ablauf; **utgångspunkt**-*en*-*er* Ausgangspunkt
utgöra -~*gjorde* -~*gjort* ausmachen, bilden
utifrån von draußen, von außen, von ... her
utjämning-*en*-*ar* Ebnung
utland-*et* Ausland; *i utlandet* im Ausland
utlopp-*et* -= Auslauf; Mündung, Ausfluß
utlova-*de*-*t* versprechen
utländsk ausländisch; **utlänning**-*en*-*ar* Ausländer
utmärkt ausgezeichnet, vorzüglich
utnyttja-*de*-*t* ausnutzen, ausbeuten
utom außer, außerhalb
utomhus draußen, im Freien; **utomlands** im Ausland, ins Ausland
utpressning-*en* Erpressung
utrikes (unv. Adj.) auswärtig; **utrikesminister**-*en* -~*trar* Außenminister
utropa-*de*-*t* ausrufen
utrustning-*en*-*ar* Ausrüstung
uträtta-*de*-*t* verrichten
utseende-*t*-*n* Aussehen
utsikt-*en*-*er* Aussicht, Blick
utskicka-*de*-*t* verschicken
utskott-*et* -= Ausschuß
utsliten abgenutzt, abgetragen
utsmycka-*de*-*t* ausschmücken, verzieren
utsträckning-*en*-*ar* Ausdehnung, Weite, Umfang, Ausmaß

utsökt ausgesucht
uttal-*et* Aussprache; **uttala**-*de*-*t* aussprechen; ausdrücken
uttryck-*et* - = Ausdruck; **uttryck/a**-*te*-*t* ausdrücken
uttömma - ~ *tömde* - ~ *tömt* ausleeren, erschöpfen
utvald ausgewählt, auserwählt
utvandra-*de*-*t* auswandern; **utvandrare**-*n* - = Auswanderer; **utvandring**-*en* Auswanderung
utveckla-*de*-*t* entwickeln; **utveckling**-*en* Entwicklung, Entfaltung, Fortschritt
utvisa-*de*-*t* ausweisen, verweisen; **utvisning**-*en*-*ar* Ausweisung; Strafzeit, Verweis
utvälja - ~ *valde* - ~ *valt* auswählen
utåt nach außen, auswärts; auf ... hinaus, zu; **utåtriktad** extravertiert, nach außen gerichtet
utöva-*de*-*t* ausüben
utöver über ... hinaus

va siehe **vad**
vacker schön
vad-*et* - = Wette; **slå vad** wetten
vad was, wie, **va vadå** was, wie bitte
vagn-*en*-*ar* Wagen; **spårvagn** Straßenbahn
vaka-*n*-*or* Wache, Nachtwache
vaken wach; **vakna**-*de*-*t* aufwachen, erwachen
vakt-*en*-*er* Wache, Aufsicht; Wächter; **vaktmästare**-*n* - = Kanzleidiener; Aufseher, Pedell; Kellner
val-*et* - = Wahl; **valbar** wählbar
valborgsmässoafton Walpurgisnacht
valfri wahlfrei, fakultativ
valmöte-*t*-*n* Wahlversammlung
valuta-*n*-*or* Währung, Valuta
valvaka-*n*-*or* Parteiveranstaltung in der Wahlnacht

van gewohnt, erfahren, bewandert; **vana**-*n-or* Gewohnheit
vanlig gewöhnlich, gebräuchlich, üblich; **vanligen, vanligtvis** gewöhnlich, in der Regel, meistens
vandra-*de-t* wandern; **vandrarhem**-*met* - = Jugendherberge; **vandring**-*en-ar* Wanderung
vanmakt-*en* Ohnmacht; Machtlosigkeit
vansinne-*t* Wahnsinn; **vansinnig** wahnsinnig
var (Adv.) wo; **vart** (Adv.) wohin
var (Pron.) jede(r); ein jeder; **var och en** jeder(mann)
vara-*n-or* Ware
vara *var varit* (Präs. *är*) sein; **vara med** mitmachen, dabei sein
vara-*de-t* dauern
varandra einander
varannan *vartannat* jede(r) zweite; **varannan dag** alle zwei Tage
vardag-*en-ar* Wochentag, Werktag, Arbeitstag; **vardagsrum**-*met* - = Wohnzimmer
varelse-*n-r* Geschöpf, Wesen
varför warum, weshalb
varg-*en-ar* Wolf
varifrån woher
varje jede(r)
varken ... eller weder ... noch
varm warm; **varmhjärtad** warmherzig; **varmrätt**-*en-er* warmes Gericht
varna-*de-t* warnen; **varning**-*en-ar* Warnung, Verwarnung; **varningstriangel**-*n* -~*glar* Warndreieck
vars dessen, deren
varstans *lite[t] varstans* beinahe überall
varsågod bitte
varuhus-*et* - = Kaufhaus, Warenhaus
varv-*et* - = Werft; **varvindustri**-*n* Schiffbau
vas-*en-er* Vase
Vasaloppet der Wasalauf

vatten *vattnet* - = Wasser; **vattenkraft**-*en* Wasserkraft
vattuman-*en* Wassermann
VD = **verkställande direktör**-*n-er* geschäftsführender Direktor
vecka-*n-or* Woche; **veckoblad**-*et* - = Wochenblatt; **veckopress**-*en* Wochenzeitschriften; **veckoslut**-*et* - = Wochenende; **veckotidning**-*en-ar* Wochenzeitschrift, Illustrierte
vem wer, wen, wem; *vem som helst* jedermann, ein jeder
vemodig wehmütig
Venedig Venedig
verk-*et* - = Werk, Schöpfung; Amt; *i själva verket* in Wirklichkeit, in der Tat, tatsächlich
verka-*de-t* wirken; arbeiten, tätig sein; scheinen
verklig wirklich, wahr, echt; **verkligen** wirklich; **verklighet**-*en* Wirklichkeit
verksam wirksam; **verksamhet**-*en-er* Wirksamkeit, Tätigkeit
verkstad-*en* -~*städer* Werkstatt; **bilverkstad** Autoreparaturwerkstatt; **verkstadsindustri**-*n* Maschinenbauindustrie, metallverarbeitende Industrie
verkställande direktör siehe **VD**
verktyg-*et* - = Werkzeug
veta *visste vetat* wissen
western (unv.) Wildwestfilm, Western
vete-*t* Weizen
vetenskap-*en-er* Wissenschaft; **vetenskaplig** wissenschaftlich; **vetenskapsman**-*nen* -~*män* Wissenschaftler
veteran-*en-er* Veteran
vettig verständig, vernünftig
whisky-*n* oder **visky**-*n* Whisky
vi wir
via via, über
vid *vitt vida* weit

vid bei, an, um
vidare weiter, ferner; *inget vidare* nicht besonders; *tills vidare* bis auf weiteres; *utan vidare* ohne weiteres
vidd-*en*-*er* Weite, Breite
vidimera-*de*-*t* beglaubigen
Vietnam Vietnam; **vietnames**-*en*-*er* Vietnamese
vig gelenkig, geschmeidig
vika *ge vika [för någon]* [jemandem] nachgeben
vikarie-*n*-*r* Vertreter; **vikariera**-*de*-*t* vertreten, eine Vertretung übernehmen
viking-*en*-*ar* Wikinger
vikt-*en* Gewicht; **viktig** wichtig
vila-*n* Ruhe, Erholung; **vila**-*de*-*t* ruhen; **vila sig** sich ausruhen
vild wild; **vildmark**-*en*-*er* Wildnis
vilja-*n*-*or* Wille; **vilja** *ville velat* (Präs. *vill*) wollen
vilken *vilket vilka* welcher, welche, welches
vill siehe **vilja**
villa-*n*-*or* Villa, Einfamilienhaus
villkor-*et* - = Bedingung
vilt-*et* Wild; **viltolycka**-*n*-*or* Autounfall verursacht durch den Zusammenstoß mit einem Elch, mit einem Reh ...
vimla-*de*-*t* wimmeln
vin-*et*-*er* Wein; **vinlista**-*n*-*or* Weinkarte
vind-*en*-*ar* Wind; Dachboden; **vindenergi**-*n* Windenergie
vinna *vann vunnit* gewinnen; **vinnare**-*n* - = Gewinner
vinter-*n* -~*trar* Winter; **vintersport**-*en*-*er* Wintersport; *i vintras* vorigen Winter
vis weise; **vishet**-*en* Weisheit
vis-*et* - = Weise; *på sätt och vis* in gewisser Hinsicht
vision-*en*-*er* Vision, Traumbild
viska-*de*-*t* flüstern
viss gewiß, sicher; **visserligen** freilich, allerdings; **visst** gewiß, sicher, sicherlich

vistelse-*n-r* Aufenthalt
vit weiß, **vitvin**-*et-er* Weißwein
vital vital; lebenskräftig
vittna-*de-t* zeugen; **vittne**-*t-n* Zeuge
vore Konjunktiv des Verbs **vara** = **skulle vara** wäre
vovve-*n-ar* Hund, Wauwau
(vpk) = **Vänsterpartiet kommunisterna** die kommunistische Partei
vrida *vred vridit* drehen
vrå-*n-r* Winkel, Ecke
vuxen erwachsen; **vuxenutbildning**-*en-ar* Erwachsenenbildung
vykort-*et* - = Ansichtskarte
våg-*en-or* Welle; **våg**-*en-ar* Waage
våga-*de-t* wagen
våning-*en-ar* Stock, Stockwerk, Etage; Wohnung
vår *vårt våra* unser, unsere
vår-*en-ar* Frühling; *i våras* im letzten Frühling
vård-*en* Pflege; Aufsicht, Fürsorge
väck/a-*te-t* wecken; **väckning**-*en-ar* Wecken
väder *vädret* - = Wetter; **väderlek**-*en* Wetter, Witterung; **väderleksrapport**-*en-er* Wetterbericht, Wetteransage
vädur-*en* Widder
väg-*en-ar* Weg, Straße
vägg-*en-ar* Wand, Scheidewand, Zwischenmauer
väglag-*et* Straßenzustand; **vägledning**-*en* Wegweiser, Leitung, Führung
vägra-*de-t* verweigern, ablehnen
väl wohl, gut, reichlich; wohl, vermutlich
välde-*t-n* Reich; Herrschaft; **väldig** gewaltig, mächtig; **väldigt** sehr, ungeheuer
välfärd-*en* Wohlfahrt; **välfärdssamhälle**-*t-n* Wohlstandsgesellschaft
välgörande wohltuend
välja *valde valt* wählen; **väljarbarometer**-*n* Umfrage

von den Wahlen, „Wählerbarometer"; **väljare**-*n* - = Wähler
välkommen willkommen
välkänd wohlbekannt
välorganiserad gut organisiert
välsigna-*de*-*t* segnen
välutbildad wohlausgebildet
välvillig wohlwollend, gütig
vän lieblich; **vän**-*nen*-*ner* Freund
vänd/a-*e vänt* wenden
väninna-*n*-*or* Freundin
vänja *vande vant* **sig** sich gewöhnen
vänlig freundlich; **vänlighet**-*en* Freundlichkeit, Güte, Liebenswürdigkeit
vänster *(vänstra)* link; *till vänster* links; **vänster**-*n* Linke
vänta-*de*-*t* warten; **väntan** (unv.) Warten, Erwartung
värd wert; würdig
värd-*en*-*ar* Wirt, Gastgeber
värde-*t*-*n* Wert; **värdepapper** -~*pappret* - = Wertpapier; **värdering**-*en*-*ar* Schätzung, Bewertung; **värdig** würdig, würdevoll
värdinna-*n*-*or* Wirtin, Gastgeberin
värdshus-*et* - = Wirtshaus, Gasthaus
värk-*en*-*ar* Schmerz
värld-*en*-*ar* Welt; **världskrig**-*et* - = Weltkrieg; **världsmästare**-*n* - = Weltmeister; **världsmästerskap**-*et* - = Weltmeisterschaft; **världsåskådning**-*en*-*ar* Weltanschauung
värme-*n* Wärme
värmlänning-*en*-*ar* Värmländer
värre schlimmer, schlechter; **värst** schlimmst, schlechtest
värva-*de*-*t* werben
väska-*n*-*or* Tasche, Koffer, Mappe; **handväska** Handtasche

väster Westen; **västerut** nach dem Westen, westwärts; **västkust**-*en* Westküste; **västlig** westlich
väx/a-*te*-*t* wachsen
växel-*n växlar* Telefonzentrale; Wechsel; Wechselgeld, Kleingeld
växla-*de*-*t* wechseln, umwechseln; **växling**-*en* Wechseln, Wechsel

yngling-*en*-*ar* junger Mann
yngre jünger
ypperlig ausgezeichnet, großartig, vorzüglich
yr taumelig, schwindelig; **yra**-*n* Taumel, Fieberwahn
yrke-*t*-*n* Beruf
yta-*n*-*or* Oberfläche
ytterligare ferner, weiter, mehr, des weiteren
ytterst äußerst; *ligga på sitt yttersta* in den letzten Zügen liegen
yxa-*n*-*or* Beil, Axt; **yxskaft**-*et* - = Beilstiel

å [in manchen erstarrten Redewendungen] = **på**
å-*n*-*ar* kleiner Fluß, Flüßchen
åja o ja
åk/a-*te*-*t* fahren
åkare-*n* - = Fuhrmann; **cykelåkare** Radfahrer; **skidåkare** Skifahrer
åker-*n åkrar* Acker, Feld
åkeri-*[e]t*-*er* Fuhrunternehmen
ål-*en*-*ar* Aal
ålder-*n* - ~ *drar* Alter
år-*et* - = Jahr; **årstid**-*en*-*er* Jahreszeit
åsido beiseite; *skämt åsido* Spaß beiseite
åska-*n* Donner; Gewitter
åskådning-*en*-*ar* Anschauung
åt siehe **äta; åt** für; nach, gegen

åter wieder
återkomma -~*kom* -~*kommit* zurückkommen
återspegla-*de*-*t* widerspiegeln
återstå -~*stod* -~*stått* übrig sein, übrigbleiben
återta -~*tog* -~*tagit* zurücknehmen
återvänd/a-*e* -~*vänt* zurückkehren, zurückkommen
åtminstone wenigstens, zumindest
åtnjuta -~*njöt* -~*njutit* genießen
åtta acht; **åttonde** achte
åttio achtzig; **åttionde** achtzigste

äg/a-*de* *ägt* besitzen; **äga rum** stattfinden; **ägare**-*n* - = Besitzer, Eigentümer
ägg-*et* - = Ei
ägna-*de*-*t* widmen; **ägna sig** *[åt något]* sich [etwas] widmen
äkta echt
äktenskap-*et* - = Ehe
äldre älter
älg-*en*-*ar* Elch
älska-*de*-*t* lieben; **älskare**-*n* - = Liebhaber; **älskarinna**-*n*-*or* Geliebte; **älskling**-*en*-*ar* Liebling
älv-*en*-*ar* Fluß
ämna-*de*-*t* beabsichtigen
ämne-*t*-*n* Stoff, Thema
än noch; als; auch; *han är större än jag* er ist größer als ich
ända bis
ändamål-*et* - = Zweck, Ziel, Vorhaben
ändra-*de*-*t* ändern, verändern; **ändring**-*en*-*ar* Änderung
ändå doch, jedoch, dennoch
äng-*en*-*er* Wiese
ängd-*en*-*er* Gegend, Aue
ännu oder **än** noch

äntligen endlich
äppelträd-*et* -= Apfelbaum
äpple-*t*-*n* Apfel
är Präs. des Verbs **vara**
ära-*n* Ehre; **ära**-*de*-*t* ehren, verehren
ärende-*t*-*n* Angelegenheit, Sache, Anliegen
ärkebiskop-*en*-*ar* Erzbischof
ärlig ehrlich; **ärlighet**-*en* Ehrlichkeit
ärta-*n*-*or* (oder **ärt**-*en*-*er*) Erbse
äta *åt ätit* essen
ättika-*n* Essig
även auch
äventyr-*et* Abenteuer

ö-*n*-*ar* Insel
öde (unv.) wüst, verlassen, öde; **öde**-*t*-*n* Schicksal, Geschick, Los
öga-*t ögon* Auge
ögonblick-*et* -= Augenblick
öka-*de*-*t* zunehmen
öl-*et* Bier; **en öl** ein Bier [zum Trinken]
öm empfindlich; schmerzlich; liebevoll, zärtlich
önska-*de*-*t* wünschen; **önskemål**-*et* -= Wunsch
öppen offen; **öppenhet**-*en* Offenheit, Aufrichtigkeit
öppna-*de*-*t* öffnen
öra-*t öron* Ohr
öre-*t*-*n* Öre, Pfennig, Heller
örn-*en*-*ar* Adler
öron siehe **öra**
öst öster-*n* Osten; **östkust**-*en* Ostküste; **Östersjön** die Ostsee; **österut** nach Osten, ostwärts
över über; hinüber; übrig
överallt überall
överansträngning-*en*-*ar* Überanstrengung, Überarbeitung

överdriva -~*drev* -~*drivit* übertreiben
överens einig, überein
överhuvudtaget oder **över huvud taget** überhaupt
överlev/a-*de*-*t* überleben
övermorgon *i övermorgon* übermorgen
övernatta-*de*-*t* övernachten
överord-*et* -= Prahlerei, Übertreibung
överraska-*de*-*t* überraschen; **överraskning**-*en*-*ar* Überraschung
översikt-*en*-*er* Übersicht
översätta -~*satte* -~*satt* übersetzen; **översättare**-*n* -= Übersetzer; **översättning**-*en*-*ar* Übersetzung
övning-*en*-*ar* Übung
övre obere
övrig übrig; *för övrigt   i övrigt* übrigens

Persönliche Anmerkungen:

besök ≠ besok ?

vita → weiß
grön → grün
gul → gelb

Måndag
Tisdag
Onsdag
Torsdag
Fredag
Lördag
Sönda

Persönliche Anmerkungen:

Persönliche Anmerkungen:

Persönliche Anmerkungen:

INHALT

(Erster Band)

Aufgenommene Ausspracheübungen........ IV

Einleitung .... V bis VII

Aussprache des Schwedischen .... VIII bis XX

Lektionen 1 bis 49 .... 1 bis 235

Grammatischer Anhang................. 236 bis 269

Grammatischer Index................... 270 bis 275

Wortregister .... 276 bis 389

Aubin Imprimeur
LIGUGÉ, POITIERS

Achevé d'imprimer en juillet 1998
N° d'édition 1454 / N° d'impression L 56367
Dépôt légal juillet 1998
Imprimé en France
Reliure : S.I.R.C. à Marigny-le-Châtel

Deutscher Fotoschriftsatz und Umbruch:
E.T.Compo 01 44 08 73 06 France